Erhard Jähnert

Mit dem Stukageschwader 3 an der Ostfront

Erhard Jähnert

Mit dem Stukageschwader 3 an der Ostfront

Mal oben – mal unten

Teil II

1943 – 1945

FLECHSIG

Umwelthinweis:
Dieses Buch und der Umschlag wurden auf chlorfrei gebleichtem Papier gedruckt.
Die Einschrumpffolie – zum Schutz vor Verschmutzung – ist aus umweltverträglichem und recyclingfähigem PE-Material.

2. Auflage 2018

Flechsig Verlag
Internet: www.verlagshaus.com
Einbandgestaltung: Silberwald Agentur für visuelle Kommunikation, Rimpar
www.silberwald.biz
Gesamtherstellung: Himmer GmbH Druckerei und Verlag, Augsburg
www.himmer.de
ISBN 978-3-8035-0002-1

Inhalt

Kriegserleben und Vorgeschichte
1935 bis 1943 11

Verlegung in den russischen Kampfraum
Zeitraum: 5. Mai 1943 bis 4. Juli 1943 16

Als Feuerwehr im Mittel- und Südabschnitt
Zeitraum: 5. Juli 1943 bis 19. September 1943 22

Auf der Krim
Zeitraum: 19. September 1943 bis 12. Januar 1944 55

Mit Sondervollmachten zur Sturzkampffliegerschule Deutsch-Brod
Zeitraum: 12. Januar bis 30. Oktober 1944 70

Zur Panzerbekämpfung wieder an die Front
Zeitraum: 31. Oktober bis 16. November 1944 113

Die Einsätze von Frauenburg (Lettland)
Zeitraum: 16. November bis 26. November 1944 120

Die Einsätze von Zabeln (Lettland)
Zeitraum: 26. November 1944 bis 7. Mai 1945 127

Verlegung nach Nikas
Zeitraum: 7. Mai bis 8. Mai 1945 193

Vom Feinde unbesiegt begibt sich die Gruppe in den feindbesetzten Westen
8. Mai 1945 198

Die Gefangenschaft
Zeitraum: 8. Mai bis Ende Juli 1945 201

Nachwort zu meinen Erinnerungen
an die Jahre 1935 bis 1945 212

Anmerkungen 214

Erhard Jähnert 216

Das geschah bei uns
(aus der Feldzeitung vom Dienstag, den 20. Februar 1945) 220

Kriegserleben und Vorgeschichte 1935 bis 1943

Bevor ich diesen zweiten Band mit der Verlegung in den russischen Kampfraum beginne, will ich für die Leser die Ereignisse des ersten Bandes

Als Sturzkampfpilot
an allen Fronten
Mal oben – mal unten
Teil 1
1935 – 1943

zusammenfassen. 1935 hatte ich mich freiwillig zur neuen deutschen Wehrmacht, genau genommen zur Luftwaffe gemeldet. Es begann die lange Ausbildung zum Militärpiloten. Nach 52 Starts endlich mein erster Alleinflug. War das ein tolles Gefühl!

Nach Verlegungen nach Fassberg (in der neu aufgestellten Fliegergruppe 30) und Straubing wurde unsere Gruppe in I./Schlachtgeschwader 162 umbenannt und in den ersten Einsatz geschickt: zum Einmarsch ins Sudetenland. Dem neuen Namen „Schlachtgeschwader" wollten wir in Zukunft alle Ehre machen.

Im November 1938 verlegte die Gruppe nach Jever und wurde in I./Sturzkampfgeschwader 62 umbenannt. Der Aufenthalt dort sollte sechseinhalb Monate dauern. Es war eine schöne, noch unbeschwerte Zeit. Die Gruppe rüstete auf das neue Stukaflugzeug Ju 87 B um, somit begann die Zeit des Einfliegens und der Übungsflüge: Verbandsflug, Luftschießen, Bombenwerfen, Tiefflug, Höhenflüge wurden „bis zum geht nicht mehr" geübt. Einzelne Ereignisse habe ich besonders im Gedächtnis behalten, wie zum Beispiel den Höhenflug am 5. Mai 1939, bei dem ich alles aus der Ju 87 B herausholen wollte und schließlich eine Höhe von 10 000 Metern erreichte!

Ab dem Mai 1939 befand sich die Gruppe dann in Stolp-Reitz in Pommern, wo das Training in allen für uns wichtigen Flugdisziplinen weiterging. Hier handelte ich mir durch einen übermütigen Streich beim Übungsflug, der zum Glück glimpflich ausging, drei Tage geschärften Arrest ein. Das musste man auch einmal mitgemacht haben. Dann aber wurde es ernst: Am 1. September 1939 begann der Feldzug gegen Polen – der Krieg war ausgebrochen.

Mit der neuen Bezeichnung II./Stukageschwader 2 flog die Gruppe unter anderem Angriffe auf die Halbinsel Hela, auf die Westerplatte (Danzig), auf Hohensalza und Thorn. Herausragend waren zwei Flüge: auf Warschau und auf die Weichselbrücke bei Modlin. Beide Male erwies sich die Gruppe trotz der herrschenden Schlechtwetterlage als erfolgreich. Nach einer längeren Zeit in der Heimat (in Stolp-Reitz und Bonn-

Hangelar) und einem Skilehrgang in Kitzbühel im Winter 1940, der viel Spaß mit sich brachte, schlug aber bald wieder die Stunde des nächsten großen Einsatzes: des Feldzugs in Frankreich.

Wir wurden in Nordfrankreich stationiert und flogen in diesen Tagen die verschiedensten Ziele an: den Eisenbahnknotenpunkt Aulnoye, den Flugplatz Lateau, Schiffe vor dem Hafen von Dünkirchen. Im Juni waren es dann die Ziele Blargies, Aumale, Saint-Pierre-en-Val, Neslette, Londinières, Le Tréport, Elbeuf und Évreux. Mitte Juni griff die Gruppe an der Maginotlinie an, die nach wenigen Tagen von den Verteidigern aufgegeben wurde. Nach dem Ende des Frankreichfeldzuges wurden die Leistungen der Einzelnen mit Ordensverleihungen und Beförderungen gewürdigt. Nur mich hat man dabei vergessen – war ich sauer! Später erfuhr ich, dass es aus Strafe für meine drei Tage Arrest geschehen war. Doch meine Versetzung als Kettenführer zur 9. Staffel im August 1940 brachte dann auch endlich meine Beförderung – zum Feldwebel – mit sich.

Die Zeit der Einsätze gegen England begann. Hier erlebte ich zum ersten Mal das Phänomen, dass Piloten manchmal vor dem Flug wissen, dass sie diesen nicht überleben werden. Wie der Oberfeldwebel Haak, der seinem Wart vor dem Einsatz eine Botschaft für seine Eltern und seine Braut mitgab – und tatsächlich: Er kehrte nicht mehr zum Flugplatz zurück.

Viele Abenteuer erlebten wir auch des Abends, wenn wir Ausgang hatten. So verpassten wir einmal unsere Mitfahrgelegenheit zum Platz und fanden dann in einer dunklen Spelunke den einzigen Wageninhaber – unseren Staffelkapitän! Er lächelte milde und sagte nur: „Nun planen Sie mal, wie Sie morgen zum Dienst wieder auf dem Platz sind!“ Um 06.00 Uhr morgens waren wir endlich, nach etlichen Kilometern Fußmarsch und mit wund gelaufenen Füßen, zurück.

Im Dezember 1940 fand die Verlegung in den Mittelmeerraum, nach Italien, statt – Forlì am Fuße des Apennins war dort unser Platz. Dort erlebten wir den Jahreswechsel und machten uns dann auf den Weg nach Neapel und von dort nach Sizilien. Ein denkwürdiger Einsatz war der gegen den Flugzeugträger *Illustrious*, der vor der Insel Lampedusa kreuzte. Unsere Treffer brachten ihn zwar nicht zum Sinken, doch sie beschädigten das Schiff schwer.

In Trapani (Sizilien) ging es uns gut – oft feierten wir die geglückte Heimkehr nach schwierigen Flügen. Dann kam der Einsatzbefehl auf die Insel Malta, die für uns zu einem harten Brocken werden sollte. Hier erfolgten Angriffe auf englische Flottenverbände. Des Öfteren beschlich uns ein ungutes Gefühl, wenn wir südlich von Malta übers Meer flogen, denn bei einem Absprung oder einer Notwasserung ging man hier entweder in englische Gefangenschaft oder in den Tod. Niemals flogen deutsche Seenotflugzeuge über dieses Gebiet …

Ab Mitte Februar lernte ich einen neuen Kriegsschauplatz kennen: Nordafrika. Hier erwartete unsere Gruppe (inzwischen umbenannt in III./Stuka 3) Sand, große Hitze und vieles mehr, das wir noch nicht kannten. An die Gegebenheiten der Wüste mussten wir uns erst gewöhnen. Der Feind hatte uns hier vieles voraus, doch wir lernten schnell und jeden Tag dazu. Eines Tages kam der Gibli auf und brachte einen schlimmen Sandsturm mit sich, der über unseren Platz El Machina zog, die Zelte und Baracken losriss und alles verstreute. Doch was noch schlimmer war: Der Sand setzte sich auch in den Luftfiltern und Kühlern der Flugzeuge fest – wir merkten es beim nächsten Start, als die Maschinen keine Leistung mehr zeigten.

Doch der Vormarsch in Richtung Osten ging weiter. Die folgenden Einsätze im Gebiet von Barca und Bengasi wurden immer härter, denn der Engländer war uns ein ebenbürtiger Gegner. So mussten wir vielen Fliegern ein Wüstengrab geben.

Der Kampf um die Festung Tobruk begann. Tag für Tag flogen wir Einsätze gegen Tobruk – es wurde für uns zu einem Albtraum. Immer wieder musste Ersatz in Form von Material und Besatzungen aus der Heimat geholt werden. Bald waren nicht mehr nur einzelne Schiffe, sondern ganze Konvois unsere Ziele, denn es galt, Tobruk, das mittlerweile nur noch von See her Nachschub erhielt, von jeglicher Versorgungszufuhr abzuschneiden.

Im Juli 1941 erhielt unsere Gruppe berühmten Besuch: Den Jagdflieger Hans-Joachim Marseille, den Stern von Afrika. Er erzählte uns, wie ihm als Oberfähnrich ständig Flugverbot verhängt wurde und wie lange es – wegen Neid und Missgunst auch seines Vorgesetzten – dauerte, bis seine großartigen Leistungen anerkannt wurden.

Im Winter 1942, genauer gesagt im Januar, wurden wir zurück nach Sizilien verlegt, um dort den zweiten Dauerangriff auf Malta zu starten. Malta musste und sollte genommen werden, komme was wolle. Die harten Einsätze erforderten unbedingte Erholung in der Freizeit – und so gab es immer auch erheiternde Ereignisse.

Ein schwarzer Tag mit vielen Verlusten kam: der 12. April 1942. Wir flogen wieder einmal einen Angriff auf den Hafen La Valetta. Schwere Beladung war angeordnet. Ich flog mit der 8. Staffel (als Kettenführer der 2. Kette) leicht überhöht, hatte mit meiner Kette den längsten Anflugweg. Im 70-Grad-Winkel ging es nach unten, mit 750 km/h dem Ziel Flakbatterie entgegen. Der Boden kam schnell näher; jetzt nur rechtzeitig abfangen! Mir gelang es gut, doch dann warf ich einen Blick zurück: Was war mit meiner Nummer 3 los? „Abfangen, abfangen!“, brüllte ich. Aber der Pilot reagierte nicht. Mitten im Ziel erfolgte der Aufschlag. Warum das passiert ist, blieb mir ein Rätsel. Es sollte nicht bei dieser einen gefallenen Besatzung bleiben– sechs Kameraden gaben an diesem schwarzen Tag getreu ihrem Fahneneid ihr Leben.

Bald gab es nichts Lohnenswertes mehr auf Malta zum Angreifen, alle militärischen Ziele waren zerbombt. Jetzt musste die Landung erfolgen, dachten wir. Doch sie erfolgte nicht. Das war meiner Meinung nach einer der großen strategischen

Fehler dieses Krieges. Am 13. Mai 1942 startete die Gruppe zu ihrem letzten Flug zur Inselfestung, aber sie kehrte ohne Treffer nach zwei Stunden Flugzeit wieder zurück.

Wieder in Afrika, durfte ich die verbesserte Ju 87 mit stärkerem Motor und verstärkter Panzerung erproben. Mit Fernschreiben nach San Pietro meldete ich schließlich: Flugzeug einwandfrei. Ende Mai 1942 traf auch die Gruppe wieder in Afrika ein, denn es galt, die Festung Tobruk sturmreif zu machen. Bis Mitte Juni wurde pausenlos alles angegriffen, was der Festung irgendwie von Nutzen sein konnte: Panzer, Kraftwagen, Schiffe. Schließlich kapitulierte Tobruk am 20. Juni 1942.

Für uns ging es weiter bis El Alamein, wo die Feldstellungen der Engländer unser Ziel sein sollten. Auf dem Feldflugplatz El Quasaba erlebten wir einiges, so zum Beispiel einen Wolkenbruch, der unsere Zelte verschwinden ließ! Sie waren unter tiefem Schlamm begraben. Ein besonderes, und auch gefährliches, Erlebnis war auch der Nachtflug, zu dem mich der Kommandeur aufforderte.

Im Oktober 1942 schulten wir auf Me 109 um und übernahmen den Schutz und die Sicherung des Hafens von Bengasi. Viermotorige Bomber wurden nun unser Ziel. Dann kam die Wende im nordafrikanischen Kampfgebiet: Der Rückzug wurde befohlen, denn der Druck durch den Feind wurde immer stärker und es drohte uns die Umklammerung.

Weihnachten 1942 verbrachten wir in Bir Dufan in der Wüste, dem Platz, an dem wir im Februar 1941 von Sizilien kommend das erste Mal afrikanischen Boden betreten hatten. Unsere Gedanken wanderten nach Norden, dorthin, wo es Wald und Schnee gibt. Was würde das Jahr 1943 bringen?

Zunächst brachte es die Verlegung nach Libyen und meine Ernennung zum Technischen Offizier der Gruppe. Im Dezember war ich übrigens zum Leutnant befördert worden. Mit der Versetzung zum Gruppenstab konnte mir nichts Besseres passieren, ein VW-Kübel mit Fahrer und ein eingespieltes Team standen mir von nun an zur Verfügung. Feindflüge verpasste ich trotzdem nie – im Gegenteil, ich flog sogar zusätzliche Sondereinsätze, immer wenn die Wetterlage mies war und kein Feind mit Fliegern rechnete. Und nachts griff ich dann schon mal den Hafen von Tripolis an.

Mitte Februar 1943 erkundete ich mit dem Fieseler Storch von Gabes aus neue Landeplätze für die Einheit, denn der Feind drückte mittlerweile vom Süden und Osten. Bald konnten wir nur noch von Mezouna starten, dann mussten wir auch diesen Platz aufgeben. Der Rückzug ging immer weiter – langsam zog sich der feindliche Ring zu. Die englischen Jäger bedrängten uns immer mehr und die eigenen blieben fern. Nur noch einmal täglich konnten wir unseren Bodentruppen eine kleine Entlastung bringen.

Nach weiteren Verlegungen erlebten wir am 9. April 1943 den letzten Einsatztag auf afrikanischem Boden. Drei Tage später starteten wir mit Kurs Sizilien und erreichten schließlich unseren Rückhaltehorst Bari. Ende April wurden wir für ein paar Tage in die Heimat, nach Herzogenaurach, geschickt, da dort das Fluggerät überholt werden sollte. Genau nach zwei Jahren, vier Monaten und neun Tagen betrat die Gruppe wieder deutschen Boden. Für den 5. Mai 1943 war schon wieder der nächste Start in einen neuen Kampfraum angesetzt: Es ging nach Russland!

Verlegung in den russischen Kampfraum
Zeitraum: 5. Mai 1943 bis 4. Juli 1943

An dieser Stelle möchte ich doch einmal meine Eindrücke über die verschiedenen Landschaften, die wir auf der Flugstrecke von rund 3500 Kilometer von Tunis bis Konotop überflogen, Revue passieren lassen. Tunis, nur sechzig Kilometer südlich des nördlichsten Punktes von Afrika bis hin nach Konotop, 200 Kilometer ost-nordöstlich von Kiew, der Hauptstadt der Ukraine.

Die Gegend um Tunis hat Berge bis zu 1300 Meter. Karger Bewuchs, und wenn, dann prägen hier meistens Olivenbäume das Bild von oben. Danach kam die Weite des Mittelmeeres mit der einzig sichtbaren Insel Pantelleria, und wenig später Sizilien mit dem bekannten, noch tätigen Vulkan Ätna. Oft haben wir ihn mit seinen 3228 Metern überflogen. Wenig Bewuchs zeichnet die südliche größte Insel Italiens aus. Oliven- und Apfelsinenbäume sind vorherrschend. An Tieren werden Esel, Ziegen und Schafe gehalten. Die alte Kaiserstadt Palermo ließen wir im Norden liegen. Catania mit einer verhältnismäßig fruchtbaren Ebene öffnet sich nach Osten zum Meer. Weiter ging der Flug zur Ostküste Italiens nach Bari. Kalabrien mit seinen Bergspitzen vulkanischen Ursprungs sowie Apulien sind allgemein bekannt. Nordwärts ging nun der Flug. Die Berge des Apennin, herrlich anzusehen mit ihren Höhen bis 2500 Meter, sind leider nur wenig bewaldet. Weit links ließen wir den speienden Vesuv liegen. Dann tauchten die Albaner Berge auf, ehe wir vor uns am Tiber „die ewige Stadt" Rom sahen. Wieder eröffnete sich der Blick auf die Weite der Wasserfläche, des Tyrrhenischen Meeres. Die schöne, aber wenig bewaldete Insel Sardinien erschien nun vor uns. Dann fast im Westen Alghero. Die Bevölkerung ist arm. Sie hält vor allem Ziegen – deren Käse von hier weltweit bekannt ist – und Esel.

Mit dem Kompasskurs Nordost verließen wir dann im Norden die Insel. Links blieb die Felseninsel Korsika liegen, kurz rückte die Insel Napoleons, Elba, ins Blickfeld, und schon war wieder das italienische Festland erreicht. Da, die Einmündung des Ombrone ins Tyrrhenische Meer, und schon war Grosetto überflogen. Jetzt lag die Toskana mit ihren Weinbergen vor unseren Flächen. Mit fast Nordkurs blieben der Fluss Arno und Florenz zurück. Nochmals wurde der Apennin in Richtung Norden überflogen. Die uns schon bekannten Orte Bologna und Forlì lagen schon in der nördlichen Ebene. Die Höhen des Apennin wurden umflogen. Ein kurzer Blick hinab zum Po und gleich noch die Etsch, und schon war Vicenza erreicht.

Gleich nördlich von Vicenza steigt aus der Ebene das gewaltige Massiv der Alpen vor uns auf. Da unten musste das Skigebiet der Marmolata liegen. Schnee und richtige grüne Tannenwälder konnten wir aus dieser Höhe ausmachen. Dieser Anblick, der uns jahrelang gefehlt hatte, begleitete auch stets unser Heimweh, die Sehnsucht nach den grünen Wäldern und Auen der Heimat. Bis 4500 Meter strebten wir nach oben, um in dieser Höhe den Brenner, Innsbruck und die Nordkette der Alpen zu überfliegen. Schon lag auch die oberbayerische Hochebene mit ihren 500 Meter über NN unter uns. Im Dunst vor uns tauchte München auf. Noch ein kleiner Blick zum Ammersee, bevor unsere 87 zur Landung gezwungen wurden.

Mit neuem Kurs Nord-Nordwest überflogen wir das Tal der Donau und später die Alb, um zu einer Landung in Herzogenaurach anzusetzen. Nur kurz war der Aufenthalt hier. Mit neuem Kurs von 68 Grad ging es über die Fränkische Schweiz, das Fichtelgebirge im Norden liegen lassend, hinein ins Tal der Eger. Hier liegen die ehemaligen Weltbäder Franzensbad, Marienbad und Karlsbad. Dem Lauf der Eger weiter folgend bis hin zur Einmündung in die Elbe flog die Gruppe immer Parallelkurs zum im Norden liegenden Erzgebirge. Der Elbdurchbruch und das Elbsandsteingebirge waren deutlich zu sehen.

Den Parallelkurs zum Erzgebirge verlassend, stießen wir auf die Berge der Sudeten. Der Kommandeur ließ seine Maschine höher steigen, die Staffeln folgten. Unsere Höhe betrug nun 2000 Meter über NN. Das Riesengebirge mit der Schneekoppe (1602 Meter) wurde passiert. Wer denkt und erinnert sich da nicht an die bekannten Wintersportorte Spindlermühle, Krummhübel, Schreiberhau und Schmiedeberg. Bald lagen auch diese Orte hinter uns. Weiter ging der Flug der III./Stuka 3 mit der Hauptrichtung Ost-Nordost. Die Motoren unserer 87 sangen ihr gleichmäßiges monotones Lied, das doch in den Ohren der Besatzungen wie Musik klang. Die Blicke wanderten wieder voraus, wo sich das etwa 50 Kilometer breite Tal der Oder vor den Piloten auftat. Breslau, Schlesiens Hauptstadt, bat zur Landung! Nach Auffüllung des Treibstoffvorrates Start und Weiterflug der Ju 87. Die Kompassnadel zeigte beharrlich auf die Zahl 68. Keine Berge zeigten sich mehr; eine große Ebene zog unter uns dahin. Lodz wurde überflogen, und wenig später tauchte das Weichseltal mit Warschau vor den Nasen unserer 87 auf. Das Tagesziel war erreicht.

Der Kurs 68 Grad wurde beibehalten. Weiter gen Osten trugen uns die Schwingen unserer Maschinen. Baranowicze hieß das nächste Ziel. Die Landschaft bot dem Auge nur noch ein eintöniges Bild. Größere ausgedehnte Feuchtgebiete wurden überflogen. Bald war die Eisenbahnstrecke Warschau – Brest – Minsk - Moskau erreicht. Nichts Abwechslungsreiches mehr bis Baranowicze.

Nach 3 Stunden und 40 Minuten Aufenthalt erfolgte der Start zum vorläufigen Endziel der Gruppe des 3500 Kilometer langen Luftweges von Afrika zur Ostfront im russischen Raum. Kurz nach dem Start lag unter uns eines der größten Sumpfgebiete, welches ich je gesehen hatte. Das Gebiet zwischen den Flüssen Pripjet und Dnjepr, in den Karten als die „Pripjet-Sümpfe" ausgewiesen. 300 Kilometer Luftlinie mussten wir zurücklegen, bis diese Sümpfe überquert waren, bis die Gruppe rund 60 Kilometer südlich von Gomel – an der Einmündung der Bessied in den Dnjepr – den Dnjepr überfliegen konnte und das Sumpfgebiet zurückblieb. Am Haupteisenbahnstrang Kiew - Moskau bzw. Odessa - Moskau liegt Konotop. Die weiten fruchtbaren Flächen der Ukraine waren erreicht und mussten nun zum Teil überflogen werden. Mit dem von Baranowicze eingeschlagenen rechtweisenden Kurs von 115 Grad hatte die Gruppe nach 2 Stunden und 15 Minuten den Zielflughafen Konotop erreicht.

Ein neues Blatt der Gruppenchronik war aufgeschlagen.

Vom 7. Mai bis 3. Juli 1943 lag die Gruppe praktisch tatenlos auf dem Platz Konotop herum, um am 3. und 4. Juli 1943 nach Konewka an einen Platz ostwärts Orel zu übersiedeln. Notwendige Wartungsarbeiten, welche in der Heimat nicht zu Ende geführt werden konnten, wurden hier nachgeholt.

Ansonsten war die Zeit des Urlaubs angebrochen. So bekam auch der Gruppen-TO seinen verdienten Urlaub. Schon am 10. Mai 1943 flog ich mit meinem Bordfunker Oberfeldwebel Kleinert nach Deutschland. Gerade hatten wir Deutschland verlassen, nun waren wir schon wieder da. Nur wenige Wochen später aber kehrten wir mit einer neuen 87 wieder nach Konotop zurück. Der Kalender zeigte den 2. Juli 1943.

Urlaub soll Erholung sein, ist aber auch Anstrengung! Bei mir sollte es Letzteres sein. Am 20. Mai 1943 erreichte mich ein Fernschreiben meines alten Staffelkapitäns Hauptmann Eyer. Ein Leutnant des Fliegerhorstes Jever überbrachte es mir. Was mag das bedeuten? Neugierig riss ich das Schreiben auf und las: Am 18. Mai 1943 ist einem Leutnant Erhard Jähnert das Ritterkreuz verliehen worden. Herzlichen Glückwunsch! Ja, und damit sollte es mit der Ruhe aus sein.

Vielleicht eine Stunde später marschierte ein Zug der Hitlerjugend vor meinem derzeitigen Urlaubsdomizil, dem Haus meiner Schwiegereltern, auf. Wieder etwas später ein Fanfarenzug des Jungvolkes. Weiter erschien der Ortsgruppenleiter von Jever-Nordergast. Reden wurden geschwungen. Jeder wollte mir die Hand schütteln, und vor lauter Verlegenheit stottere ich die Dankesworte. Was soll dazu noch gesagt werden? Ich habe mich jedenfalls mächtig darüber gefreut.

Einladung auf Einladung folgten dem Bekanntwerden dieser hohen Auszeichnung. Keiner davon konnte ich mich entziehen. Meine Kriegserlebnisse, besonders die vom afrikanischen Kontinent und die Einsätze auf Malta, konnte ich schon im Schlaf berichten. Wie froh war ich dann, doch am 2. Juni 1943 diesem Trubel entrinnen zu können. In Lemwerder bei Bremen erwartete mich schon die modernste fabrikneue 87, welche mich wieder zur Front bringen sollte. Mein Bordfunker Oberfeldwebel Kleinert war schon einen Tag früher eingetroffen und hatte schon alles inspiziert.

Endlich wieder bei der Gruppe! Sofort musste ich voll in mein Aufgabengebiet einsteigen. Man wartete schon auf den TO der Gruppe.

Mein bewährter Prüfmeister Ade war voll im Geschäft. Musste nur einmal nach Orel, dann wieder nach Kiew-Süd oder Kiew-West. Ohne Flugzeug waren die Wege aber nicht zu bewältigen. Ergo rein in die 87 mit dem Kennzeichen S7+CD und ab zu den verschiedensten Plätzen. Fliegen sollte ja nun eine feine Sache sein – hätte man so fliegen können, wie man wollte! Partisanen hatten sich hier im rückwärtigen Gebiet schon ausgebreitet. Nur bewachte Straßen waren sicher zu befahren bzw. zu überfliegen. Eine Notlandung, und waren es manchmal nur 150 Meter von der Rollbahn entfernt, konnte schon tödliche Folgen haben. So machte das Alleinfliegen hier in diesem Raum keine reine Freude.

Die Front war ruhig. Die Staffeln übten den Verbandsflug in seinen verschiedensten Variationen. Tiefflüge und Tiefstflüge sowie Schießübungen gehörten natürlich zum Übungsprogramm.

Der Juni 1943 hatte sich ohne nennenswerte Ereignisse verabschiedet. Wir schrieben den Juli 1943. Da meinte ich so zu meinem Bordfunker: „Walter, komm lass uns doch einmal einen richtigen Höhenflug machen, wir müssen doch wissen, wie hoch unsere 87 noch kommen. Nur hier herumzusitzen, ist auch nichts. Mach die Maschine schon klar! Ich muss nur noch dem Kommandeur Bescheid geben!“

Am 3. Juli 1943 um 06.00 Uhr nach deutscher Zeit starteten wir. Es war nicht so früh, wie es nun klingt. Die Sonne hier im Raum ostwärts von Kiew geht eineinhalb Stunden früher auf als in Deutschland.

8000 Meter hatten wir erklommen. Es war ein herrlicher Tag. Kein Wölkchen trübte den Himmel. Langsam wurde es aber verdammt kalt in dieser Höhe. Vielleicht wären noch weitere 1000 Meter an Höhe zu erreichen gewesen, nur fing die Kälte an, uns zu schaffen zu machen. Eine Heizung war leider nicht eingebaut, und unsere beheizbaren Kombis hatten wir am Platz gelassen. Zu faul zum Anziehen! Lang genug waren wir schon oben, ein eleganter Sturzflug sollte uns wieder in wärmere Gefilde bringen.

Sturzflugbremse raus, Nase nach unten, und ab ging es im 70-Grad-Winkel der Erde entgegen. Höhenmesser und Geschwindigkeitsmesser wurden gleichzeitig von mir beobachtet. Die Geschwindigkeit stieg: 400 km/h, jetzt schon 450, bis sich die Sturzgeschwindigkeit bei etwa 480 bis 490 km/h eingependelt hatte. Die Bremse machte sich bemerkbar. 7000 Meter zeigte der Höhenmesser und fiel und fiel. 6000 Meter, jetzt gleich 5000 Meter, nach weiteren rund sieben Sekunden 4000 Meter, und weiter ließ ich die 87 fallen, um mich mit jeder Sekunde 138 Meter tiefer zu befinden. Jetzt las ich am Höhenmesser schon 3000 Meter ab. Aber was passierte da plötzlich? Alle Instrumente überzogen sich mit einer Reifschicht. Die Sicht nach draußen war nur noch schemenhaft. Das ganze Flugzeug war weiß, innen und außen, denn die Instrumente innen hatten ebenso eine Reifschicht angesetzt. Automatisch ohne jegliche Überlegung nahm ich meine 87 aus dem Sturz. Sturzflugbremse rein, um sie in etwa 2000 Metern Höhe fast waagerecht dahinschießen zu lassen. Der Tarnanstrich war verschwunden, als weißer Vogel bewegten wir uns durch die Lüfte. Extreme Lufttemperaturen mit entsprechenden Feuchtigkeitsgraden müssen wir im Sturz durchflogen haben. 20 Minuten dauerte es in etwa, bis auch die Panzerglasscheibe vor dem Piloten aufgetaut war und ihre normale Durchsichtigkeit wieder erreicht hatte. Ein Phänomen?

Die natürliche Erklärung: Gestartet waren wir bei etwa 20 Grad Lufttemperatur. Beim Steigflug erreichten wir eine langsame stetige Abkühlung bis auf etwa 40 Grad minus. Die Luftfeuchtigkeit war ganz minimal in diesen Höhen, trocken wäre vielleicht der bessere Ausdruck. Nun der Übergang in den schnellen Sturzflug. Die Maschine kam in wärmere Luftschichten mit sehr hohem Wassergehalt. Die das Flugzeug umgebende Kaltluft konnte die Feuchtigkeit nicht aufnehmen, also schlug sie sich als Reif nieder. Wir hatten eine weiße 87, aber nur für wenige Minuten.

Dies war der Schreck in der Morgenstunde, und dabei war es so ein herrlicher Tag mit strahlend blauem Himmel. Ein Tag so richtig zum Faulenzen. Also wollten mein Bordfunker und ich mit meinem VW-Kübel einen kleinen Ausflug in die Umgebung machen. Da klingelte das Feldtelefon!

TO zum Kommandeur. Da muss ich noch erwähnen, dass sich in der Zeit meines Urlaubes in der Gruppe personelle Veränderungen vollzogen haben. Der alte Kommandeur Hauptmann Hamester wurde Major und übernahm ein Geschwader, eine Stukaschule. Der eine Staffelkapitän Hauptmann Eyer wurde Gruppenkommandeur, ebenso Hauptmann Göbel. Ein neuer Kommandeur war gekommen, Major Eberhard Jacob. Zu Staffelführern wurden der Oberleutnant Pölz und der Oberleutnant Meyer ernannt, und ein neu in die Gruppe gekommener Oberleutnant Niemann führte die 9. Staffel. Keiner der drei neuen Staffelführer war aber Staffelkapitän!

Auf dem Weg zum Kommandeur ging ich schnell mein Sündenregister durch, konnte aber nichts Besonderes feststellen. Was sollte es schon Neues geben?

Der Auftrag: Sämtliche Flugzeuge startklar machen. Um 11.20 Uhr Verlegung nach Konewka – ein Feldflugplatz wenige Kilometer ostwärts Orel. Gleich nach der Landung bezogen die Staffeln ihre neuen Liegeplätze. Ich richtete mich natürlich im Gruppenstab ein. Mein neuer Kommandeur lächelte mir zu, und ich meinte, als Gruppen-TO mit ihm gut auskommen zu können, war er doch ein alter Bekannter der Gruppe. In Faßberg war er als Leutnant mit bei der Aufstellung dabei gewesen. Später in Afrika wurde er Staffelkapitän und auch mit dem Ritterkreuz ausgezeichnet. In der Mitte des Feldzuges dort in der Wüste kam er weg und jetzt als Kommandeur und Major wieder.

Einen Tag später, als alles beim Mittagessen saß, sagte doch der Kommandeur zu mir: „Jähnert, jetzt waren Sie lange genug beim Stab, gehen Sie mal wieder zu Ihrer alten Staffel zurück." Was sollte ich darauf antworten? „Jawohl, Herr Major." Im Stillen habe ich gedacht: So ein Mist, beim Stab hattest du eine Hauptmannsstellung, und jetzt wieder nur einfacher Leutnant. (Zu diesem Zeitpunkt wusste noch keiner, auch ich nicht, dass ich schon Oberleutnant war. Die Beförderung war nämlich in einer anderen Luftflotte aufgeführt, zu welcher die Gruppe jetzt nicht mehr gehörte.) Meine Gedanken gingen aber gleich noch weiter: „Hier kannst du nichts mehr werden. Die alten Vorgesetzten sind versetzt oder gefallen. Erhard, sieh zu, eine andere Stellung zu ergattern!“ Die Gruppe hatte drei Staffeln mit drei Staffelführern. Keiner war Kapitän. Das heißt, jeder kann wieder eine andere Stellung erhalten. Ist einer schon zum Staffelkapitän ernannt, gleich welchen Dienstgrad er begleitet, kann er dann nur noch befördert werden.

Dies waren meine Gedanken am 4. Juli 1943.

Als Feuerwehr im Mittel- und Südabschnitt
Zeitraum: 5. Juli 1943 bis 19. September 1943

Der folgende Tag, der 5. Juli 1943, brachte schon am frühen Morgen den ersten Einsatz mit Start um 02.50 Uhr. In Deutschland war es um diese Zeit noch tiefe Nacht. Angriff auf feindliche Artilleriestellungen im Raum Kursk.[1] Der Feind hatte hier die Front durchbrochen und einen starken Brückenkopf gebildet. Wie eine Warze ragte er in unser Gebiet hinein. Und diese Warze sollte an der Wurzel abgeklemmt werden. Der Gegner wäre dann vom Nachschub abgeschnitten und säße in der Falle.

Die III. Gruppe des Sturzkampfgeschwaders 3 zog in geschlossener Formation in Richtung Osten dem Angriffsziel entgegen. Wie auf dem Exerzierplatz flog die 9. Staffel. Die erste führte der Staffelführer, die zweite ich, der Name des dritten Kettenführers ist mir leider entfallen.

Die Front befand sich kurz vor uns. Laufend Seiten und Höhen wechseln, lautete meine Devise. Dem Gegner kein ruhig anzuvisierendes Ziel bieten. Wie an der Schnur, so zog die Führungskette der 9. dem Verderben entgegen. Da vor dem Angriff stets Funkstille zu herrschen hat, konnte ich auch keinen Warnruf in den Äther blasen. Wenn der Russe auch keine Leuchte mit seiner Flak war, hier brauchte und konnte er lange genug anvisieren und ruhig abziehen. So geschah es dann auch, mit der Konsequenz, dass die gesamte erste Kette abgeschossen wurde. Ein Fallschirm wurde beobachtet, die Maschinen zerschellten. Wiedergekommen ist keiner. Für die Dummheit eines Einzelnen mussten sechs Mann fliegendes Personal ihr Leben lassen.

Es soll aber an dieser Stelle nicht meine Aufgabe sein, Richter zu spielen. Fehler macht jeder, nur dürfen es eigentlich nicht solch gravierende Fehler sein.

Mit nur zwei Ketten kehrte die Staffel gleich vom ersten Einsatz an der Ostfront zurück, sprich mit sechs Maschinen. Fünf Einsätze wurden an diesem Tage noch geflogen. Die Gesamtflugzeit betrug gleich am ersten Tag volle sieben Stunden. Das hieß sechsmal starten, stürzen und landen. Um 18.40 Uhr erfolgte die letzte Landung. Hundemüde waren wir alle. Die Staffelführer mussten nach dem Essen noch beim Kommandeur bleiben. Die 9. vertrat ich. Beiläufig meinte dann der Kommandeur zu mir: „Na, Jähnert, dann führen Sie erst einmal die Neunte, bis der neue Kapitän kommt!"

Bis zum 22. Juli 1943 flog die Gruppe 69 Einsätze. 69 Feindflüge in 18 Tagen. Jeder Flug dauerte im Durchschnitt eine Stunde. Eine gewaltige Anforderung an Mensch und Material. Der 22. Juli 1943 wurde von mir gewählt – er sollte für mich und auch für die 9. Staffel ein unvergessener Tag bleiben. Um 06.20 Uhr erfolgte an diesem Tag der erste Start. Ausgeschlafen hatte keine der Besatzungen. Der zweite Start erfolgte um 09.20 Uhr. Die Müdigkeit machte sich jetzt auch bei mir bemerkbar, und zwar sehr unangenehm! Diesmal zog ich nach dem Angriff nicht mehr hoch, da die Eintönigkeit des Rückfluges in der Höhe das Einschlafen besonders förderte. Dieser Eintönigkeit wollte ich mit dem abwechslungsreichen Tiefflug vorbeugen. Nur klappte mein Plan nicht, denn plötzlich gab es einen Schlag im Steuer! Was war passiert? Der Pilot war anscheinend, das heißt bestimmt, eingenickt, und das Fahrwerk hatte Bodenberührung bekommen, und das auch noch bei einer Geschwindigkeit von etwa 280 km/h. Eine tödliche Gefahr! Noch war es dieses Mal gut gegangen. Der nächste Einsatz erfolgte mit Start um 12.05 Uhr. Vor dem Angriff war die Spannung noch da, nach dem Sturzangriff und dem Verlassen der HKL (Hauptkampflinie) war sie aber gleich weg und die Müdigkeit wieder da. Noch zweimal sollte ich bei diesem Rückflug Bodenberührung bekommen. In der Mittagshitze um 12.40 Uhr wurde gelandet. Die Mittagshitze lag so richtig über dem Platz. Eine kurze Rücksprache mit meinen Männern, auch sie konnten sich vor Müdigkeit kaum noch auf den Beinen halten. Fazit? Meine Bitte an den Kommandeur, die Luftflotte für den Nachmittag um Ruhe zu bitten. Der Kommandeur gab mir gar keine Antwort, drehte sich um und ging weg. Es hatte aber gefruchtet, kein Einsatz wurde an diesem Tag mehr befohlen.

Die Männer der Gruppe konnten ihre Müdigkeit nicht mehr bekämpfen. Jeder spürte sie, nur keiner sprach es aus. Ausgerechnet ich musste es aussprechen, der ich eine Staffel nur vorübergehend führen sollte.

Das Feldbett sehen und umfallen war eins. Es war so gegen 19.00 Uhr, als der Spieß zu mir kam und meldete: „Alle Offiziere sollen pünktlich um 20.00 Uhr im Kasino sein. Der Kommandeur hat alle Sektflaschen konfisziert, Ihre auch, Herr Leutnant!“

Was war nun wieder los? Im Kasino murmelte man, dass einer zum Staffelkapitän ernannt würde. Das konnte nur Oberleutnant Pölz sein!

Die Herren nahmen Platz und aßen. Danach passierte nichts. Alles schaute zum Kommandeur: nichts. Eine Ruhe, welche fast unheimlich wirkte! Endlich der Kommandeur an den Kasino-Unteroffizier: „Börgers, nun schenken Sie einmal ein, die Gläser sollen doch nicht umsonst hier stehen!“

Die Gläser waren voll. Endlich erhob sich der Kommandeur Major Jacob. Seine Stimme klang ruhig und gelassen: „Ich habe eine Ernennung bekannt zu geben.“ Dann wieder Pause, alles schaute zu Oberleutnant Pölz. „Mit sofortiger Wirkung wird zum Staffelkapitän ernannt“ - Pause - „der Leutnant Jähnert. Prost!“

Mit allem hatte ich gerechnet, nur damit nicht. Ich hatte bestimmt sofort einen roten Kopf, und je mehr ich das verhindern wollte, umso mehr glühte er wohl auf. Wären nicht alle so müde gewesen, wäre noch tüchtig gefeiert worden. So war aber bald Schluss. Diese Ernennung hatte aber auch ihre Tücken. Da ich in diesem Moment der einzige Staffelkapitän war, war ich automatisch der Vertreter des Kommandeurs. War er da, spielte alles keine Rolle, war er nicht anwesend, dann unterstanden mir ein Major vom Stab, zwei Hauptleute vom Stab, zwei Staffelführer im Range von Oberleutnanten und noch einige Oberleutnante und Leutnante. Das war nicht einfach! Als ich in der Staffel ankam, hatte sich die Ernennung schon herumgesprochen. Die Kameraden feierten! Natürlich auf meine Rechnung.

Für den nächsten Tag war kein Einsatz vorgesehen. Trotzdem musste jeder in Bereitschaft und erreichbar bleiben. So schlenderte auch ich über den Staffelliegeplatz, meinen Bordfunker als Adjutant mitschleppend. Da kamen mir Flugabwehrgeschütze ins Blickfeld. Ach, die könntest du eigentlich auch einmal besuchen. Die anderen Waffengattungen sollte man auch schätzen lernen. Da stand eine Vierlingsflak, die interessierte mich besonders! Nach der üblichen Begrüßung ließen wir uns das Geschütz von dem Geschützführer, einem Unteroffizier, erklären. Ich persönlich bat, auf dem Geschützführersitz Platz nehmen zu dürfen. Die Neugierde plagte mich mit der Frage, wie die einzelnen Teile so zusammenarbeiten. Da plötzlich eine Stimme hinter mir: „Was machen Sie denn da?“ Noch hatte ich mich nicht umgedreht, antwortete aber: „Mal auskundschaften, ob wir uns auf Sie verlassen können.“ Nun drehte ich mich um, da stand doch ein Oberleutnant der Flak. Der Geschützführer sofort: „Mein Kompaniechef!“ Dann sah er mein Ritterkreuz und grüßte erst einmal. In Bruchteilen von Sekunden wurde mir klar: Den kennst du doch!

Ja, ich kannte ihn, es war mein alter Schulkamerad Siegfried Meinen aus Remse in Sachsen. Sechs Jahre hatten wir gemeinsam die Schulbank der „Fürstlich Schönburgisch Deutschen Ober- und Aufbauschule zu Waldenburg in Sachsen“ gedrückt, er als Fahrschüler, ich als Internatsschüler. Noch sagte ich aber nichts zu ihm, machte mich langsam aus dem Sitz frei und jetzt kam's: „Siegfried, du altes Rübenschwein, was machst du denn hier?“ Dabei umarmte ich ihn ordentlich. Er war erst ganz verdutzt, dann fiel auch bei ihm der Groschen.

Nach meinem Verlassen des Internats war jegliche Verbindung abgebrochen, und hier, fern der Heimat, in den Weiten des russischen Raumes, da traf man sich wieder. Stundenlang plauderten wir noch an diesem Abend, tauschten alte Erinnerungen aus und erzählten von vergangenen gemeinsamen Streichen. Es wurde ein schöner, runder Abend.

Am nächsten Tag, dem 24. Juli 1943, starteten wir um Punkt 06.50 Uhr zum Angriff auf Panzer und Kfz ostwärts Orel. Sechs Starts sollten an diesem Tag erfolgen. Die Angriffsziele waren stets Panzer und die entsprechenden Fahrzeuge. Zu weit würde es führen, die einzelnen kleinen Orte zu nennen, da sie insbesondere für uns sehr unaussprechliche Namen hatten, wie Rasbyjowska, Domnino, Schirattero, Belyjoklodes und so weiter. Viele Einsätze füllten die folgenden Tage aus, nur aller

Mut der Besatzungen und die Erfolge konnten nicht verhindern, dass in diesem Abschnitt die Front zurückgenommen werden musste.

Nach fünf Feindflügen am 31. Juli 1943 auf Panzer und Fahrzeuge fand am Abend dann noch der Verlegungsflug von Orel-Nord nach Oserskaja statt. Oserskaja, eine Wiese nördlich von Brjansk mit einem kleinen Bächlein. Schön inmitten eines Partisanengebietes gelegen. Die Unterkünfte waren große viereckige Kisten in der Größe von etwa zwei mal fünf Metern, einem kleinen Fenster und natürlich einer Tür. Die Kisten waren auch noch schön am Waldrand aufgestellt, dem Abschuss durch die Partisanen ausgesetzt. Verstärkte Wachen und kurze Streifengänge waren unsere Sicherung! In den fünf Tagen, an denen wir unsere Einsätze von diesem Platz flogen, hat sich, Gott sei's gedankt, kein Partisan blicken lassen.

Durchschnittlich fünf Einsätze pro Tag waren die Regel. Eine anstrengende Zeit, wenn auch nicht mehr so zermürbend wie in den ersten Tagen der Einsätze von Konewka aus. Die Flüge waren kürzer, was kein Wunder war, denn der Feind stand bedeutend näher und rückte weiter vor. Die nächste Verlegung der Gruppe nach Smolensk war für den 5. August 1943 schon vorprogrammiert.

Einen Tag vor der Verlegung hatte ich noch das Glück, eine Airacobra, einen von den Russen geflogenen amerikanischen Jäger, abzuschießen. Ja, der Abschuss war eine Sache für sich. Glück musste man haben, und ich hatte es wieder einmal. Mit der Staffel kam ich vom Angriff auf feindliche Panzer bei Kutafino zurück. Da sah ich – wir befanden uns noch östlich Brjansk –, wie sich deutsche und russische Jäger eine Schlacht liefern: Erhard, dachte ich so, du bist wohl mit deiner 87 etwas langsam, aber bei den vielen eigenen Jägern lohnt es sich vielleicht mitzumischen! Kaum gedacht, ging ich schon an die Ausführung. Die Masse des kämpfenden Pulks hatte ich mit meiner Staffel schon passiert. Ich persönlich drehte links ab und schickte die Einheit weiter zum Platz, welcher nur noch etwa fünf Flugminuten entfernt war.

Kaum hatte ich meine 180-Grad-Kurve beendet, lag doch vor mir der kämpfende Jagdpulk. Deutsche und Russen in einem wüsten Durcheinander. So ganz heimlich wollte ich mich an den Pulk heranpirschen, da drehte doch ein Russe bei und kam direkt auf mich zu. Was mache ich nun? So hatte ich mir mein Eingreifen in den Kampf nicht vorgestellt! Abhauen ging nicht mehr, da müsste ich ihm ja meine Breitseite zudrehen, und dann wäre ich abgeschossen. Nur eine einzige Möglichkeit blieb mir: Direkt auf ihn zu, mal sehen, wer die besseren Nerven hatte. Da befanden wir uns auch schon auf Rammkurs. Nur noch wenige Sekunden, mehr konnte es nicht sein, dann würden wir zusammenstoßen! Unsere Bordwaffen waren schon längst in Tätigkeit getreten, die Leuchtspurgeschosse fegten bei jedem nur so vorbei. Nur mit einem Auge schiele ich durch mein Reflexvisier, den Abzugshebel der Bordwaffen durchgezogen, Dauerfeuer. Jetzt musste es in der nächsten Hundertstelsekunde krachen! Verflixt, der Russe will mich doch nicht etwa rammen? In einer Reflexbewegung hob ich meine linke Fläche etwas an, und tatsächlich, der Russe fegte um Haaresbreite unter meiner Fläche durch. Ohne meine Flächenbewegung wären wir mit mindestens 650 km/h aufeinandergeprallt. Die Luft hatte ich angehalten, und das Aufatmen danach höre ich heute noch. Mit einer scharfen Linkskurve flog ich hinterher. Der Iwan hatte von mir schon einige Treffer in seinen Rumpf erhalten, daher stürzte die Airacobra sogleich im gestreckten Sinkflug, eine Rauchfahne hinter sich herziehend, in den Brjansker Wald. Nun noch schnell den genauen Ort in der Karte vermerken und ab nach Hause. Die letzte 87 meiner Staffel hatte gerade aufgesetzt, da schwebte auch ich schon zur Landung ein.

„Dem Feind ins Auge sehen“ und „Angriff ist die beste Verteidigung“, das waren meine Leitsätze. Meinen Bordfunker hätte bald der Schlag getroffen, wie er mir unter Zittern eingestand. So ist es eben im Leben. Wäre es schief gegangen, hätte der Kommandeur keinen guten Faden an mir gelassen, so bekam ich eine Belobigung.

Am 5. August 1943 folgten mit Start einmal um 04.25 Uhr und einmal um 08.25 Uhr noch zwei Feindflüge von je eineinhalb Stunden Dauer. Am Nachmittag noch Verlegung der Gruppe nach Smolensk, nur meine Staffel sollte nach Gomel. Warum ich erst dahin fliegen musste, ist mir entfallen, aber es brachte für mich noch ein nettes Erlebnis mit sich, welches ich nie vergessen werde.

Der Verlegungsflug von Oserskaja nach Gomel dauerte nur eine Stunde. Die Staffel richtete sich ein, und ich begab mich mit meinem Fahrer, Feldwebel Böse, in den Ort Gomel. Wie ich da so entlangschlendere, begegnete mir doch ein Sanitätsgefreiter. Wie ein Blitz durchfuhr es mich plötzlich: Den kennst du doch! Sekunden später die Erkenntnis: Das war mein Studienrat aus der Internatszeit. Pat, sein Spitzname, den hatte ich behalten. Auch, dass er Linkshänder war. Von ihm bekam ich einmal eine Ohrfeige, bei der ich die linke Backe zuhielt – und auf der rechten knallte es. In meiner Klasse erteilte er den Englischunterricht.

„Hallo Sie, können Sie nicht anständig grüßen? Nochmals zurück!“ Der Sanitätsgefreite wiederholte den Gruß. Konnte natürlich nicht klappen. „Böse, den Gefreiten nehmen wir mit. Sie, einsteigen!“ Ab ging es zum Flugplatz.

Auf der nun folgenden Fahrt zum Fliegerhorst ließ ich mir seine Einheit sagen, und wo ich diese erreichen könnte. Mein Studienratsgefreiter wusste immer noch nicht, woran er war; etwas bedeppert schaute er mich schon an. Vor dem Kasino ließ ich anhalten. Meinen Gefreiten nahm ich natürlich mit. Nach dem Betreten des Kasinos machte ich mich den Herren bekannt: „Leutnant Jähnert, Staffelkapitän der III./Stuka 3.“ Nach dieser Zeremonie ließ ich meinen Gefreiten hereinkommen. Die Herren Offiziere schauten zwar etwas, da Nichtoffizieren das Betreten verboten war. Mein Ritterkreuz hielt diese aber davon ab, etwas zu sagen. Ansonsten hätte es ein Theater geben können.

Nun nahm ich mit meinem Studienratsgefreiten an einem Tisch Platz und bestellte auch gleich etwas Alkoholisches zu trinken. Nach der Bestellung entfernte ich mich aber erst einmal, um die Einheit meines Sanitätsgefreiten anzurufen. Ein Oberstabsarzt kam ans Telefon, und ihm erklärte ich alles, wieso und warum. Erklärte ihm aber auch gleich noch, dass mein Fahrer den Gefreiten nur mit Alkohol vollgepumpt wieder bei ihm abliefern könnte. Der Oberstabsarzt zeigte Verständnis, lachte und sagte ganz kurz: „In Ordnung, Herr Leutnant!"

Das erste Glas war geleert und das zweite bestellt. Nun fing ich erst einmal an, meinen Gefreiten auszufragen. Da er auch schon etwas älter war, fragte ich ihn nach seinem Beruf. „Studienrat", antwortete er. Von wo er käme? „Von Waldenburg an der Mulde." „So, so", sagte ich nur. „Gibt es da nicht auch so ein Internat?" „Ja", sagte er, da wäre er angestellt. „Wie ist denn gleich der Name dieses Internats?" Prompt kam die Antwort: „Fürstlich Schönburgisch Deutsche Ober- und Aufbauschule." Meine Antwort: „Sehen Sie, davon habe ich auch schon gehört. Ein Oberleutnant Meiners aus Remse berichtete mir da auch von einem Studienrat mit dem Spitznamen Pat, das muss doch dann ein Kollege von Ihnen gewesen sein? Kennen Sie den vielleicht?" Jetzt kam ich ihm doch wohl etwas unheimlich vor, mein Wissen machte ihn stutzig, denn stotternd kam seine Antwort, der Studienrat Pat wäre er.

Nun blieb mir auch nichts anderes übrig, als mich erkennen zu geben. Sein Schüler sei ich gewesen und Englischunterricht hätte ich bei ihm gehabt. Er sei Linkshänder und eine Ohrfeige hätte ich einmal von ihm bekommen. Nasenbluten hätte ich damals gehabt! Dann sagte ich noch: „Jetzt, zwar etwas spät, aber noch nicht zu spät, kommt die Rache des kleinen Mannes. Was soll ich nur mit Ihnen machen …? Ich hab's!" Sein verdattertes Gesicht sehe ich heute noch. „Zur Strafe werden Sie … ja, was werden Sie? Sie werden mit mir einen trinken - bis Sie voll sind. Einverstanden? Ihr Chef weiß schon Bescheid, mein Fahrer bringt Sie dann zu Ihrer Einheit!" Ich hörte nur noch: „Jawohl, Herr Leutnant!"

Ja, und dann haben wir uns einen richtig zur Brust genommen. Voll wie 1000 Mann war er gegen 12.00 Uhr, und so hat ihn mein Feldwebel Böse später bei seiner Einheit abgeliefert.

Ein Erlebnis am Rande des Kriegsgeschehens, das manches vergessen lässt!

Der Kalender zeigte den 6. August 1943 an. Ein Anruf der Flotte kam – kein Einsatzbefehl, nein, der Befehl zur Verlegung nach Smolensk. Wieder bei der Gruppe. Der alte Haufen war wieder beisammen.

Neue Einsätze und neue Aufgaben kamen auf die Gruppe zu. Leider ging nicht alles ohne Verluste ab. Mit Schwierigkeiten war es dann immer verbunden, neue Besatzungen und neues Material zu erhalten. Das war eine Aufgabe der Flotte.

Neue 87 standen in Krakau abholbereit. Alles war bestens organisiert, nur wusste keiner, ob die 87 auch technisch klar waren. Das technische Personal fehlte. Wieder sollte sich bewahrheiten, dass jeder an seinem Platz gebraucht wird. Was nützt die beste Besatzung, wenn die Technik nicht in Ordnung ist? Somit war es eine neue Aufgabe der Gruppe, schnellstens technisches Personal nach Krakau zu holen!

Als ehemaliger TO der Gruppe bekam ich vom Kommandeur den Auftrag, das Entsprechende zu veranlassen. So schnell wie möglich sollte ich Leute in Marsch setzen. Das Wie konnte aber keiner beantworten. Zum Glück war Smolensk ein Nachschubknotenpunkt.

Ju 52, unsere Transportmaschinen, landeten und starteten. Da rollte neben meine Staffel eine sogenannte „Tante Ju" zum Tanken. Mein Flugzeugoberfeldwebel, welchen ich mit zwei Warten für Krakau bestimmte hatte, hatte schon erkundet, dass diese Ju an diesem Tag noch nach Krakau fliegen würde! „Prima, da könnt ihr gleich mitfliegen." „Geht nicht", lautete die Antwort meines Oberfeldwebel Ilgenfritz, „der Pilot sagt, seine Maschine ist voll!" „Da müssen ein paar Leute umgewechselt werden, Ilgenfritz, ihr müsst unbedingt mit! Wir brauchen dringend die neuen Flugzeuge und Piloten."

Mit dem Piloten wollte ich nun selbst sprechen. Ein Oberfeldwebel, der sich auf nichts einließ. Was blieb mir übrig? Ein Machtwort musste gesprochen werden.

Ich ließ nun die Maschine räumen. Das mitfliegende Personal wollte ich mir doch einmal ansehen. Selbstverständlich ließ ich jeden sein Gepäck mitnehmen. Dabei fielen mir sofort ein Inspektor und ein Feldwebel einer Verpflegungseinheit meiner eigenen Waffengattung, der Luftwaffe, auf. Die Kameraden hatten Gepäck, mit dem man eine ganze Staffel ausrüsten konnte. Fuhr oder flog ich in Urlaub, war höchstens eine Aktentasche voll vorhanden. Eine missliche Lage für mich! Es stand für mich fest, dass die beiden hier blieben. Da fing doch der Pilot der Ju 52 an zu mosern. Also dachte ich: Ging es nicht im Guten, musste es anders herum gehen.

Dem Oberfeldwebel und Piloten machte ich zwei Vorschläge: „Meine Leute fliegen mit, die Herren der Abteilung IVa bleiben hier und fahren mit dem Zug! Oder aber ich lasse Sie festnehmen, setze einen Piloten von mir auf die Ju 52 und stelle Sie anschließend wegen Befehlsverweigerung vor ein Kriegsgericht!" Zähneknirschend stand der Kamerad plötzlich ganz stramm und sagte nur: „Jawohl, Herr Leutnant."

Wie mir später meine Leute sagten, haben der Inspektor und der IVa-Feldwebel dem Piloten allerhand zugesteckt, da sie sonst mit der Bahn fahren müssten. Ja, und jetzt mussten sie.

Die Korruption lässt sich eben doch nicht ausrotten, aber man muss sie bekämpfen. Die Schadenfreude der Kameraden der unteren Dienstgrade konnte ich an den Gesichtern ablesen. Wenn schon, denn schon: Zu Fuß mussten die IVa-Leute mit ihren den Einheiten vorenthaltenen Sachen zum Bahnhof marschieren. Dies eine kleine Episode am Rande der Ereignisse.

Am 8. August 1943 flogen wir noch schnell einen Einsatz auf gegnerische Flakstellungen. Dann einen Tag später Verlegung nach Konotop und weiter nach Poltawa.

In Poltawa war es dann so weit. Der Kommandeur wurde zu einem Lehrgang einberufen. Er gab mir das Telefon mit den Worten: „Der General möchte Sie sprechen!“ Ich meldete mich: „Herr General, hier Leutnant Jähnert.“ Der General, mein Luftflottenchef, sofort: „Jähnert, sollten Sie Schwierigkeiten bezüglich Ihres Dienstgrades haben, rufen Sie sofort bei mir an.“ „Jawohl, Herr General.“ Und weg war er. Das alles spielte sich innerhalb einer Stunde ab, kurz vor dem Start von Konotop nach Poltawa.

Die fliegerische Führung der Gruppe bereitete mir keine Schwierigkeiten. Na, und was den Schreibkram betraf, so hatte ich bewährte Offiziere im Gruppenstab, sowie einen eingefuchsten Oberfeldwebel im Geschäftszimmer.

Die Gruppe landete am 9. August 1943 und 11.00 Uhr in Poltawa. Der Platzkommandant, ein Oberst, war unterrichtet. Ich hin zu ihm, um ihm die Inbesitznahme des Platzes durch die III./Stuka 3 zu melden. Er fragte gleich: „Wo ist Ihr Kommandeur?“ „Hier, Herr Oberst, Leutnant Jähnert.“ „Haben Sie keinen Staffelkapitän?“ „Jawohl, Herr Oberst, Staffelkapitän Leutnant Jähnert.“ Der Oberst bekam seinen Mund nicht zu, so etwas hatte er noch nicht erlebt. Zumal jetzt auch noch unser Major beim Stabe, Major Dr. Albertshauser aufkreuzte. Ich sagte mir: „Erhard, lass dich nicht unterkriegen, hau ordentlich auf die Pauke, sonst bist du verloren.“ Und so setzte ich mich auch gleich durch.

„Herr Oberst, zurzeit bin ich der Kommandeur der III./Stuka 3.Wie Sie wissen, als solcher auch der Kommandant des Platzes. Ich darf Sie bitten, meinen Wünschen zu entsprechen und alles zu veranlassen, dass meine Gruppe ihren Einsatzpflichten nachkommen kann. Sollten Sie Zweifel hegen, kann ich hier von Ihrem Telefon gleich General Seidemann anrufen. Er wird Ihnen dann schon die passenden Worte sagen.“

Da lenkte er plötzlich ein. An meinem Ton konnte er merken, dass es jetzt ernst wurde. Das Ritterkreuz tat dann das Seinige noch dazu. Jedenfalls sagte er sofort in einem verbindlichen Ton, dass ich es doch verstehen müsse, diese Situation sei doch etwas ungewöhnlich. Da hatte er wohl recht, aber an der Sache änderte das ja nichts.

Zwei Tage verkehrte ich nur rein dienstlich mit ihm. Unter anderem verlangte ich, dass meine Offiziere zur gleichen Zeit wie er ihr Essen vorgesetzt bekamen und nicht erst, wenn er schon zur Hälfte fertig war. Die kleinen Reibereien am Rande des Geschehens waren sozusagen das Salz in der Suppe. Am vierten Tag bot er mir schon das Du an. Wir kamen bestens miteinander aus. Den Vorteil hatte natürlich meine Einheit. Soweit möglich, wurde uns jeder Wunsch erfüllt. Und mehr wollte ich auch nicht.

Der 10. August 1943 brachte den ersten Einsatz der Gruppe unter meiner Führung. Das Angriffsziel: Fahrzeuge etwa zwei Kilometer nordostwärts des Ortes Kaplunowka.

Meine mir zurzeit unterstellten Staffelführer im Range von Oberleutnanten flogen zwar im ersten Einsatz nicht ganz so wie befohlen, dafür klappte es aber ab den nächsten Einsätzen bestens. Hierbei konnte ich feststellen, dass ein gutes, aber bestimmtes Wort zur rechten Zeit Wunder wirken konnte. Mein damaliger Adjutant Leutnant Meyn tat ein Übriges dazu. Er versicherte jedem, dass solange der Staffelkapitän Jähnert den Kommandeur vertrete, er Vergehen der Offiziere strengstens ahnden würde. Um der Autorität willen musste und konnte ich nicht anders handeln. Zur Ehre meiner Herren muss ich aber auch sagen, dass keiner auch nur den geringsten Anlass für mein Eingreifen bot.

Da ich an dieser Stelle Leutnant Meyn schon einmal genannt habe, darf ich nicht vergessen, seine gezeigten fliegerischen Leistungen entsprechend zu würdigen. Folgendes Beispiel soll ihm seine enorme Reaktionsfähigkeit bescheinigen. Ganz eng gestaffelt starteten wir von Poltawa aus zum Feindflug. Meyn flog als Adjutant links von mir. Mit dem Gashebel auf Vollgas war meine 87 auf Beschleunigungskurs, um wenige Sekunden später abzuheben. Da fing meine linke Fläche doch an zu hängen. Die Maschine zog nach links. Langsam nahm ich Gas weg, um nach links auszuscheren. Der Reifen meines linken Fahrwerkes musste einen Platten haben. Alles war nicht so schlimm, aber wie reagierte mein Katschmarek? Auch er nahm sofort sein Gas weg, um sich einmalig exakt meinen ungewollten Flugzeugbewegungen anzupassen. Jeder andere wäre mir in die linke Seite gerollt und unvorherzusehende Folgen hätten sich ergeben können. Meyn wurde später noch mit dem Ritterkreuz ausgezeichnet. Er hatte es verdient.

Die Flüge gegen den Feind zwangen uns, von früh bis spät im Sitz unserer 87 zu verbleiben; sie war schon unser Daueraufenthaltsplatz geworden. Alle Einsätze gingen in den Raum südlich bis nordöstlich von Charkow. Panzer, Nachschubfahrzeuge und Brücken waren unsere Ziele. In neun Tagen war jede Besatzung der Gruppe 33-mal über dem Feind, wobei jeder Flug mit rund eineinhalb Stunden Dauer in Ansatz zu bringen war. Mensch und Material wurden aufs Höchste gefordert. Dank gebührte unseren fleißigen Warten, denn ohne deren Einsatzbereitschaft hätten diese Leistungen nicht vollbracht werden können.

Der Erfolg der Gruppe war das lohnende Ergebnis des Einsatzes, und der Stopp des Gegners in seinem Vormarsch war auch unser Lohn. Dieser Frontabschnitt war geklärt!

Wo brannte es nun wieder? Nach unseren Einsätzen im Raum Charkow sollten wir wahrscheinlich auch weiter oben im Norden für Ordnung sorgen. Verlegung nach Smolensk. Nach 2 Stunden 20 Minuten mit einer Zwischenlandung in Konotop landete die Gruppe auf dem mir wohlbekannten Platz Smolensk. Maschinen sofort zum Feindflug klarmachen. Alles Personal blieb in Einsatzbereitschaft. Anstatt des erwarteten Einsatzes kam der Rückverlegungsbefehl nach Poltawa. Hier hatte der

Iwan doch nicht wie vermutet aufgegeben, im Gegenteil, er drängte weiter nach Westen. Kaum in Poltawa gelandet, war der neue Startbefehl schon da. Panzer im Raum des Dorfes Badenowka. Panzer in Massen, kaum gelandet, auftanken, beladen und wieder starten.

So brachten die Tage des 21., 22. und 23. August 1943 pausenlose Einsätze. Vier Flüge pro Tag mit mindestens einer Stunde Flugzeit je Flug zehrten gewaltig an unseren Nerven. Die Sicherheit war oberstes Gebot! Ergo Ruhe am 24., 25, 26., 27. und 28. August dieses Jahres 1943. Nicht nur der Mensch bedurfte der Überholung, unsere 87 waren noch dringender an der Reihe, sie stellten ja die Garanten unserer Sicherheit dar.

Der Kommandeur Major Jakob war vom Lehrgang zurückgekehrt. Ich war entlastet. Nur noch die Staffel zählte ab sofort für mich.

Da kam am 24. August 1943 ein Anruf der Flotte. Der Ia, ein Oberst, dessen Name mir entfallen ist, war am Apparat: „Wie ist es, Jähnert, mit drei Tagen Krimaufenthalt im Erholungsheim der Flotte bei Jalta?" „Für mich, Herr Oberst?" „Ja, für wen denn sonst?" „Einverstanden, Herr Oberst!" „Es ist eine Anerkennung der Flotte. Sie bekommen von der Flotte eine Junkers W 34. Fliegen vorher mit dieser nach Krementschug und nehmen da den Oberleutnant Brand mit, er ist wie Sie Staffelkapitän. Von dort fliegen Sie weiter nach Simferopol, wo Sie ein Kfz 12 der Flotte erwartet und zum Erholungsheim bringt. Drei Tage später werden Sie wieder abgeholt und fliegen zu Ihrer Einheit zurück. Natürlich liefern Sie den Oberleutnant Brand erst wieder in Krementschug ab. Alles klar?" „Jawohl, Herr Oberst!"

Prima Sache, dachte ich gerade, da meldete sich die Flugleitung: Die W 34 der Flotte sei eben gelandet. Eine kurze Abmeldung beim Kommandeur, Reserveunterwäsche eingepackt und ganz schnell weg, damit keinem ja nicht noch etwas anderes einfiele. Tanken und Start. In der Luft konnte mich niemand mehr erreichen, eine Funkverbindung bestand nicht.

Nach einem kurzen Flug von 100 Kilometern Luftlinie lag Krementschug vor mir. Zu verfehlen war es nicht, denn der Dnjepr, welcher hier von Nordwest nach Südost fließt, diente als die beste Auffanglinie. Oberleutnant Brand wartete schon auf mich. Von der Flugzeugführerschule Kaufbeuren her, wo wir gemeinsam schulten, kannten wir uns. „Cherry" lautete sein Spitzname. Rein in die 34 und weiter Richtung Simferopol. Zwei alte Piloten mit der guten Friedensausbildung in einem Erholungsheim, das sollte was geben! Und so war es auch.

Stolz wie die alten Spanier flogen wir zur Krim. Es war ein herrlicher Tag, der Himmel hätte nicht blauer sein können. Das Kfz der Flotte wartete schon auf uns. Ein Oberfeldwebel am Steuer. Wie Generäle nahmen wir auf der hinteren Sitzbank Platz. Ein offener Kübelwagen gewährte uns die beste Aussicht auf das Gelände, welches wir durchfuhren. Die zu bewältigende Fahrtstrecke betrug etwa 100 Kilometer.

Die Fahrt habe ich gut im Gedächtnis behalten: Der Anstieg bis zu einem Torbogen, dem Jailator, so wurde es damals genannt, dort wo die Straße den höchsten Punkt des Gebirges erreichte und sich von hier zum Süden hin absenkt. Weit öffnete sich hier der Blick zum Süden und damit auf das blaue, fast schwarze Meer. Im Anstieg immer den blauen Himmel vor Augen und jetzt nur noch die Wasser des Schwarzen Meeres. Steil fallen die Hänge des Krimgebirges nach Süden ab. Sämtliche Südfrüchte dieser Erde sollen hier bestens gedeihen. Das war uns auch verständlich, denn die Strahlen der Sonne fielen senkrecht auf die schräge Ebene dieses Südhanges.

Wir nahmen die Schönheiten dieses Stückchens Erde voll in uns auf, doch wie lange ging das noch? Wer konnte uns sagen, ob wir alle diese Schönheiten dieses unseres Planeten noch weiterhin erleben durften? Keiner wollte und konnte uns eine Garantie hierfür geben. Also musste der Beginn unseres Kurzurlaubes erst einmal begossen werden. Außerdem sollen die Feste ja gefeiert werden, wie sie fallen. Wer weiß: Vielleicht war der nächste Feindflug schon unser letzter. Aus dieser Sicht müssen Sie als Leser uns Flieger sehen, um unser gelegentliches Verhalten zu verstehen!

Nach der Ankunft noch eine kurze Vorstellung beim Heimleiter, einem Major. Dann … ja dann haben wir wohl schon etwas zu viel geschluckt. Jedenfalls schauten uns die Kameraden, alles Offiziere, beim Abendessen ganz schön schief an. Uns sollte es in diesem Moment aber nicht stören! So waren eben die Flieger. Einmal an der Flasche gerochen, musste auch richtig daran gezogen werden.

Wir kamen zu dem Ergebnis, dass wir die einzigen richtigen Flieger in diesem trüben Haufen waren. Aus einem leichten Tran sind wir die Tage eigentlich gar nicht herausgekommen! Ich will aber der Reihe nach berichten.

Da man uns beide anscheinend nicht so gern in den geheiligten Räumen dieses Kasinos sah, wir aber auch schon voll waren, verzogen wir uns in die Schlafräume. Unsere Stimmung sollte darunter aber in nicht leiden. Cherry, mein Sportgenosse, hatte in den wenigen Stunden, die wir erst in diesem Hause verweilen durften, schon herausgefunden, wo die Schlafplätze des russischen weiblichen Personals lagen. Unter diesen tatarischen Mädchen waren einige, die uns gleich gefallen haben.

Cherry und ich bewohnten ein Doppelzimmer. Schlafanzüge kannten wir nicht, nur ein langes Nachthemd gehörte zur Ausrüstung. Da meinte der liebe Cherry: „Du, Erhard, ich weiß, wo die Mädchen schlafen!“ Und weg war er mit rauschendem Nachthemd. Na, ich aber hinterher, um ihn zurückzuholen. Da war er doch schon in ein Bett dieser hübschen Mädchen gesprungen. Das Gekreische und Gejohle höre ich heute noch. Im Nachhinein meine ich, dass es so schlecht eigentlich gar nicht geklungen hat! Ich redete auf Cherry ein, da war er aus dem Bett schon wieder raus und in einem anderen Zimmer im nächsten Bett drin. Ehe ich mich in dem einen Zimmer entschuldigen konnte, ging neues Gekreische in dem anderen gerade los. Ich natürlich immer hinterher. Endlich hatte ich ihn so weit, dass er unter lautem

Leutnant Erhard Jähnert, hier noch in Tunesien, wurde mit seinem Stukageschwader 3 nur wenige Wochen nach dem Ende in Afrika an die Ostfront verlegt. Dort wurde die große deutsche Sommeroffensive 1943 vorbereitet und alle verfügbaren Stukageschwader zusammengezogen.

An der Ostfront spielte die Ju-87-Stuka von Anfang an eine große Rolle. 1941 noch nicht sonderlich durch russische Jäger gefährdet, änderte sich auch hier die Situation, sodass ab der Kursker Schlacht im Juli 1943 auch die Stukas größere Verluste hinnehmen mussten. Hier ein dichter Pulk Ju 87 im Fluge.

Erhard Jähnerts Stukageschwader 3 war von Orel bis zur Krim an der Südlichen Ostfront eingesetzt.

Eine Kette Ju 87 überfliegt weite Landschaften des Ostens.

Erhard Jähnert hat die Ostfront nur sechs Monate, von Mai bis Oktober 1943, als Technischer Offizier und als Staffelkapitän erlebt. Den harten russischen Winter musste er nicht durchmachen.

Unermüdlich halfen die „Arbeitspferde", die Ju-87-Stukas, den bedrängten Erdkampfverbänden. So mancher russische Angriff wurde von Stukas gestoppt.

Nur zwei Wochen nach Ankunft auf dem russischen Kriegsschauplatz wurde Erhard Jähnert für seine Leistungen im Mittelmeer und in Afrika am 18. Mai 1943 das Ritterkreuz verliehen.
Der frisch dekorierte Leutnant Jähnert mit seinem Gruppenkommandeur Major Hamester.

Major Hamester bei seiner Ansprache an die angetretenen Angehörigen seiner III. Gruppe/Stukageschwader 3. An seinem Ärmel ist der Afrika-Ärmelstreifen zu erkennen.

Erhard Jähnert bei einem Gläschen mit einem Kameraden nach der Ritterkreuzverleihung.

Vorläufiges Besitzzeugnis

Der Führer
und Oberste Befehlshaber
der Wehrmacht

hat

dem Leutnant Erhard J ä h n e r t

das Ritterkreuz
des Eisernen Kreuzes

am 18. Mai 1943 verliehen

Hauptquartier d.Ob.d.L., den 20. Mai 1943

Der Chef des Luftwaffenpersonalamts

I.V.

Wolff

Oberst

Das vorläufige Besitzzeugnis für das Ritterkreuz von Leutnant Jähnert.

ig, 27. Mai 1943 3. Jahrgang

Das Ritterkreuz für Leutnant Jähnert

Jeveraner wurde mit dem Ritterkreuz zum Eisernen Kreuz ausgezeichnet

Der Führer verlieh das Ritterkreuz des Eisernen Kreuzes an Leutnant der Luftwaffe Erhard Jähnert.

Die Nachricht von der hohen Auszeichnung, die Leutnant Jähnert zuteil wurde, ist in Jever mit ganz besonderer Freude aufgenommen worden. Ist

Privataufn.

Leutnant Jähnert doch heute einer der Unsrigen; denn seit dem 15. Dezember 1941 ist er mit der Tochter Hanna des Reichsbahn-Zugführers Ihno Janßen, Jever, Seetzenstraße, verheiratet und er hat seinen Wohnsitz auch in Jever.

Sofort nach dem Bekanntwerden der Verleihung des Ritterkreuzes zum Eisernen Kreuz an Leutnant Jähnert, der augenblicklich in Jever auf Urlaub weilt, übermittelte Ortsgruppenleiter Schroeder im Namen der Ortsgruppe Jever-Nordergast der NSDAP. die herzlichsten Glückwünsche und groß war die Zahl der übrigen Gratulanten, darunter vor allem die Jugend, die unserem jeverschen Ritterkreuzträger zu seiner hohen Auszeichnung ihre Glückwünsche aussprachen.

Viele Jeveraner kennen Leutnant Jähnert persönlich, war er doch wiederholt auf Veranstaltungen der Ortsgruppe Nordergast der NSDAP. anwesend und berichtete in anschaulichen Schilderungen von erfolgreichen Feindeinsätzen. Nunmehr ist ihm, nachdem er bereits im Juli 1942 das Deutsche Kreuz in Gold erhalten hatte, durch die Verleihung des Ritterkreuzes zum Eisernen Kreuz eine weitere hohe Auszeichnung zuteil geworden.

Wir sprechen wohl im Namen aller Jeveraner und Jeverländer, wenn wir auch an dieser Stelle unserem jeverschen Ritterkreuzträger, Leutnant Jähnert, die aufrichtigsten Glückwünsche übermitteln und nochmals zum Ausdruck bringen, mit welcher Freude wir alle an seiner hohen Auszeichnung Anteil nehmen. Wir empfinden es als eine große Ehre, daß einer unserer Soldaten, der durch eheliche Bande eng mit unserer Heimat verbunden ist, ihrer teilhaftig wurde. Mit dem Ritterkreuz, das weiß Jeder, wird ein hohes Maß von soldatischem Können, kämpferischer Härte und Einsatzbereitschaft belohnt und das leuchtende Beispiel herausgestellt, das solch ein Mann nicht nur seinen Kameraden draußen im Felde, sondern auch seinen Volksgenossen in der Heimat gibt. Durch Dank und Anerkennung des Führers tritt Ritterkreuzträger Leutnant Jähnert in die Reihe unserer Besten, denen nachzueifern unser aller Pflicht, insbesondere auch freudige Pflicht unserer Jugend sein wird.

*

Leutnant der Luftwaffe Erhard Jähnert wurde am 17. August 1917 in Panitzsch bei Leipzig als Sohn des in Köthensdorf bei Chemnitz wohnhaften landwirtschaftlichen Inspektors Paul Jähnert und seiner Ehefrau Helene geb. Franz geboren. Nachdem er vier Jahre die Volksschule besucht hatte, kam er auf die Fürstl. Schönburgische Deutsche Oberschule zu Waldenburg in Sachsen, die er sechs Jahre besuchte. 1931 wurde J. Angehöriger des NS.-Schülerbundes und 1932 der Hitlerjugend. Am 1. November 1935 trat er bei der Flieger-Ersatz-Abteilung in Lübeck ein.

Seit dem 1. Juni 1938 gehört er einer Stuka-Gruppe an. Er nahm teil an den Feldzügen in Polen und Frankreich, war beteiligt an Großeinsätzen gegen England, im Mittelmeerraum und besonders gegen Malta, und war von Anfang an mit in Afrika eingesetzt, bis er an die Ostfront kam.

Bereits nach dem Feldzug in Polen wurde er mit dem Eisernen Kreuz 2. Klasse ausgezeichnet. Das Eiserne Kreuz 1. Klasse erhielt er am 2. Juli 1940. Ferner ist er im Besitz der italienischen Tapferkeitsmedaille in Silber seit dem 15. März 1942. Im Juli 1942 wurde er mit dem Deutschen Kreuz in Gold ausgezeichnet und jetzt mit dem Ritterkreuz zum Eisernen Kreuz.

In seiner Heimat wurde die Ritterkreuzverleihung an Leutnant Jähnert mit einem langen Zeitungsartikel gewürdigt.

Ein bekanntes Bild von Erhard Jähnert im Fliegerkombi mit Ritterkreuz

Im Juni 1943 flog Erhard Jähnert bereits seinen 400. Feindflug, was gebührend gefeiert wurde.

Aufsteigende Stukas von einem russischen Feldflugplatz.

Hoch über den Wolken streben die Stukas den befohlenen Zielen zu.

So sahen die Landser ihre Stukas oft dahinbrausen: von Bomben erleichtert im Tiefflug zurück zum Fliegerhorst.

Auch in Russland wuchs 1943 die Gefahr von Tieffliegerangriffen auf die deutschen Flugplätze. Hier eine 2-cm-Vierlingsflak auf einer 8-Tonner-Zugmaschine.

Stukas der I. Gruppe/Stukageschwader 5
kurz vor dem Start.

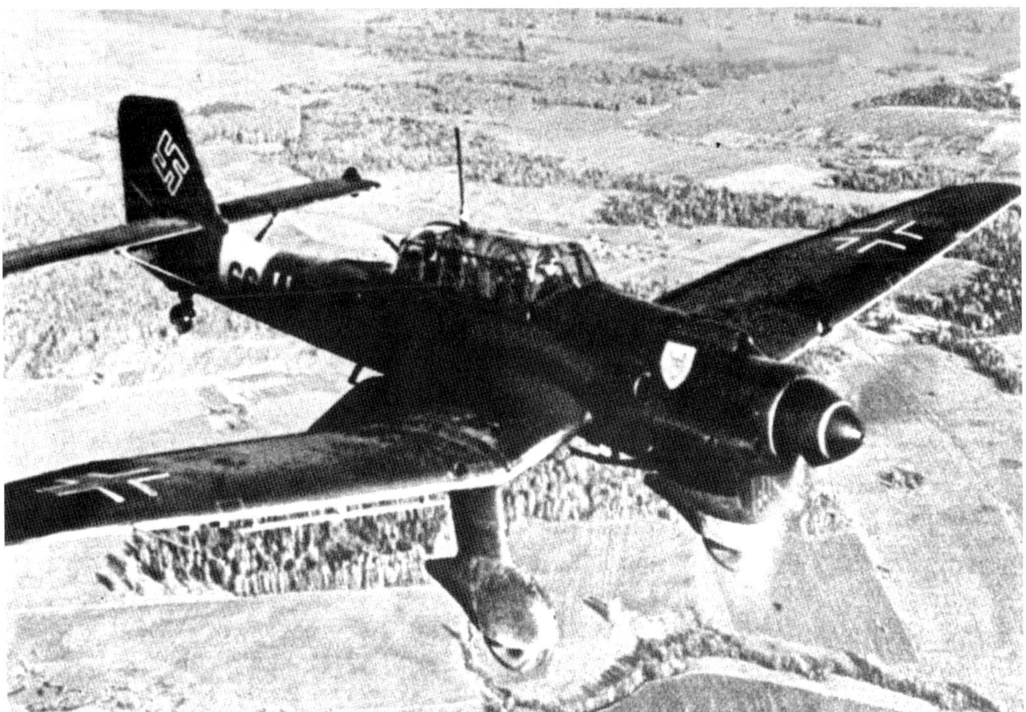

Eine Ju 87 der I. Gruppe/Stukageschwader 5
über der Ostfront.

Ein Blick in den Himmel – so zogen die Stukas ihre Bahn.

Ein Bild aus dem Fotografenstudio von Leutnant Jähnert mit all seinen Auszeichnungen im Sommer 1943.

Erhard Jähnert hat die Schirmmütze keck aufgesetzt
und ist wie immer guter Laune.

Gejammer mit ins eigene Zimmer kam. Später überlegte ich, dass ich vielleicht dumm war. Man konnte ja nie wissen!

Wir jedenfalls schliefen erst einmal wie die Ratten. Das Frühstück war schon längst vorbei, ehe wir im Speisesaal auftauchten. Cherry fing an, über Kopf-, aber besonders über Zahnschmerzen zu klagen. Die ersteren Schmerzen gingen automatisch vorbei, die letzteren ließen und ließen nicht nach. Wo war jetzt ein Zahnarzt zu erwischen? Bei der Marinestation in Jalta, wurde uns gesagt. Aber wie sollten wir dahin kommen? Der Heimleiter, der Herr Major, der hatte ein Auto. „Cherry, du musst schon hingehen und ihn fragen!" Nach wenigen Minuten war mein Cherry aber schon wieder da. „Na, was hat er gesagt?" „Rausgeschmissen hat er mich. Von ihm aus könnte ich zu Fuß gehen." Vor Lachen musste ich mir den Bauch halten, und Cherry jammerte vor Schmerzen. Die Lust nach den Mädchen war verschwunden, nur noch die Zahnschmerzen zählten jetzt. Da ich ein gutes Herz hatte, konnte ich ihn aber auch nicht so leiden sehen. Da kam auch schon seine Bitte: „Erhard, da musst du hin, dir kann er ein Auto nicht ablehnen." Da hatte er wohl recht. Einem alten Kampfgefährten durfte ich seine Bitte nicht abschlagen. Also ich hin zum Major.

Zuerst wollte er gar nicht. Er müsse am Nachmittag dienstlich nach Jalta. Was nun? Ich zeigte auf mein Ritterkreuz und bat, mir eine Telefonverbindung mit der Luftflotte, seiner vorgesetzten Dienststelle, herzustellen. Da wurde er plötzlich ganz freundlich und siehe da: alles ging. Ich versprach ihm wohl, dass sein Auto ihm um 13.00 Uhr wieder zur Verfügung stehen würde, da er ja auch nach Jalta wollte.

Wir also sofort ab zur Marinestation Jalta. Ein Zahnarzt war vorhanden und behandelte gerade. „Cherry, sag ihm aber, hier wartet ein Ritterkreuzträger auf dich, und den könntest du nicht so lange warten lassen. Ich müsste noch mehr erledigen." Cherry (Oberleutnant Brand) rein. Durch die Tür hörte ich ihn sein Sprüchlein aufsagen. Noch dachte ich, das würde schon klappen. Da ging die Tür auf und mein Oberleutnant Brand kam schon wieder raus. „Erhard, du sollst bitte reinkommen, die wollen einmal einen Ritterkreuzträger von Nahem sehen!"

Ich ging rein und erlebte eine tolle Begrüßung. Nach der Behandlung von Oberleutnant Brand – Zahn gezogen – schloss der Zahnarzt seine Sprechstunde, und wir mussten mit zur Messe. „Unser Kapitän, der Hafenkommandant, freut sich ganz bestimmt." Der Kapitän zur See freute sich auch. Mit „Prost, Kameraden der Luftwaffe!" fing es an und mit „Prost, Kameraden!" ging es weiter.

Den Major vergaßen wir völlig. Unser Fahrer wurde von den Marine-Lords bestens versorgt. Stunden waren vergangen, da sagte unser Kapitän, er war schon ein älterer Herr: „Meine lieben, jungen Freunde, es wird Zeit, dass ich zu Bett gehe." Wir: „Gute Nacht, Herr Kapitän!" Einen Blick auf die Uhr: 01.00 Uhr morgens. Da fiel uns unser Major siedend heiß wieder ein! Jetzt aber schnell nach Hause. So tragisch nahmen wir das aber nicht – auf der ganzen Fahrt haben wir nur gelacht. Der erste Urlaubstag war vorbei. Diesmal ohne Schäkern mit hübschen Tatarinnen. Von einer Sekunde zur anderen hatte der Schlaf uns gepackt. Wie Murmeltiere mussten wir geschlafen haben, denn erst um 10.00 Uhr morgens wachten wir auf. Verflixt, schon wieder das Frühstück verpennt. Was soll's, zwei Stunden später gäbe es Mittagessen.

Frisch und munter sahen wir bestimmt nicht aus, als der Speisesaal uns am Mittag aufnahm. Zackig grüßten wir die anderen Herren, aber nur ein Murmeln antwortete. Großzügig sahen wir darüber hinweg, mit denen hatten wir sowieso nichts am Hut.

An dieser Stelle muss ich doch einmal erwähnen, dass ein Ritterkreuzträger, wie Sie vielleicht beim Lesen schon gemerkt haben, so einige Privilegien hatte. Zuvor wusste ich das nicht, doch ich habe es mit der Zeit erfahren. So durfte er direkt an den Führer schreiben. Betrat er eine Kaserne, musste die Wache raustreten, und ihm wurde gemeldet. Kam man in eine Verkaufsabteilung der Wehrmacht, musste man sofort bedient werden. Nirgends brauchte ein Ritterkreuzträger zu warten. Alle Dienststellen der Wehrmacht mussten ihn unterstützen, keine Tür blieb verschlossen. Und so einige kleine andere Vorteile waren auch noch vorhanden. Auf einen Nenner gebracht: Vieles konnte sich ein Ritterkreuzträger erlauben, womit ein anderer schwer angeeckt wäre. Auch ich möchte mich nun nicht davon freisprechen, bewusst manches ausgenutzt zu haben. Manchmal war das ein etwas unschöner Zug, wie ich rückblickend feststellen muss.

Den Nachmittag verbrachten wir am steinigen Ufer des Schwarzen Meeres. Der Alkohol musste raus aus dem Körper. Bei unserer Jugend schafften wir das bloß nicht ganz, denn der Abend war zu schnell wieder da, und noch schmeckte der Alkohol. Den Major haben wir nur noch einmal kurz zum Abschied gegrüßt. Froh wird er gewesen sein, uns wieder los zu sein.

Gegen 11.00 Uhr morgens holte uns der Wagen der Flotte ab, um uns heil wieder auf dem Flugplatz Simferopol abzuliefern. Frisch und munter bestiegen zwei Staffelkapitäne der Stukas nach einem erholsamen Aufenthalt am Südhang des Krimgebirges wieder ihre Maschinen, um nach einem etwa dreistündigen Flug endlich wieder geordneten Verhältnissen zugeführt zu werden. Es war aber trotzdem eine schöne Zeit.

Wieder bei der Einheit. Der nächste Tag wollte es mir beweisen. Vier Feindflüge standen gleich auf dem Programm. Der fünfte Flug an diesem 29. August 1943 sollte gleich noch ein Verlegungsflug nach Konotop und weiter am 30. August 1943 nach Schatalowka sein. Noch zwei Feindflüge an diesem Tag. Der 31. August 1943 bescherte uns, das heißt der Gruppe, gleich fünf Flüge in Feindesgebiet. Der vierte war dann noch Verlegungsflug nach Smolensk.

Die gute Unterkunft, die wir hier vorfanden, sollte uns für die anstrengenden Tage entschädigen. Am Abend im Kasino konnte der Kommandeur endlich meine Beförderung zum Oberleutnant bekannt geben. Vor drei Monaten hätte das schon geschehen müssen. Wieso kam erst jetzt ein Fernschreiben an? Keiner wusste eine Antwort. Vielleicht hätte mir eine frühere Bekanntgabe viel Ärger erspart? Als Leutnant schon Staffelkapitän und damit auch stellvertretender Kommandeur zu sein – da erntete ich schon manch seltsame Blicke.

Bis zum 9. September 1943 erfolgten die Einsätze in ihrer Mehrzahl von Smolensk, und dann noch einige von Gomel, Pawlograd, wobei der letzte noch Verlegungsflug nach Dnepropetrowsk war.

Hier in Dnepropetrowsk trafen wir mit der Gruppe des Hauptmanns Hans-Ulrich Rudel zusammen. Er flog eine 87 mit zwei 3,7-cm-Kanonen unter den Flächen. Der Wehrmachtsbericht meldete sagenhafte Abschüsse von Panzern. Ja, wenn das alles wahr gewesen wäre, hätte der Russe schon damals keinen einzigen Panzer mehr haben dürfen. Das sind meine eigenen Feststellungen, niemand soll jetzt in eine verkehrte Richtung denken. Rudel war ein Draufgänger, leider aber nicht der Panzervernichter schlechthin.

Es war der 10. September 1943. Zwei Einsätze ostwärts von Dnepropetrowsk in die Umgebungen der Orte Dmitrowka und Meshewaja. Einsatzziele: Panzer in großer Menge und einige sonstige Fahrzeuge. Beide Orte lagen etwa zwischen 80 und 120 Kilometern vom Platz entfernt. Freies Gelände, ab und zu ein Baum. Weit auseinander gezogen fuhren die Panzer westwärts. Einige mit aufgeschnallten Benzinfässern über dem Heck, um die Reichweite zu vergrößern. Abwehr: keine. Auch machten sich keine Infanteristen bemerkbar. Für uns waren es also Anflüge wie auf dem Truppenübungsplatz.

Da sah ich doch drei Ju 87 um die Panzer fliegen. Ich natürlich hin. Eine 87 mit 3,7-cm-Kanonen im Angriff auf einen Panzer. Die anderen zwei 87 flogen anscheinend nur zum Schutz der einen durch die Gegend. Da wollte ich auch etwas mitmischen. Meine 2-cm-Kanonen versprachen wohl keinen Erfolg, aber trotzdem: Ein Versuch macht klug. Ich griff nur die Panzer mit aufgebundenen Benzinfässern an. Zwei erwischte ich. Sie brannten aus. Das ausfließende Benzin hatte sich über den Drehkranz in das Fahrzeuginnere ergossen.

Was war mit der anderen 87 mit ihren 3,7-cm-Kanonen? Sie machte ihre Anflüge, nur brannten da keine Panzer aus. Wie kam das? Der Kamerad zielte mit seinen Kanonen in den Kühlergrill, das Kühlwasser floss aus, und eine weiße Dampfwolke bildete sich. Keine Besatzung stieg aus! Drei Wasserdampfwolken konnte ich sehen.

Wieder am Platz, meldete ich meine zwei ausgebrannten Panzer. Die Nachbargruppe meldete sieben Panzerabschüsse. Für mich bedeutete das: sieben Wasserdampfwölkchen. Lang und breit besprachen wir noch am Abend im Kasino diese Abschusszahlen. Mein Kommandeur sagte, nur ausgebrannte Panzer würden für ihn zählen. Solche Abschüsse wie die der Nachbargruppe fänden bei ihm keine Anerkennung. Das Rechtmäßige dieser Abschüsse wollte ich doch am nächsten Tag feststellen. Mit nur einer Kette startete ich am 11. September 1943 im ersten Morgengrauen zum Feindflug in diesen Raum. Meine Startzeit erfolgte um 05.00 Uhr; nach 25 Minuten überflog ich mit meiner Kette den Angriffsraum des vergangenen Abends. Es ist immer gut, Zeugen zu haben. Außer zwei ausgebrannten Panzern waren weit und breit keine weiteren Panzerwracks zu sehen. Sogleich fragte ich mich, wohin die Panzer verschwunden seien. In Luft konnten sie sich nicht aufgelöst haben, abgeschleppt worden konnten sie auch nicht sein! Aber wo waren sie hin? Da kam mir die einzige mögliche Lösung: Bei den Panzern waren immer nur die Kühler beschädigt worden, und die waren verhältnismäßig schnell zu reparieren. Ergo fuhren die angeblich vernichteten Panzer am nächsten Tag immer sehr flott weiter. Den Beweis der so „sagenhaften" Abschüsse habe ich erbracht, leider wurde nichts unternommen.

Bei dieser Gelegenheit wurden auch andere Erfolgsmeldungen erörtert. Da wurden die Vernichtungen von Maschinengewehren und Feldkanonen und was sonst noch alles gemeldet. Alles faule Eier: Von oben war gar nicht zu sehen, ob ein Maschinengewehr vernichtet oder das Rohr einer Haubitze verbogen ist. Leider wurden für solche Meldungen auch noch hohe Orden verteilt. Unbestreitbar haben diese Besatzungen Großes geleistet, nur durften ja keine Falschmeldungen herausgegeben werden. Bei der Größe der Wehrmacht und der Unvollkommenheit des Menschen waren solche Ausrutscher aber nie zu vermeiden.

Meine Feststellungen die sagenhaften Panzerabschüsse betreffend hatte ich angebracht. Nun hieß es für mich und meine Kette ein lohnendes Ziel zu suchen! Dreißig Kilometer südlicher fand ich es. Panzer und Fahrzeugkolonnen. Auf meiner Karte war der Ort mit Pawlowka angegeben. Noch zwei Einsätze wurden an diesem Tage geflogen, diesmal aber von der ganzen Gruppe. Wieder Panzer und Kfz-Kolonnen um Pawlowka und im Raum Kratojarowka.

Der 12. September 1943 diente der Überholung der Maschinen. Mir diente er zu einem Bummel durch Dnepropetrowsk. Da sah ich doch ein Lokal mit dem Hinweis „für Wehrmacht verboten". Was sollte das nun wieder sein? Na, ich hin und rein. Lauter Parteileute saßen da, sogenannte Goldfasane. Unmissverständlich gab man mir zu verstehen, dass auch für Ritterkreuzträger der Zutritt nicht gestattet sei. Oh, là, là!, dachte ich, mit diesen Zuständen kann aber kein Krieg gewonnen werden. Am liebsten hätte ich das Lokal mit einer Bombe umgepustet, und man kann mir glauben, ich hätte getroffen. Für mich waren das Verräter an der Sache. Verräterische Kräfte machten sich aber auch sonst manchmal bemerkbar. Nur können die, die es getroffen hat, nicht aufstehen und anklagend ihre Finger heben.

Meine 87 befand sich zum Motorwechsel in der Feldwerft. Der Einsatz war befohlen, mein Oberfeldwebel Hermann Sommer sollte am Platz bleiben, da ich seine Maschine fliegen wollte. Sommer war ein Pilot der ersten Stunde; da konnte ich mich darauf verlassen, dass seine 87 in Ordnung war. Zu meinem Glück, wie sich später herausstellen sollte, sagte er: „Herr Leutnant, ich soll hierbleiben und die jungen Spunde dürfen mitfliegen?“ Meine Antwort: „Hermann, du hast recht! Gefreiter X, Sie bleiben hier. Ihre 87 fliege ich jetzt!“

Die Gruppe startete. Das Ziel war erreicht, alle Maschinen setzten hintereinander zum Sturzangriff an. Angriffsziel: Truppenansammlungen bei Dmitrowka. Da rief plötzlich mein Bordfunker, Oberfeldwebel Konsorke, aufgeregt über die EIV: „Herr Leutnant, Sommer ist in der Luft geplatzt!“ Da flogen auch schon Metallbrocken an meiner stürzenden Maschine vorbei. Was war passiert? Zum besseren Verständnis will ich hier noch einmal anmerken, dass der Bordfunker in der 87 mit dem Rücken zum Piloten sitzt und den rückwärtigen Luftraum bestens im Auge behält. So hatte mein Konsorke den Flug genau beobachtet. Mit dem Ansatz und Übergang in den Sturz war die 500-kg-Bombe unter der 87 des Oberfeldwebels Sommer explodiert. Ohne jegliche Feindeinwirkung mussten zwei Menschen aufgrund dieser Sabotage ihr Leben lassen. Drei ähnliche Fälle sind mir bekannt geworden, und nur alte, erfahrene Piloten und Funker hat es getroffen. Man stellte sich die Angst vor, die man hatte, wenn man in einen anständigen Sturz ging! Auch ich flog die Einsätze nur im minimalen Schräganflug. Aber wie sollte man sich schützen?

Alle Flugzeuge wurden auf irgendwelche Fremdkörper untersucht. Nichts! Gott sei Dank, nichts! Ergo konnten nur die Zünder an den Bomben die Ursache sein. Nachdem alle Recherchen auf die Zünder hinwiesen, wurde erst einmal die Funktion eines solchen Apparates studiert. Die entsprechenden Experten waren natürlich mit anwesend. Einsam und allein musste ich meine bzw. überhaupt eine Entscheidung treffen. Nach einigem Hin und Her kam ich zu dem Schluss, dass es sich nur um Sabotage handeln konnte. Wo nun wieder die Quelle zu suchen war, ob schon beim Einbau in der Heimat oder auf dem Transport oder erst hier am Platz, das war nicht festzustellen.

Unser Oberfeldwebel Stock war an dieser Materie entsprechend ausgebildet. Ihm zur Seite stand ein Unteroffizier. Diese beiden waren nun die Leidtragenden meiner Anordnung. So ein Fall durfte sich auf gar keinen Fall wiederholen, und er hat sich auch nicht wiederholt.

Alle Bomben wurden mit Zünder geliefert und so unter die 87 gehängt. Ab diesem Zeitpunkt wurden alle Zünder gegen neue, überprüfte ausgewechselt, und zwar erst kurz vor dem Einhängen des Bombenkörpers. Nachdem die Bombe hing, durfte kein Mensch mehr an dieselbe heran, außer natürlich Stock und seinem Paladin. Denn nur diese traf die standrechtliche Erschießung, sollte derselbe Fall sich wiederholen. Alle Zünder waren vorher elektrisch aufgeladen worden, danach mussten sie wieder entladen werden, natürlich auf dem gleichen elektrischen Weg. Danach mussten sie 24 Stunden gelagert werden. Nach dieser Prozedur war der Zünder absolut entladen, kein noch so kleiner, minimaler Reststrom konnte dann noch vorhanden sein.

48 einbaufertige Zünder musste Oberfeldwebel Stock laufend mit sich herumschleppen. Ein Kilo wog so ein Zünder. 48 von dieser Sorte, kein kleines Gewicht. Zur Hilfe war dem Oberfeldwebel natürlich sein Unteroffizier beigestellt. Ob auf der Latrine, beim Abendessen oder sonst wo – die Zünder waren ihre ständigen Begleiter.

Ihrem Groll konnten sie nur heimlich Luft machen. Aber was sollte es nützen? Das Leben der Besatzungen hing daran. Unser Leben stand zur Debatte. Hätte sich der Fall wiederholt, Stock und sein Paladin hätten die Nacht nicht mehr erlebt.

Die Maßnahme war richtig gewesen. Nichts passierte mehr. Beruhigt konnten die Besatzungen wieder in ihre 87 steigen, ohne die Angst im Nacken zu haben, beim Übergang in den Sturz gleich im Himmel zu landen. Nach drei Wochen wurde die Maßnahme dahingehend gemildert, dass die Kisten mit den Zündern nur noch unter Verschluss gehalten werden mussten. Die Anordnung, den Zünder erst kurz vor dem Einhängen der Bombe zu wechseln, blieb bis zum Ende des Krieges bestehen.

Die Feindflüge der Gruppe im Raum Charkow bzw. ost- und südostwärts von Dnepropetrowsk endeten mit dem 18. September 1943. Die Einsatzhäfen wurden wohl zwischendurch gewechselt, einmal war wieder Poltawa, dann Krementschug oder auch einmal Kirowograd an der Reihe. Am 19. September 1943 verließen wir aber endgültig die Ukraine, um uns auf die Krim zu begeben.

Auf der Krim

Zeitraum: 19. September 1943 bis 12. Januar 1944

Bagerowo war unser nächster Einsatzhafen – ein kleiner Ort auf der Krim, nur wenige Kilometer westlich von Kertsch.

Auf dem Flug wurden die weiten Gebiete der Ukraine, das fruchtbare Ackerland, das Anbaugebiet der Sonnenblumen sowie der Kürbiskulturen mit Kurs Süd-Südost überflogen. Anpflanzungen von Hunderten von Wassermelonen waren nicht zu übersehen. Schon lag das Sumpfgebiet des Dnjepr in seiner Breite von rund zehn Kilometer vor uns. Der nun folgende Dünen- und Sandstreifen von fast 30 Kilometern wurde nur in geringer Höhe gekreuzt, er war eine landschaftlich erbauliche Abwechslung. Weiter mit Kurs Süd-Südost. Als nächstes kam die Landenge von Perekop in Sicht, wenig später lagen schon die weiten Wasserflächen des Sywasch unter den Rümpfen unserer 87. Das Gebiet der Krim war erreicht. Entlang der Landzunge von Arabat verfolgten wir unseren Kurs, um langsam auf Ostkurs in Richtung Kertsch einzuschwenken. Der Kompasskurs interessierte nicht mehr, jeder gab sich dem Anblick der Landschaft hin. Den Ufern des Asowschen Meeres folgend, kamen wir automatisch nach Bagerowo. Von der Fruchtbarkeit der Krim war nicht viel zu sehen außer einem spärlichen Bewuchs von Olivenbäumen. Die wirklichen Schönheiten der Krim, der Südhang des Krimgebirges, hatte außer mir noch keiner in Augenschein nehmen können. Von dem berühmten Krimsekt hatten aber schon alle gehört. Wir verließen das Faule Meer (den Sywasch) und das Asowsche Meer und schwenkten zur Landung auf den Platz Bagerowo ein.

Eine dort stationierte rumänische Ju-87-Staffel empfing uns gleich mit südländischem Temperament. Eine Einladung in ihr Kasino folgte als Selbstverständlichkeit sofort nach der Begrüßung. Ihr Kasino wäre auch unser Kasino.

Die für uns vorgesehenen Unterkünfte – Baracken – waren schnell eingerichtet. Auf engstem Raum war alles aufgebaut und mit hohen Erdwällen umgeben. Ich persönlich kam mir wie in einem Feldlager längst vergangener Zeiten vor.

Liegeplätze waren den Staffeln zugewiesen worden. Das technische Personal, ein eingespieltes Team, machte die Maschinen wieder in kürzester Zeit einsatzklar. Kein Einsatzbefehl kam mehr an diesem Tag. Der Abend war da, also auf zum Kasino unserer südländischen Kampfgefährten. Nochmals eine stürmische Begrüßung, so mit Umarmung und sonstiger Grandezza. Das erste Getränk wurde gleich im Stehen überreicht. Die Temperaturen waren um diese Jahreszeit noch sehr warm in dieser Breite. Diesem Umstand trug auch unsere dralle, flotte Bedienung Rechnung. Aus ihrer Heimat, aus Rumänien, hatten die Kameraden sie mitgebracht. Schwarzer Büstenhalter und schwarzes Höschen die Unterwäsche, darüber ein dünnes, gelbes, sehr eng geschnittenes Kleid. Da das Mädchen nicht gerade schlank war und beim Gehen ihre Formen zur Geltung bringen wollte, zog es natürlich die Blicke aller Herren auf sich. Auch wenn man nicht wollte, man musste hinschauen. Mir und allen jüngeren Herren machte das zwar nichts aus, unser Kommandeur war aber wohl nicht so ganz damit einverstanden, denn für den nächsten Tag bezogen wir schon eigene Räume mit soldatischer Bedienung. Ja, so sind nun mal wir Deutschen. Preußens Gloria wurde hochgehalten! Wäre ich Kommandeur gewesen, ich hätte wahrscheinlich genauso gehandelt.

Der nächste Einsatz am 22. September 1943 galt Kurtschanskaja, einer Ortschaft an der Hauptverbindungsstraße, die das Hinterland des Kuban mit dem Ort Krasnodar im Innern des Landes und Taman an der Bucht von Tamansskij, dem Übergang nach Kertsch, herstellte. Die am Platz liegende rumänische 87-Staffel folgt uns in Kiellinie und griff das gleiche Ziel mit an. Anflughöhe 4000 Meter.

Der Angriff sollte um 14.00 Uhr erfolgen. Somit war Start um 13.30 Uhr. Die Rumänen folgten uns. Schon kurz vor Erreichen des feindlichen Gebietes lockerte ich den Verband auf, das heißt, ich vergrößerte die Abstände. Beim Überflug des Kuban schlug uns gleich mörderisches Flakfeuer entgegen. Die Flugformation war sofort ein einziger Abwehrtanz, laufend wurden Seite und Höhe gewechselt. Wie recht hatte ich daran getan, schon vorher den Verband zu lockern. Das Ziel erschien im Bodenfenster, Angriff aus dem Sturzflug. Bombenabwurfhöhe 800 bis 700 Meter über Grund.

Plötzlich rauschten in etwa 1500 Metern Höhe Bomben schweren Kalibers an uns vorbei. Mein Bordfunker sofort: „Du, Erhard, die Rumänen haben ihre Bomben ausgeklinkt." „Ja, sind denn die verrückt?" Mitten durch unseren Kampfverband rauschten die gefährlichen Zigarren. Ein Glück, keine Maschine wurde getroffen. Wie mir später mein Bordfunker Oberfeldwebel Konsorke über die EIV berichtete, flogen unsere Verbündeten wohl in 4000 Meter Höhe mit an, nur mit dem Sturzangriff hatten sie nichts im Sinn. Ein kurzes Nicken, und etwa in 3000 Metern Höhe ab mit der Bombe. Sie hatten ihre Bombe los, was mit uns geschah, interessierte sie nicht. Schöne Kampfgefährten, welche uns gleich mit in den Himmel schicken wollten! Es war unser erster und letzter Einsatz mit diesen Kameraden. Viele solcher Flüge hätten wir aller Wahrscheinlichkeit nach auch nicht überstanden.

Mit allen ihm zur Verfügung stehenden Kräften drückte der Russe auf unsere Front, auf die auf dem Kubanbrückenkopf stehenden deutschen Verbände. Wir, die III./Stuka 3, waren zurzeit die einzige Hilfe aus der Luft.

Panzerverbände des Gegners wurden an allen Frontabschnitten gemeldet. Unsere Angriffe auf diese Kampfwagen erfolgten am 23. September 1943 bei Krassn-Gorka und später bei Rasnokol, am 24. September 1943 bei Kurtschansskaja und der Landenge südostwärts von Blagowschtschenskaja. Am nächsten Tag wieder Panzer bei

Krassn-Gorka. Alle diese Angriffe begleitete eine enorme russische Flakabwehr. Eine Abwehr, wie wir sie im russischen Raum noch nicht kannten. Was die Dichte der schwarzen Wölkchen betraf, ist vielleicht ein Vergleich mit Malta zu ziehen. Ohne Verluste überstand die Gruppe diese Einsätze nicht.

Da kam die Meldung, dass ein auf Grund gelaufener russischer Frachter mit seinem Abwehrfeuer den noch einzigen Rückzugsweg unserer Truppen über die Landzunge zwischen der Lagune von Witjasewsk und dem Meer sperrt. Die ganze Gruppe startete, um dieses Hindernis auszuschalten. Die Vernichtung dieser Sperre war für unsere Truppen von ausschlaggebender Bedeutung. Die zurückflutenden Einheiten des Heeres führten keine schweren Waffen mehr mit sich. Ohne Ausschaltung dieses Widerstandsnestes gäbe es einen Rückzug nur mit enormen Verlusten.

Nicht immer begleitete uns das Glück. Der Gruppeneinsatz stand unter einem schlechten Stern. Das Wrack wurde, wenn überhaupt, nur unbedeutend angekratzt. Die Russen, alle Achtung diesen Kämpfern, blockierten weiter die Landzunge. Für die Stimmung der Besatzungen war kein Ausdruck zu finden. „Sauer hoch drei“ käme ihr vielleicht nahe. Mir ging es gegen die Ehre, dass etwa 25 Ju 87 es nicht schaffen, einen kleinen gestrandeten Frachter auseinanderzunehmen. Ich holte mir die Genehmigung vom Kommandeur, doch noch einen Einsatz starten zu dürfen, diesmal aber nur mit zwei Maschinen. Schnell waren die zwei Flugzeuge betankt und beladen. Wieder Start. Mein Katschmarek hatte den strikten Auftrag, mit von mir gegebener Visiereinstellung und einem 70-Grad-Winkel zu stürzen und die Bombe zu lösen. Wo die Bombe lag, spielte keine Rolle. An seinem Wurf wollte ich nur den vorherrschenden Wind berechnen können. So besprochen und ausgeführt. Mit der Explosion mittschiffs war der Stützpunkt vernichtet. Der freie ungehinderte Rückmarsch für unsere Truppen war ab sofort gewährleistet.

Ein wenig Glück gehörte auch hier dazu. War das Ziel klein, musste der Abwurf der Bombe präzise erfolgen mit einer möglichst geringen Sturzgeschwindigkeit. Das heißt: ein Sturz nur mit Sturzflugbremse. War ein Ziel von größerem Umfang, konnte eventuell auf das Ausfahren der Sturzflugbremse verzichtet werden, dann ging die Sturzgeschwindigkeit bis 750 km/h hoch. Weiter spielte natürlich auch eine vorhandene Jagd- und Flakabwehr eine gewisse Rolle. Einmal im Sturz, spielten Flak und Jäger keine Rolle mehr, da erwischten sie eine 87 nicht, außer es geschähe einmal ein Wunder. Allerdings habe ich bei meinen vielen Sturzangriffen so ein Wunder einmal erlebt. Hauptmann Patschkowski hat es so getroffen.

Der Druck der russischen Verbände auf unsere deutschen Linien wurde immer stärker. Bald war die Taman-Halbinsel die letzte Bastion unserer Verbände in Asien. Nicht nur wir fügten dem Feind empfindliche Verluste zu, auch er konnte Erfolge für sich verbuchen, durch seine Jäger oder seine Flak. Eigenes Unvermögen war manchmal auch mit im Spiel. So ging es auch bei uns ohne Verluste nicht ab. Bezüglich des letzten Punktes erinnere ich mich an einen Oberfeldwebel, der eben von der Heimat an die Front gekommen war. Genauestens wurde er eingewiesen. Die ersten Einsätze nahm ich ihn in meiner Kette mit. Nur an mir sollte er sich orientieren. Ja, und was machte der Kamerad, vielleicht aus Unvermögen, vielleicht aus Angst? Keiner sollte es je erfahren! War eine starke Abwehr vorhanden, löste er seine Bombe schon gleich nach der Einleitung des Sturzes. Ich konnte sie gerade noch an mir vorbeirauschen sehen. Einen entsprechenden Hinweis, nicht höher und nicht tiefer als ich abzufangen, konnte er nicht gut umsetzen. Denn nun wollte er anscheinend alles wiedergutmachen und fing meist zu tief ab. Drei Tage später sollte seine Abfanghöhe nicht mehr ausreichen: Schon fast waagerecht schlug er mit seiner 87 auf dem Boden auf. Eine Explosion – und nichts blieb mehr übrig. Fazit? Entweder wurde er nicht gut ausgebildet, was ich vermute, oder er traute sich zuviel zu! Beides ist nicht gut!

Die Einsätze auf den Kubanbrückenkopf wurden immer härter und forderten den ganzen Piloten. Die Beanspruchung von Mensch und Material grenzte fast ans Unmögliche. Es würde zu weit führen, die einzelnen Einsätze zu beschreiben, sind doch schon die Namen der Orte wie Wyschesteblijewskaja, Starotitarowskaja und Achtanisowskaja erst nach langer Übung mit unserer Zunge aussprechbar.

Einmal erlebten wir etwas anderes. Am 6. Oktober 1943 wurden russische Zerstörer gemeldet. Standort: 100 Kilometer südlich des Kap Tymtyr im Schwarzen Meer. Einen Einsatz auf Bereitstellungen am Kuban hatten wir schon hinter uns. Nun hieß es Schwimmwesten anlegen, denn der nächste Flug führte uns zu der russischen Zerstörerflotte, die von unseren Aufklärern im Schwarzen Meer ausgemacht wurde. Der Start wurde für 11.35 Uhr angesetzt. Der eigentliche Start konnte aber erst 15 Minuten später erfolgen, da bei einigen Maschinen die Beladung nicht stimmte. Zwanzig Minuten nach dem Start wurde der Abflugpunkt Kap Tymtyr erreicht, 36 Kilometer ostwärts von Feodosia. Die Steiggeschwindigkeit betrug 160 km/h. Nach 17 Minuten weiterer Flugzeit und einer zurückgelegten Strecke von 50 Kilometern war die vereinbarte Anflughöhe erreicht. Die Gruppe flog jetzt in ihrer normalen Formation mit der entsprechenden Breiten- und Höhenstaffelung dem Ziel entgegen. Die Geschwindigkeit war auf 250 km/h gestiegen. Noch zwölf Minuten, dann müsste, wenn ich richtig gekoppelt hatte, der Schiffsverband vor uns liegen.[2]

Die Meldung des Aufklärers stimmte, der errechnete Kurs ebenfalls. Fertigmachen zum Angriff, lautete der nicht zu ausgesprochene, aber gegebene Befehl. Alle nötigen Handgriffe waren in Sekundenschnelle getätigt. Die Stabskette war schon im Sturz begriffen. Die Kreuzer strebten mit Höchstfahrt auseinander, ihre Flugabwehrgeschütze zeigten, was in ihnen steckte. In aller Ruhe fuhr ich meine Sturzflugbremsen aus. Die Flak störte mich weniger, seitdem ich zudem wusste, dass deren Messgeräte nur bis 400 km/h messen konnten. Meine Sturzgeschwindigkeit betrug 480 km/h, bei dem rasanten Höhenwechsel im Angriff war ein Treffer der Flak äußerst unwahrscheinlich.

Da, Wasserfontänen um die Schiffe! Die ersten Bomben hatten den Boden erreicht. Ein Kreuzer hatte auch einen Treffer erhalten. Nur würde er davon nicht untergehen. Hart an der Bordwand musste eine Bombe entsprechenden Kalibers einschlagen. Durch die zu ihrer Sprengkraft hinzukommende Minenwirkung würde dann die Bordwand aufgerissen, was zum Untergang des Schiffes führte. Bei kleineren Schiffseinheiten genügte ein Volltreffer, sofern keine schützenden Panzerdecks eingebaut waren. Das Sicherste war aber ein Treffer am Schiffskörper im Wasser.

Die Gruppe war im Abflug begriffen. Schnell noch ein Blick nach hinten. Die Wirkung konnten wir nur wenige Sekunden nach dem schnellen Angriff noch nicht voll abschätzen. Soweit ich es ausmachen konnte, lagen die Einschläge bestens. Ein Kreuzer zeigte starke Schlagseite.

Kaum war die Gruppe gelandet, wurden die Maschinen wieder startklar gemacht. Nur eineinhalb Stunden später erfolgte der Start zum nächsten und letzten Angriff auf diesen Verband. Ein Kreuzer und mehrere kleinere Einheiten schwammen noch herum, zwei Kreuzer waren verschwunden. Aufklärer hatten zwischenzeitlich die Versenkung gemeldet. Gegen 15.45 Uhr gelang der Gruppe auch noch die Versenkung der letzten Kreuzereinheit.

Im Tiefflug mit Nordkurs strebte ich im Staffelverband der Küste zu. Kilometer voraus war schon die Küste in Sicht. Auf einmal sah ich, dass eine Maschine nicht mitkam, sie blieb kilometerweit hinter der Staffel zurück. Ich drosselte meine Geschwindigkeit, ließ die Staffel weiterfliegen und machte kehrt. Da hatte sich doch in der Zwischenzeit ein russischer Jäger angeschlichen und knabberte an meiner immer mehr zurückbleibenden 87. Beide Maschinen befanden sich im Kurvenkampf. Na, dem würde ich helfen. Schon hing ich mit im Kurvenkampf. Der Jäger bemerkte mich und nahm meine Kampfansage an. Da wurde plötzlich mein Nachkömmling schneller und entschwand Richtung Küste. Ja, und nun hatte ich den Kameraden am Hintern. Enger konnte der russische Jäger wohl kurven, ich aber raffinierter. Und das rettete mich. Der Gegner kurvte weg, um das Weite zu suchen. Um 16.10 Uhr erfolgte meine Landung an diesem denkwürdigen 6. Oktober 1943. Die Einsätze waren ein voller Erfolg gewesen, die Kreuzer auf Nimmerwiedersehen verschwunden.

Was war nun mit meinem Nachkömmling? Dieser Kamerad hatte vergessen, den Höhenlader herauszunehmen, dadurch bedingt zeigte der Motor nicht mehr seine volle Leistung. Und das konnte manchmal tödlich sein!

Zu so einem Angriff muss aber noch bemerkt werden, dass nicht jede Bombe der stürzenden 87 ein Ziel fand. Nur vereinzelte waren es, die ein Schiff trafen. Ansonsten war es äußerst schwierig, einen Treffer anzubringen, da das Ziel nicht stillhielt, sondern sich in voller Kurvenfahrt befand.

Der 7. und 8. Oktober 1943 brachte wieder Einsätze auf den Kubanbrückenkopf. Panzer und Truppenansammlungen auf der Taman-Halbinsel im Bereich der Orte

Fantalowskaja und Garkucha waren die Ziele. Seit Wochen hatte die Kampftätigkeit der Russen wieder zugenommen. Im August war schon Charkow gefallen. Kiew, die Hauptstadt der Ukraine am Dnjepr gelegen, wurde schwer bedrängt. Alle Luftwaffeneinheiten wurden vom Süden auf nicht verschlammte Plätze der Ukraine verlegt. Unsere Gruppe, der III./Stuka 3, wurde Alexandrija zugewiesen, wohin wir auch am 9. Oktober 1943 in einem 2 Stunden und 10 Minuten dauernden Flug verlegten.

Vom 10. bis 19. Oktober 1943 flogen wir unsere Einsätze von hier aus. Alle Ziele lagen im Bereich des Dnjepr von Tscherkassy bis Saporoshje. Zwei bis drei Feindflüge täglich. Am Anfang dauerten die Flüge noch 60 bis 120 Minuten, dann wurden sie immer kürzer, bis am 19. Oktober 1943 die Front praktisch vor der Haustür lag. Vom Start bis zur Landung einschließlich Angriff waren wir nur noch 25 Minuten unterwegs.

Der Druck des Gegners auf unsere Front wurde immer stärker, der Vormarsch nicht mehr aufzuhalten. Die fliegenden Verbände konnten nicht voll eingesetzt werden, da es am Benzin mangelte, und ein Großteil der Plätze, bedingt durch eine schlechte Wetterlage, nicht angeflogen werden konnte. Schlamm und nochmals Schlamm waren das täglich neue, später zum Alltag gehörende Problem. Alexandrija wurde langsam zur HKL, weshalb wir den Platz mit Kirowograd am Abend des 19. Oktober 1943 noch vertauschten.

Die Einsätze wurden härter. Bei fast jedem Flug hatten wir Berührung mit russischen Jägern. Zu unserem Glück saßen in diesen Maschinen keine uns ebenbürtigen Gegner – das vom Feind benutzte Fluggerät war amerikanischen Ursprungs.

Da auf dem Platz Alexandrija noch Benzin und Bomben lagerten, machte ich nach einem Feindflug noch dort eine Zwischenlandung, um ebendieses aufzunehmen. Durch feindlichen Jagdbeschuss hatte eine Besatzung den Bordfunker verloren. Hier musste er mit kurzem militärischem Gruß in russischer Erde zurückgelassen werden.

Mit den aufgenommenen Vorräten konnte ich von hier aus mit meiner Staffel zum nächsten Feindflug starten. Beim Rückflug mit Landung in Kirowograd lag Alexandrija schon unter Artilleriefeuer des Gegners.

Fünf Tage, vom 20. bis 24. Oktober 1943, flog die Gruppe ihre Einsätze von hier. Die Ziele: wieder Panzer und Fahrzeugkolonnen in den Räumen um die Orte Selinoge, Marianowa, Gruska, Ssaxagan, Morosowka und weiteren Orten mit noch unaussprechlicheren Namen. Elf Einsätze an diesen fünf Tagen, und kein Einsatz, bei dem wir nicht russischen Jägern begegneten. Wenn auch der russische Jäger mit dem Engländer nicht zu vergleichen war, so störte er unsere Flüge doch enorm. Wie eine Mücke, die nicht abzuschütteln war. Die Dauer der Einsätze lag zwischen eineinhalb und zwei Stunden.

Hatten wir eigenen Begleitschutz, was auch manchmal vorkam, konnten wir bemerken, dass nur die Einheitsführer des Gegners die Karten lesen konnten. Waren diese aus dem Haufen herausgeschossen, verlor der Rest die Orientierung und stellte nur noch Masse dar. Trotzdem hatten auch wir Verluste zu beklagen. Mensch und Material wurden gefordert.

Der 25. Oktober 1943 bescherte der Gruppe einen Feindflug mit gleichzeitiger Verlegung nach Fedorowka in einem Flussbogen des Inguletz. Am gleichen Tag noch ein Einsatz auf Panzer in den Raum von Tschechograd. Dann einen Flug in den Raum von Johannesruhe. Deutsch klingende Namen tauchten in einer großen Vielfalt auf. Also müssen sich vor zwei- bis dreihundert Jahren Deutsche in diesem Gebiet zwischen Cherson am Dnjepr und Melitopol niedergelassen haben. Es gab Orte namens: Kleefeld, Riekenau, Friedensdorf, Karlsruhe, Heidelberg, Kronsfeld, Wasserau, Altenau und so weiter!

Am nächsten Tag, dem 26. Oktober 1943, gab es nochmals einen Großeinsatz: vier Feindflüge auf Orte nördlich des Krimzugangs. Kein Einsatz mehr ohne russische Jagdabwehr. Der Krimzugang war von den Russen gesperrt. Wir verlegten noch am 26. Oktober 1943 auf die Krim. Karankut an der Bahnstrecke Simferopol – Melitopol gelegen. Die nächsten Einsätze galten den Nachschubbasen des Gegners auf der Straße Perekop – Askanija-Nowa – Torgajewka – Nowo-Alexandrowka. Sie sollten die Entlastung bringen.

In den nächsten acht Tagen bis zum 2. November 1943 flog die Gruppe 18 Einsätze. Kaum ein Flug ohne Jagdabwehr. Am 30. und 31. Oktober 1943 zeigten sich keine feindlichen Jäger am Horizont. Pausenlos griffen wir Panzer und Fahrzeuge bei Perekop und nördlich davon an. Unsere Erfolge waren enorm. Die vernichteten Panzer und Fahrzeuge waren kaum noch zu zählen. Ich selbst konnte am 1. November 1943 auf dieser Landenge drei Panzer durch Bomben vernichten und 31 Fahrzeuge durch Bordwaffenbeschuss in Brand setzen. Es war eine Materialschlacht ungeahnten Ausmaßes.

Am 2. November 1943, dem nächsten Tag, flog ich mit meiner Staffel wieder in den gleichen Raum. Die Wracks lagen noch da wie abgeschossen. Aber was musste ich noch sehen? Neue Fahrzeuge und Panzer in Massen! Die Schlacht nahm ihren Fortgang. Wir erlebten einmalige Erfolge der Gruppe und damit jeder einzelnen Besatzung. Ein besonderer Dank an dieser Stelle unseren Warten, die Übermenschliches leisteten. Beladen, tanken, neu munitionieren und Wartung des Fluggerätes – eine Akkordleistung wurde von ihnen vollbracht.

Dem Gegner darf ich aber auch an dieser Stelle meine Achtung nicht versagen oder diese schmälern. Wie er sein Material ersetzte und meist des Nachts an Ort und Stelle brachte, bleibt mir bis heute ein Rätsel. Ein Fahrzeug wurde von uns vernichtet – und schon wenige Stunden später standen zwei neue da. Trotz allen Heldenmutes unserer Soldaten war es aber keine reine Materialschlacht. Der Feind konnte seine Verluste sofort ausgleichen. Aber wo blieb unser Ersatz? Oh, du armer Infanterist, habe ich nicht einmal, nein, x-mal gedacht! Wir konnten immerhin in unsere Maschinen steigen und eigenes Terrain ereichen. Eine Bodenabwehr war und hatten wir nicht zu fürchten. Vielleicht die Jäger? Aber das waren keine ernst zu nehmenden Gegner. Trotzdem fand aber noch manch deutscher Flieger hier in russischer Erde seine letzte Ruhestätte.

Die Krim, ein Brückenkopf, wurde im Vergleich zum Gegner von nur wenigen Soldaten verteidigt. Diese aber gaben ihr Bestes und hielten noch bis Ende April 1944 die Stellung. Eine übermenschliche Leistung, die aber nirgendwo eine Würdigung fand. Der letzte Feindflug am 2. November 1943 von Karankut aus führte uns wieder auf den Kubanbrückenkopf. Artilleriestellungen waren unser Ziel. Auf dem Rückflug bekam die Gruppe Order von unserer Bodenstelle, in Bagerowo zu landen.

Der Russe setzte vom Kuban über auf die Krim im Raum südlich Kertsch. Drei Einsätze sollten wir am nächsten Tag, den 3. November 1943, noch auf die Taman-Halbinsel fliegen. Mit dem letzten Helligkeitsschimmer ging es wieder zurück nach Karankut. Der 4. November 1943 brachte keinen Einsatz. Dafür wurde einen Tag später nördlich von Karankut das Dorf Dshankoj, ein Eisenbahnknotenpunkt, angegriffen. Am gleichen Tag noch ein Angriff auf gegnerische Einheiten im Dorf Bakssj nur wenige Kilometer nordöstlich der Stadt Kertsch. Die Landung auf dem Rückflug erfolgte nochmals in Bagerowo. Es war die allerletzte Landung deutscher Flugzeuge auf dem Platz Bagerowo. Mit Schrecken wurde plötzlich festgestellt, dass der Iwan ja schon kurz vor dem Platz stand. Noch waren nicht alle Motoren abgestellt, da hieß es wieder: sofort Start nach Karankut. Mein Bordbuch weist nur einen Aufenthalt von fünf Minuten aus. Vierzig Minuten später konnte die Gruppe aber wohlbehalten in Karankut landen.

Der 7. November 1943 brachte noch zwei Einsätze auf Ziele bei Perekop. Dann war es so weit: Das Benzin war alle. Was blieb, war eine stille Reserve, um wieder eigenes Gebiet zu erreichen. Geflogen durfte nur noch werden, sofern keine andere Möglichkeit der Abwehr bestand.

Der Feind hatte Kiew eingenommen und marschierte in Richtung Südwesten. Auf der Krim war Ruhe eingekehrt. Der Gegner und wahrscheinlich auch wir brauchten eine kleine Ruhepause. Für einige Besatzungen war dies die beste Gelegenheit, einen Urlaub anzutreten. Für meine Besatzung war ein Fernschreiben eingetroffen, einen vierwöchigen Urlaub im Luftwaffenerholungsheim Gmunden am Traunsee anzutreten.

Am 10. November 1943 flog ich mit meinem Bordfunker und einer zweiten Besatzung, die sich auf den Sitz des Bordfunkers quetschte, mit einer 87 auf dem Flug von Karankut nach Ssaki, einem Platz 20 Kilometer südostwärts von Jewpatorija auf der Krim. Am gleichen Tag noch flog ich nach Odessa weiter. Diesmal aber mit einer eleganten viersitzigen Taifun (Me 108), einer Kuriermaschine. Meine zweite Besatzung, Unteroffizier Wolf mit Bordfunker, setzte ich in meine 87, an der in der Heimat ein Flächenholm ausgewechselt werden sollte.

Noch 25 Minuten Flugzeit über der Krim, dann 180 Kilometer Wasser bis Odessa. Mit einem rechtweisenden Kurs von 305 Grad ging es über das Meer. Nach 50 Minuten sollte Odessa auftauchen. Mit 35 Minuten Verspätung trafen wir dann in Odessa ein. Während des Fluges kamen mir aber doch Bedenken, und ich schlug einen mehr westwärts gerichteten Kurs ein. Der Russe hatte die südliche Ukraine schon zurückerobert und bei Nowo-Alexejewka und Shelesnij Port das Schwarze Meer erreicht. Ein Umweg erschien mir ratsam, zumal ich eine Zivilmaschine ohne jegliche Bewaffnung flog. Die Sicht war nicht allzu gut, was ich in diesem Fall aber als Glück betrachtete.

Odessa hielt mich einen Tag auf, da hier in Lustdorf ein Teil der Gruppe lag und für den Nachschub sorgen musste. Die Nacht verbrachten wir bei einer deutschstämmigen Familie in Lustdorf. Der folgende Tag, der 11. November 1943, brachte mich aber noch nach Nikolajew, wo ich ein Restkommando der Gruppe nach Odessa in Marsch zu setzen hatte. Schon früh um 08.45 Uhr landete ich in Nikolajew, da ich direkt wieder weiterfliegen wollte. Leider war das allein mit dem Wollen nicht getan. Schlamm, Schlamm und nochmals Schlamm auf allen Wegen und Straßen. Wurden in normalen Zeiten für eine Fahrt zehn Minuten eingeplant, so waren es nun, wenn man Glück hatte, mindestens 60 Minuten. Dabei hatte ich in meinem VW-Kübel noch Glück. Zwei Mann konnten ihn hinten hochheben und etwas seitlich auf eine bessere Spur setzen. Lkw und andere Fahrzeuge mussten mit Zugmaschinen weiterbewegt werden. Nicht zu vergessen: Die Zugmaschinen mussten als Antrieb Raupen haben.

Am 12. November 1943 klappte endlich der Weiterflug in Richtung Heimat. Oppeln war mein bzw. unser Flugziel. Mit der 87 im Schlepp startete ich um 08.00 Uhr von Nikolajew nach Winniza. Landung nach einer Stunde und 55 Minuten. Die Orientierung stellte keine Schwierigkeit dar, da der Bug unseren Kurs begleitete. Auftanken und nach einer Stunde und zehn Minuten Weiterflug nach Lemberg. Auf dieser Route gab ich meinem Unteroffizier Wolf den Auftrag, vorzufliegen und genau Kurs zu halten. Mit meiner Me 108 würde ich folgen. Ich wollte doch mal sehen, was mein Pilot Unteroffizier Wolf so konnte! Der Start erfolgte, und in der ersten halben Stunde verlief der Flug bestens, der Kurs stimmte. Da alles so gut klappte, vernachlässigte ich meine Kartenorientierung, gab mich so richtig dem Genuss des Fliegens hin! Wir flogen und flogen – doch auf einmal wurde doch meine 87 langsamer und kam seitlich ran. Was mochte da los sein? Da sah ich schon das Malheur: Mein Wolf hatte die Orientierung verloren, mit der Hand machte er kreisende Bewegungen über seinem Kopf. Verflixt, und gerade jetzt hatte ich nicht mitgefranzt! Den Kurs hatte ich wohl vor dem Flug berechnet, nur hatte mein Wolf den auch eingehalten? Meiner 87 bedeutete ich durch Zeichen, sich hinter mich zu setzen und zu folgen. Das konnte mein Unteroffizier Wolf prima. Nach einigen Minuten weiterer Flugzeit auf meinem errechneten Kurs tauchte vor mir ein großes Getreidefeld auf, auf dem Leute arbeiteten. Meiner 87 bedeutete ich zu kreisen, und ich wollte landen. Gedacht, und schon folgte die Ausführung. Die Landung verlief zwar etwas holprig – das Feld war doch nicht so eben, wie es von oben aussah –, doch sie gelang. Motor aus und raus. Meinen Bordfunker Oberfeldwebel Konsorke ließ ich aber in der Maschine. Die Leute zeigten in meine Flugrichtung und nannten einen Ort. Und, ein Wunder, diesen Ort fand ich gleich auf der Karte, er lag genau auf meinem ursprünglich errechneten Kurs. Motor an und Start. Den Leuten winkte ich noch ein Dankeschön zu. Da wir doch genau auf Kurs lagen, wäre eine Landung vielleicht nicht nötig gewesen. Aber wer wusste das vorher?

Da wir nun kurz nach Mittag schon in Lemberg landen konnten, wäre ein Weiterflug über Krakau bis Oppeln kein Problem gewesen, wenn der Wettergott mitgespielt hätte. Leider tat er das nicht. Ergo Übernachtung in Lemberg.

Das Wetter am 13. November 1943 zeigte sich dafür von seiner besten Seite. Sonnenschein auf der ganzen Linie. Mit Start um 07.50 Uhr und einer kurzen Zwischenlandung in Krakau landeten wir schon um 12.15 Uhr in Oppeln-Neudorf.

Auf deutschem Boden. Deutsche Laute und Stimmen, wen stimmte das nicht versöhnlich? Meinen Unteroffizier Wolf schaute ich nur kurz einmal an, und er wusste Bescheid. Den Weiterflug erlaubte ich ihm am nächsten Tag nach Elbing fortzusetzen, da hier an der 87 der Holm ausgewechselt werden sollte. Meine Taifun blieb in Oppeln.

Drei Wochen Urlaub lagen vor der Besatzung Wolf. Vor mir und meinem Bordfunker vier Wochen Heimaturlaub und anschließend vier Wochen Erholungsurlaub im Luftwaffenerholungsheim Gmunden am Traunsee in Osterreich.

Noch waren wir aber in Oppeln und schrieben den 13. November 1943. Die Unterkunft auf dem Fugplatz war klar, der nächste, für uns passende Zug ging erst am 14. November 1943 ab. Die telefonische Unterrichtung unserer Lieben zu Hause war schon erfolgt! Rein in die Stadt! Was hatte Oppeln zu bieten? Wo war das nächste Lokal?

Bald war ein ansprechendes Lokal gefunden. Ebenerdig befand sich ein Teil der Restauration, eine Treppe tiefer die Ausgabe, eine weitere Treppe tiefer der Rest des Lokals. Oben gähnende Leere und unten übervolle Tische. Ein Tisch war allerdings nicht besetzt. Ein Schild zierte seine Platte mit der Aufschrift „Reserviert für die Regierung". Wer war die Regierung? Wir vier Flieger uns dahin gesetzt. Einen prima Platz hatten wir unserer Meinung nach ergattert! Ober flitzten nur so an uns vorbei, nur kam keiner zu uns. Unterdessen hatte mein Oberfeldwebel Konsorke das Schild mit dem Schriftzug Krim hinter dem Wort Regierung gesetzt. Doch es kam weiterhin niemand. Ein Leutnant der Infanterie mit seiner Braut kam und suchte auch einen Platz. Ihn holte ich noch zum Tisch. Immerhin war ich Träger des Ritterkreuzes. Trotzdem, kein Mensch fragte nach unseren Wünschen.

Langsam fing mein Blutdruck an zu steigen. Ich zu meinem Bordfunker: „Karl, halt den nächsten Ober fest. Hier sind anscheinend alle taub!" Gesagt, getan. „Wir dürfen hier nicht bedienen", lautete die lapidare Antwort. „Bitte schicken Sie mir den Geschäftsführer!" Nichts rührte sich. Jetzt platzte mir der Kragen!

Ich mit meinem Bordfunker hin zum Ausschank. Da lief einer im schwarzen Anzug herum. Ja, er sei der Geschäftsführer. Nur wenige Worte mit leiser Stimme, dann wurde sie immer lauter. Das ganze Lokal in seiner gesamten Größe hörte mit. Eine Stecknadel hätte man fallen hören.

Was ich dem sogenannten Geschäftsführer in Worten alles an den Kopf geworfen habe, möchte ich hier nicht wiederholen. Nur „Jawohl" hörte ich ihn noch sagen. Ein Wort mehr von diesem Herrn, und ich hätte ihn festnehmen lassen und wegen Missachtung und Diskriminierung der Wehrmacht vor ein Gericht stellen lassen.

Man soll sich ja nicht als Richter aufspielen, aber diese Behandlung forderte mich heraus. Heute noch stehe ich auf dem Standpunkt, dass ich richtig so gehandelt habe. Währenddessen hörte ich Stimmen wie: „Endlich sagt mal einer dem die Meinung!" Und andere: „Richtig so." Vielleicht waren auch Gegenstimmen da? Ich weiß es nicht. Für mich waren solche Leute Verräter an der Sache. Das hat nichts mit einem Regime zu tun, Verrat bleibt Verrat.

Zurück ins Restaurant. Jetzt konnte der Herr Geschäftsführer urplötzlich für uns einen Ober abstellen. Die meiste Zeit stand er aber unnütz herum, denn seine Order lautete, nur für uns da zu sein. Jeden Wunsch erfüllte man uns plötzlich. Wir bekamen mehr, als wir haben wollten. Wie jeder Besuch einmal zu Ende geht, so mussten wir auch dieses nun sehr gastliche Lokal verlassen. In geschlossener Formation verließen später vier Fliegersoldaten und ein Infanterist mit Braut diese gastlichen Räume. Mir persönlich lag es nun sehr daran, darauf zu achten, ob der Herr Geschäftsführer uns auch beim Verlassen des Lokals anständig grüßte. Und das tat er!

Der 14. November 1943 brachte uns endlich mit der Bahn zu unseren Lieben daheim, wo wir schon erwartet wurden.

Urlaub ist eine herrliche Sache, sofern man keine Verpflichtungen zu erfüllen hat. Als Ritterkreuzträger zu damaliger Zeit hatte man aber welche. Leider! Ein sehr anstrengender, aber auch schöner Urlaub war die Folge. Viel ging ich in Zivil, doch immer war das nicht zu machen. In erster Linie musste die liebe Verwandtschaft besucht werden, wonach Freunde und Bekannte folgten. Was waren meine Frau und ich froh, als die ersten vier Wochen herum waren und der Urlaub im Erholungsheim anbrechen sollte. Als Treffpunkt mit meinem Bordfunker war München vereinbart.

Unsere Frauen sollten natürlich mit von der Partie sein. Meine Frau freute sich schon richtig auf die Berge. Der Zeitpunkt des Treffens war da. Mein Bordfunker war schon in Gmunden gewesen und macht mir gleich folgende Meldung: „Herr Oberleutnant, das Erholungsheim wird zurzeit renoviert und bleibt für die nächsten vier Wochen geschlossen. Ich war mit meiner Frau schon da und komme gerade von dort." „Was machen wir da, Karl?" Ich überlegte. „Dann fahren wir wieder nach Hause und treffen uns am 5. Januar 1944 in Krakau." Mein Karl strahlte, grüßte zackig, und ehe ich mich versah, stand ich mit meiner Frau allein da.

Jetzt erst einmal zu meinen Eltern nach Sachsen, um wenig später im verschneiten Erzgebirge, in Johanngeorgenstadt, noch einen achttägigen Urlaub zu verbringen. Im Gasthof „Zur Post" konnten wir unser Quartier aufschlagen. Ich fuhr in Zivil, hatte aber die Uniform im Koffer. Der Gasthof war voll ausgebucht. Rüstungsarbeiter waren die meisten anderen Gäste! Am zweiten Abend unseres Urlaubs vernahm ich dann schon die Stimmen: „Was machen eigentlich die jungen Burschen hier? Sie sollten lieber an der Front sein!" Weitere kleine Lästereien waren noch zu hören. Meine Frau und ich lachten uns ins Fäustchen und stichelten so ganz leicht mit. Ansonsten hatten wir taube Ohren.

Wieder war ein Tag ins Land gegangen. Jeder hatte seine Erholung im verschneiten Winterwald des Erzgebirges gesucht, um sich des Abends im warmen Gästezimmer des Gasthofs wieder einzufinden.

„Heute Abend ziehst du aber deine Uniform an", tutete meine Frau vor dem Abendessen in meine Ohren. Ich wollte zwar nicht, aber was macht man gegen einen weiblichen Feldwebel? So erschien ich in Uniform mit allen Orden und Ehrenzeichen am abendlichen Tisch. Heute noch nach 44 Jahren sehe ich die langen Gesichter meiner Miturlauber. Keiner sprach mehr in der Weise über die Front und die jungen Burschen. Jeder kam und wollte mein Ritterkreuz einmal in die Hand nehmen. Ja, und wie sollte es anders sein, jeder wollte mit dem Träger einer solchen Auszeichnung ordentlich einen heben. Erzählen und Trinken waren also die Beschäftigungen des Abends. Es wurde ein harter Abend. Gern denken meine Frau und ich noch an diese Tage damals im Erzgebirge in Johanngeorgenstadt zurück. Die restlichen Urlaubstage sah mich keiner mehr in Uniform. Acht Tage gehen auch schnell vorbei! Einige Tage in meiner Heimat und bei den Schwiegereltern am Nordseestrand schlossen sich an. Über Jever hinwegziehende Bombergeschwader des Gegners riefen mich in die Wirklichkeit zurück, welche ich schon ganz in den Tannenwäldern des Erzgebirges vergessen hatte. So erreichte mich hier im Urlaub die Nachricht, mich auf dem Weg an die Front beim General der Schlachtflieger Hitschold in Berlin-Rangsdorf zu melden.

Eines Tages Anfang Januar 1944, um die Mittagszeit, konnte ich mich melden. Mein alter Kommandeur Hauptmann Jacob, mittlerweile zum Major befördert, empfing mich. Er war der Ia des Generals, praktisch seine rechte Hand. Über alles und nichts wurde bis zum Abend geplaudert. Es war jedoch nichts, was mein Kommen rechtfertigte! Zum Abendessen traf ich dann endlich mit dem General zusammen. Jetzt wollte man von mir so einiges hören. Über die Kämpfe an der Front, die Ausbildung der jungen Piloten und was so alles zu berichten war, der Einsatz der Ju 87, die eigene und die gegnerische Kampftechnik. Trotzdem wusste ich immer noch nicht, weswegen ich hierher bestellt worden war. Dann war es endlich so weit, jetzt rückte man heraus. Generalmajor Hubertus Hitschhold als kommandierender General aller Stukaschulen holte ganz weit mit seinem Anliegen aus: „Da haben wir eine Stukaschule in Deutsch-Brod, das Schlachtgeschwader 102, wo fast jeden Tag ein toter Pilot zu beklagen ist. Dazu kommt noch der Verlust einer 87. Die Ursache zu finden und abzustellen, ist meine Bitte an Sie. Alle Vollmachten erhalten Sie von mir, um sofortige Abhilfe schaffen zu können!“ Major Jacob fuhr fort: „Zwei Staffelkapitäne werden gerade versetzt, deren Staffeln Sie dann übernehmen. Weiter übernehmen Sie stellvertretend die Gruppe, da der Kommandeur Hauptmann Braun wegen Krankheit in Urlaub geht. Was halten Sie davon?“ Dann wieder der General: „Ihr Ansprechpartner in allen Fragen ist Major Jacob. Sie kennen sich ja! Er war es, der Sie mir empfohlen hat. Ich setze mein ganzes Vertrauen in Sie. Diese Verluste müssen abgestellt werden!“

Ein verlockendes Angebot für mich als Oberleutnant, ein kleiner Freibrief von oberster Führung. „Ja, was sagt nun aber der Geschwaderkommodore dazu?“ „Sie regeln alles mit Major Jacob, der veranlasst das Nötige“, lautete die Antwort. Was blieb mir nun übrig? Der Abend schritt voran, und der Alkohol hob die Stimmung. Ich gab meine Zustimmung. Eine Bitte trug ich noch vor, der aber sofort zugestimmt wurde. Vor meinem Flug zur Krim, bevor ich also dort meine Staffel übergab, wollte ich mir das Schlachtgeschwader 102 einmal ansehen. Zwei bis drei Tage hatte ich dafür vorgesehen. Ich gedachte da so einige alte Kameraden wiederzutreffen, welche schon vor einiger Zeit zur Schule versetzt worden waren. Mit dem bestmöglichen Zug trat ich dann auch gleich meine Reise nach Německý Brod, wie man in Tschechien sagte, an.

Bevor ich nun am nächsten Tag meine Reise antreten konnte, erlebte ich noch einen der schwersten Luftangriffe auf Berlin mit. Durch die Hitzeentwicklung der Brandbomben brannte der Asphalt auf den Straßen. Das Schlimmste dabei war aber, dass man machtlos dem Verderben ausgeliefert war und nichts machen konnte, nur abwarten. Da fühlte ich mich doch in meiner Maschine, und sei es im tollsten Flakfeuer, sicherer. Hier war ich wer, konnte mich wehren, zurückschlagen und auch beißen. Letzteres ist natürlich nur bildlich zu verstehen.

Schon in der Frühe des nächsten Tages saß ich im Zug mit Fahrtrichtung Prag. Voll, fast übervoll, war der D-Zug. Da bat mich eine Dame in ihr Abteil. Neben ihr saß ihr Mann, ein General des RLM (Reichsluftfahrtministerium). Einen Platz hatte ich jetzt, nur der Zug fuhr trotzdem nicht ab. Zwei Stunden sollte es noch dauern, ehe sich unser Zug in Bewegung setzte. X-mal schickte die Frau des Generals ihren Mann auf Erkundungsreise, wann denn endlich der Zug abführe. Immer kam er aber ohne Ergebnis zurück. Sie dann immer wieder: „Ich denke, du bist General, und du kannst nicht einmal die Abfahrtszeit erfahren?“ Der Herr General wollte auch nach Prag. Da fragte ich ihn aber, warum er denn nicht fliegen würde, da er doch beim Reichsluftfahrtministerium wäre. Er antwortete mir, sie hätten eine Flugbereitschaft, welche die Einsätze koordinieren würde, ja, und zurzeit könne er keine Maschine erhalten. Da dachte ich so bei mir: Was bist du doch für ein armer General – ich könnte bzw. brauchte mir nur eine zu nehmen.

Die nicht enden wollende Wartezeit war vorbei. Der Zug setzte sich in Bewegung und konnte dann ohne Schwierigkeiten bis Prag durchfahren. Was war ich froh, aus Berlin raus zu sein! Glück braucht der Mensch, und so erhielt ich in Prag direkt einen Anschlusszug nach Deutsch-Brod.

Deutsch-Brod war erreicht. Mein zugewiesenes Quartier: ein altes Kloster. Abends dann im Kasino traf ich die alten Haudegen von früher wieder. Sie waren mit mir an der Front gewesen, zum Teil als meine Vorgesetzten. Drei lustige Tage und Abende verlebte ich so in Deutsch-Brod. Keinem verriet ich aber meine wahre Aufgabe, dem Pilotensterben ein Ende zu setzen. Wenn ich in einigen Tagen von der Krim zurückkäme und meine neue Aufgabe übernähme, sollte sich noch mancher wundern.

Mit einer 87 vom Schulgeschwader und einem Piloten auf dem Funkersitz flog ich dann nach Krakau. Hier erwartete mich schon mein alter, kampferprobter Bordfunker Oberfeldwebel Konsorke. Die Maschine vom SG 102 schickte ich noch am gleichen Tag zurück.

Mit der neuesten, modernsten, aber nicht schnelleren 87 ging es dann am nächsten Tag ab in Richtung Odessa, um am 10. Januar 1944 wieder beim alten Haufen, welcher noch in Karankut stationiert war, einzutreffen. „Halli, hallo!“ Es gab eine tolle Begrüßung. Jeder wollte mir berichten. Leider musste ich alles stoppen, denn ich war ja versetzt. Man war bass erstaunt, denn bis hierher war diese Nachricht noch nicht durchgedrungen.

Hier an dieser Stelle möchte ich noch das Husarenstück meines Unteroffiziers Wolf einfügen. Der Pilot, welcher zur gleichen Zeit mit mir in Urlaub geflogen war – ich traute meinen Augen nicht, in Odessa traf ich ihn wieder. Er befand sich noch auf dem Rückflug vom Urlaub zur Einheit. Drei Wochen hatte er Urlaub gehabt, um tatsächlich erst nach zwei Monaten zurückzukehren! Na, dem würde ich auf die Sprünge helfen, war mein erster Gedanke. Aber erst wollte ich seine Entschuldigung hören. Mit einem treu-biederen Gesicht, welches kein Wässerchen trüben konnte, antwortete er mir: „Herr Oberleutnant, ich dachte, ich sollte die 87 wieder mitbringen. Da sie aber noch nicht fertig war, habe ich solange in Elbing gewartet!“ Was sollte ich nun dazu sagen? Herumgedreht habe ich mich und tüchtig gelacht, sein treudoofes Gesicht und die ernste Antwort immer vor Augen. Er hatte jedenfalls eine Antwort parat, und die alte 87 mit dem Kennzeichen S7+DD hatte er auch mitgebracht. Meinen Karl Konsorke hörte ich noch sagen: „Da hast du aber noch mal Schwein gehabt.“

Meine Staffel, die 9., hatte ich an meinen Vertreter Oberleutnant Künkel übergeben. Eine kleine Abschiedsfeier folgte noch am Abend mit einem weinenden und einem lachenden Auge im Kasino. Ungern verließ ich meine alten Kameraden. Hätte ich gekonnt, hätte ich um eine Rückgängigmachung der Versetzung gebeten, aber ich stand beim General im Wort.

Der 12. Januar 1944 sah mich dann mit meiner eben aus der Heimat überführten Ju 87 mit dem Kennzeichen T6+HC und meinem Bordfunker Oberfeldwebel Konsorke, welcher mich auf über hundert Feindflügen begleitet hatte, auf dem Rückflug von Karankut nach Deutsch-Brod.

Mit Sondervollmachten zur Sturzkampffliegerschule Deutsch-Brod

Zeitraum: 12. Januar bis 30. Oktober 1944

Odessa, mein erstes Tagesziel, war erreicht. Deshalb mein Tagesziel, da ich in Lustdorf, einem Ort ganz in der Nähe von Odessa, für die Gruppe beim Nachschubkommando noch einiges erledigen wollte. Nebenbei gesagt war Lustdorf eine deutsche Gründung, wie der Name auch sagt. Deutsche Familien konnte ich hier auch noch sprechen. Sie hatten zwar die russische Staatsbürgerschaft, sprachen aber noch sehr gut deutsch.

Da die Wetterlage im Westen sich zu verschlechtern drohte, startete ich schon um 08.00 Uhr in der Frühe des 14. Januar 1944 mit dem Ziel Proskurow. Nach einem Flug von zwei Stunden konnte ich hier landen, um noch am gleichen Tag nach Lemberg weiterzufliegen. Die Landung in Lemberg war nicht freiwillig, das Wetter hatte mich dazu gezwungen. Eigentlich wollte ich an diesem Tage noch Deutsch-Brod erreichen. Aber wie so oft im Leben des Fliegers: das Wetter, das liebe Wetter! Gott erhalte uns die Fliegerzulage und den Bodennebel, so wurde in Friedenszeiten orakelt. Hier in Lemberg brauchte nicht orakelt werden. Zwei Tage schlechtestes Wetter und am dritten kam ich nur bis Krakau. Hier wieder drei Tage Schlechtwetter, dann traf ich endlich am 21. Januar 1944 bei schönstem Winterwetter und guter Sicht in Deutsch-Brod ein.

Wie es sich für einen von der Front heimkehrenden, mit allen Finessen der neuesten Kampftechnik erprobten Flieger gehört, so führte ich mich im neuen Heimathorst ein. Am Platz herrschte Schulbetrieb wie im tiefsten Frieden. Über EIV sagte ich zu meinem Bordfunker: „Karl, denen da unten wollen wir gleich einmal zeigen, wie gelandet wird.“ Aus größerer Höhe kommend drückte ich die 87 ordentlich an, um ordentlich Fahrt aufzunehmen. Im Tiefstflug in Landerichtung über den Platz, um im leichten Messerflug zwei Hallen passierend den Platz wieder zu verlassen. Eine scharfe Kurve und über die Landebahn zurück. Am Ende des Platzes die 87 steil nach oben gerissen, etwas ausschießen lassen und mit einem Turn, Gas rausnehmend mit Minimumfahrt zu landen. So, Oberleutnant Jähnert und sein Bordfunker Oberfeldwebel Konsorke hatten sich angemeldet.

Vor der Kommandantur, dem Geschwadergebäude, stand unser Empfangskomitee! Der Geschwaderkommodore Major Hamester, der Gruppenkommandeur Hauptmann Braun und noch einige andere Offiziere. Flott rollte ich vor. Eine leicht schwungvolle Drehung und die 87 stand. Motor aus und raus. In strammer Haltung meldete ich mich zum Einsatz im Heimatkriegsgebiet.

Ich erwartete eine freudige Begrüßung – aber nichts dergleichen. Der Kommodore empfing mich mit einem miesen Gesicht und den Worten: „Eigentlich müsste ich Sie sofort wegen Ihrer Kapriolen bestrafen!" Sofort konterte ich: „Herr Major, dann bitte ich gehorsamst um meine sofortige Rückversetzung zur Front!" Jetzt stahl sich ein leichtes Lächeln in sein Gesicht. „Herr Major, ich muss mich noch beim Stab des Generals der Schlachtflieger melden." „Das mache ich für Sie!" Damit habe ich in dieser Angelegenheit nie mehr etwas von ihm gehört.

Der nächste Tag brachte die Übernahme zweier Staffeln sowie stellvertretend die Stelle des Gruppenkommandeurs, da derselbe wegen Krankheit in Urlaub ging. Zwei Tage später durfte ich gleich 14 Schülerpiloten beerdigen. Die traurige Ausbeute eines halben Monats.

Doch gerade wegen dieser enorm hohen Unfallziffer war ich ja vom General der Schlachtflieger mit entsprechenden Vollmachten ausgestattet hierher versetzt worden. Leider musste ich schon kurze Zeit später von diesen Vollmachten Gebrauch machen. Mein Vollmachtsinkognito wurde damit schon viel zu früh gelüftet. Aber wertvolles Menschenleben stand auf dem Spiel.

Die Beerdigung der 14 Piloten unter Anteilnahme der dort ansässigen deutschen Bevölkerung und mit militärischen Ehren war vorbei. Erst jetzt konnte ich mich voll meiner neuen Aufgabe widmen.

Der Schulbetrieb war in vollem Gange. Ich schlenderte über den Platz, um eben alles in Augenschein zu nehmen. Zur Unterhaltung und gewissermaßen als Adjutant nahm ich meinen Bordfunker Oberfeldwebel Konsorke mit. Der Weg führte uns meist am Platzrand entlang. Meine Augen hatte ich aber überall. Da lag doch dort tatsächlich einer und schlief! „Was machen Sie denn hier? Ich denke, Sie sind Pilot und wollen fliegen lernen? Bitte, nur die Wahrheit kann Sie retten!" „Herr Oberleutnant, drei Runden mit dem Fallschirm umgeschnallt soll ich um den Platz laufen. Danach soll ich gleich starten, und da habe ich Angst!" „Ist das hier immer so?" „Jawohl, Herr Oberleutnant, da laufen noch mehr herum!" „Dann hol mir einmal alle diese Piloten hierher. Schnall aber vorher den Fallschirm ab!" „Jawohl." Und weg war er. Nach einer halben Stunde standen dann fünf Piloten schnaufend vor mir. Nun ließ ich mir von den Kameraden die ausgeübte Schultechnik ausführlich schildern. „Karl", sagte ich noch, „du hörst dir alles schön mit an, machst für die nächsten Tage meinen Adjutanten!" Bei dem, was ich so hörte, dachte ich nur: Ausbildungsmethoden sind das, die jeder Beschreibung spotten. Die fünf Kameraden sollten sich bei ihren Ausbildern abmelden und in die Unterkünfte begeben. Für diesen Tag hatten sie dienstfrei.

Weiter ging ich mit meinem Zeitadjutanten Oberfeldwebel Konsorke. „Was hältst du davon? Zustände wie im alten Rom zu Neros Zeiten!" Mein Karl sagte erst gar nichts, dann aber äußerte er auch sein Erstaunen über diese Gepflogenheiten. Mich wunderte nur, wieso meine Vorgesetzten dem Pilotensterben noch nicht auf den

Grund gegangen waren. Meines Erachtens wurden zu wenig bzw. keine Kontrollen durchgeführt, oder die Vorgesetzten vertrauten blindlings den Ausbildern. „Karl", sagte ich, „dem werden wir sofort einen Riegel vorschieben. Du gehst sofort in alle Staffeln und bestellst alle Ausbilder, sämtliche Offiziere der Gruppe, für heute Abend in einen großen Raum im Geschwadergebäude. Es gibt keine Ausnahmen, die Kameraden haben zu erscheinen. Die Hauptfeldwebel der Staffeln kommen auch mit! Sagen wir um 20.00 Uhr."

Punkt 20.00 Uhr war alles versammelt. Keiner kam zu spät. Erst musste ich den Herren Ausbildern meinen Standpunkt klarmachen. Kein Wenn und Aber ließ ich gelten, nur die Meinung des Besseren hatte Geltung: „Ich habe doch gehört, dass die Stukaschule hier und damit das Schlachtgeschwader 102 eine Kampfpilotenschule sei und keine Rekrutenausbildungsstätte. Nach dem, was ich bis jetzt gesehen habe, muss ich annehmen, auf einem Platz zu stehen, auf dem ein jeder Ausbilder seinem Hobby nachgehen kann. Anscheinend sind die Herren nicht genügend ausgelastet. Es soll doch jeder Pilot mit den Techniken eines erfolgreichen Sturzkampfpiloten vertraut gemacht werden. Die Taktik hier an der Schule habe ich mir jetzt acht Tage lang angesehen. Dabei musste ich feststellen, dass Platzrunden mit dem Fallschirm sowie nächtliches Überspringen der Barackendächer anscheinend mit zum Übungsprogramm gehören! Ja, meine Herren Ausbilder, so scheint es nicht zu gehen, sie sind eine Pilotentötungsmaschinerie, nur keine Ausbildungsstätte für zukünftige Sturzkampfpiloten! Vorbedingung für eine gute Ausbildung ist auch eigenes Können, ja, und da scheint es zu hapern. Wahrscheinlich bin ich hier in ein Tollhaus geraten, in dem jeder nach Lust und Laune schalten und walten kann. Nein, meine Herren, da sind Sie bei mir an den Verkehrten geraten. Ich habe Ihnen hiermit Folgendes mitzuteilen: Hauptfeldwebel, schreiben Sie mit! Als Fluglehrer werden hiermit abgelöst und sofort zu einer Fronteinheit in Marsch gesetzt: der Oberfeldwebel Soundso, der Oberfeldwebel Soundso, der Feldwebel X, der Feldwebel Y, der Unteroffizier X, der Leutnant Y. Von der fliegerischen Ausbildung werden überhaupt abgelöst: der Oberleutnant X, der Oberfähnrich Y, der Gefreite Z. Das wäre es erst einmal. Hauptfeldwebel, Sie machen die Marschpapiere fertig. Die Marschziele sage ich Ihnen morgen noch!"

Damit verließ ich den Tagungsraum. So ganz wohl war mir bei meiner einschneidenden Maßnahme aber nicht. Nur konnte es so auf keinen Fall weitergehen. Jetzt musste ich aber erst einmal den Ia beim General der Schlachtflieger anrufen. Die Verbindung war schnell hergestellt. Mit einem leichten Herzklopfen gab ich meine Anordnungen durch, natürlich mit der entsprechenden Begründung. Bass erstaunt war ich aber, als der General ohne weiteres seine Zustimmung gab. Ein Stein fiel mir vom Herzen. Jetzt konnte ich wieder freier atmen. Ab zum Abendessen ins Kasino. Dem Kommodore würde ich morgen alles schriftlich mitteilen! Das Abendessen war vorbei. Freundlich begrüßte mich der Kommodore nicht gerade. Später musste ich feststellen, dass sich meine Anordnungen schneller herumgesprochen hatten, als ich von den Unterkünften zum Kasino gehen konnte.

Nach dem Essen wurde ich vom Kommodore in einen gesonderten Raum gebeten. Und da ging das Donnerwetter los. Was ich mir einbilde, wer ich sei, und so ginge es ja wohl nicht! Meine Anordnungen sollte ich widerrufen. Ich konnte nur noch sagen: „Herr Major, solange ich hier die Gruppe führe, bleibt es bei meinen Befehlen. Ich darf aber bitten, noch den Ia beim General der Schlachtflieger vorher anzurufen. Weiterhin darf ich Herrn Major bitten, sich die Sache bis morgen zu überlegen!" Und damit war ich entlassen.

Der Morgen war da, und ich gleich hin zum Geschwader. Der Adjutant und auch ein Oberleutnant grienten mich schon an. Da sagte ich mir, dass es bestimmt gut gehen werde. Ohne viele Worte der Kommodore: „Was wollen Sie eigentlich noch hier, Sie kennen doch schon die Entscheidung!" Jawohl, ich kannte diese, und damit stand ich da und war entlassen. Nie mehr hat der Major mir etwas gesagt oder an mir bemängelt. Ganz recht war mir das zwar auch nicht, denn immerhin war er mein Disziplinarvorgesetzter! Andererseits konnte ich mir sagen: „Erhard, du hast nur deine Pflicht erfüllt, die Piloten werden es dir vielleicht einmal danken!"

Der Dienst nahm seinen Fortgang. Die von mir versetzten Lehrer waren bestimmt schon bei ihren neuen Einheiten. Neue Fluglehrer waren angekommen und schulten gemäß meinen Vorstellungen. Jeden zweiten Abend fanden zwei Stunden theoretischen Unterrichts statt. Ohne Theorie keine Praxis. Leider war vor meinem Erscheinen auf der Schule die Theorie vernachlässigt worden.

Die Fluglehrer begegneten mir mit Respekt und deutlicher Zurückhaltung, die Schülerpiloten mit Respekt und einem Lächeln im Gesicht. Jetzt war der Zeitpunkt da, wo ich mein Können unter Beweis zu stellen hatte. Die Kameraden sollten mir mit natürlicher Achtung und nicht nur mit dem angemessenen Respekt gegenüber einem Vorgesetzten begegnen.

In allen Flugkunststücken des Angriffs und der Abwehr wurden die Piloten frontreif gemacht. Alles war gefragt, um als Sturzkampfpilot zu bestehen und zu überleben. Am Schluss der Ausbildung wurde jeder in einem Flugzirkus nochmals getestet. Eine Blamage, wer schlecht abschnitt!

Noch stand Bombenwerfen auf dem Dienstplan, nur der Wettergott spielte nicht mit. Die Wolkendecke zeigte nicht die erforderliche Untergrenze, um ordentlich zu üben. Dann endlich war es so weit: Das ideale Wetter war da. Die Bombenabwurfübungen konnten starten. Es war Ende Februar 1944. Im Unterricht waren alle Piloten von mir persönlich vorbereitet worden. Am Start stand eine große Tafel mit Namen der Piloten. Darüber die Windrichtung in den verschiedensten Höhen, der einzuhaltende Sturzwinkel sowie der Vorhaltewinkel am Reflexvisier. Meine Schüler erzielten recht gute Ergebnisse. Die meisten Treffer lagen zwischen 15 bis etwa 40 Meter vom Zielmittelpunkt entfernt. Nun stand auf der Tafel der Name des Chefs, des Ritterkreuzträgers! Genau wie ich es lehrte, flog ich an und warf meine Bomben. Aber entweder ich hatte geschielt oder mein Reflexvisier hatte die Schwindsucht. Die Trefferlage spottete jeder Kritik, besser gesagt, sie war „unter aller Sau“, wie man so sagt. Leichtes Grinsen nach meiner Landung bei meinen Piloten.

Schnell wieder beladen und starten, etwas anderes gab es für mich nicht, wollte ich mein Gesicht wahren. Meine Ehre stand auf dem Spiel! Schnell sagte ich aber noch allen Piloten: „Ihr werft weiter, wie ich es euch gelehrt habe! Bei mir klappt das wohl nicht mehr. Die nächsten drei Bomben werfe ich nach meiner mir an der Front erflogenen Methode. So etwas über den Daumen.“

Anmerken möchte ich aber noch: Jeder Abwurf wurde per Telefon zum Start durchgegeben und auf der Tafel vermerkt.

Mein zweiter Start mit Zielanflug aus 3000 Meter Höhe. Sturzflugbremsen raus und ab nach unten. Schon im Sturz mit etwa 480 km/h hatte ich das Gefühl, die Bombe liegt richtig. Der zweite und dritte Anflug erzeugten in mir das gleiche Gefühl. Mein Bordfunker sagte nach dem Abfangen über EIV: „Erhard, jetzt hast du es ihnen aber gezeigt!“ Heimflug mit eleganter Landung. Abstellen am Beladeplatz. An den Gesichtern meiner Männer konnte ich das Ergebnis ablesen. Ein Blick zur Anzeigetafel zeigte: 5 Meter, 2 Meter, 5 Meter. Besser ging es nicht.

Ab diesem Bombenwurf hatte ich Respekt mit Anerkennung bei allen Fluglehrern und Schülern. Keine Reserviertheit mehr – jeder wollte plötzlich seinen Chef einmal in einen Wortwechsel ziehen, ein paar Worte mit ihm wechseln. Jetzt hatte ich die Kameraden dort, wo ich sie haben wollte. Mit Eifer und einem gewissen Stolz, dabei zu sein, waren sie von nun an bei der Sache. Ein altes Sprichwort sollte sich wieder bestätigen. Nur Leistungen berechtigen zum Stolz!

Das Bombenabwerfen war für dieses Mal vorbei. Noch öfter würde es aber geübt werden. Der normale Übungsbetrieb hatte wieder vom Dienstplan Besitz ergriffen. Staffelexerzieren, Verbandsflug in der Kette und Rotte, simulierte Flüge durch Flakfeuer im An- und Sturzflug sowie Abflug. Abwehrbewegungen gegen feindliche Jäger im Verband und einzeln, dann wieder Schießanflüge für den Piloten und den Bordfunker. Wie fliege ich Bodenziele zum Bordwaffenbeschuss an? Der Tief- und Tiefstflug wollten besonders geübt werden. Dabei spielte der Tiefflug in gebirgiger Gegend eine besondere Rolle. Alles Übungen, die einfach aussahen, aber gekonnt sein wollten. Erfolg und Misserfolg liegen so nahe beieinander. Der Tod und das Überleben beim Feindflug unter Mitwirkung der Waffen aber auch. Da aber erst zeigte eine gute Ausbildung ihre Wirkung. Erfolg haben und trotz feindlicher Gegenwehr gesund wieder zum Einsatzhafen zurückzukehren, das konnte alles eine gute Ausbildung bewirken. Meine unter meiner Aufsicht ausgebildeten

Piloten sollten wenigstens dieses Können mit an die Front nehmen. Die Aufgaben des Staffelkapitäns? Die Wichtigste war wohl die fliegerische Ausbildung mit der vorausgegangenen theoretischen Schulung. Die Überwachung und Führung der Bodenorganisation war aber nicht weniger wichtig. Ohne eine verlässliche Wartung der Flugzeuge war das Instrument Flugzeug für den Piloten wertlos. Da waren die Flugzeugwarte, die Waffen- und Bombenwarte, die Fallschirmwarte. Hinzu kamen die Flugmotoren-, die Luftschraubenspezialisten, die Hydraulikfachleute und die Fachleute, um Aluminiumschäden zu beheben. Und nun zum Schluss die Prüfer. Die Leute, welche die ausgeführten Arbeiten begutachteten und dem Piloten dann die Gewähr boten, sich nun des Instrumentes Flugzeug vertrauensvoll zu bedienen können. Jetzt hatte er die Gewissheit, die tote Materie endlich mit Leben versehen zu können.

Alle diese Aufgaben und deren Bewältigung unterlagen der Aufsicht des Staffelkapitäns. Eine Fülle anderer Aufgaben kamen aber noch hinzu: Da wären die Erstellung der Dienstpläne und des Ausbildungsfortganges. Die körperliche Informhaltung sowie die ethische und moralische Haltung, der Tadel oder das Lob, die Beförderung, kurz gesagt, das gesamte Wohl und Wehe seiner ihm unterstellten Männer, das alles musste einem Staffelkapitän am Herzen liegen. Von dieser Behandlung und Einschätzung des Soldaten hängen dann zum Schluss auch die Leistungen des einzelnen und damit der gesamten Staffel ab.

Fazit: Führung gut! Leistung gut! Führung untauglich, schlechte Leistung. Dem Staffelkapitän fällt somit die wichtigste Stellung der Einheit zu. Er ist die alles entscheidende und ausschlaggebende Persönlichkeit. Die Auswahl des Staffelkapitäns sollte von den oberen Führungskräften mit Sorgfalt getroffen werden, denn seine Person bestimmte Erfolg bzw. Misserfolg der Staffel. Auf möglichst allen Gebieten sollte er Vorbild sein.

Ob ich nun auch immer das Vorbild war, entzog sich meiner Beurteilung, jedenfalls habe ich es versucht zu sein.

Was nun wieder die Ausbildung an der Stukaschule betrifft, so haben leider die Frontverbände nicht immer ihre besten Piloten zur Schule versetzt. Meist waren es die schlechten, denn wer gibt schon seine guten Leute ab? Vielleicht ist „schlecht" nicht ganz das richtige Wort, jedenfalls waren es die, die nirgends zu gebrauchen waren. Bei meiner eigenen Gruppe wurde nach gleichen Prinzipien verfahren.

Begangene Fehler waren nicht wiedergutzumachen. Im Rahmen meiner Tätigkeit versuchte ich dies zu ändern. Mithilfe des Generals der Schlachtflieger schickte ich ungeeignete Kräfte wieder zur Front, um erfahrene Piloten zur Ausbildung in die Heimat zu holen.

Eines hatte ich jedenfalls in gut einem Monat schon einmal erreicht: Das Pilotensterben hatte schlagartig aufgehört. Die Kampffliegerschulung war intensiver, und der neuesten Abwehrtechnik des Gegners wurde mit besseren taktischen Bewegungen begegnet. Der kampftechnisch ausgebildete Stukapilot ging ab sofort mit dem besten Rüstzeug an die Front. Die besseren Erfolge und die geringeren Ausfälle an der Front gaben meiner Ausbildung recht. Ich persönlich durfte zufrieden sein, und genoss ein wenig Narrenfreiheit, welche ich, wie ich zu meiner Schande gestehen muss, auch manchmal ausnutzte!

Nochmals zurück zu den Aufgaben eines Staffelkapitäns. Die Männer waren zur Wahrheit und Ehrlichkeit zu erziehen. Eng mit diesen Begriffen sind auch Bestrafungen verbunden. Ich persönlich musste Bestrafungen nur ganz selten vornehmen. War der Mann ehrlich und sprach die Wahrheit, zu der ich ihn vorher immer ermahnt habe, habe ich ihn auch nie bestraft, außer zwingende soldatische Regeln standen dem entgegen. Aber auch diese waren meistens mit etwas gutem Willen zu umgehen.

Anfang März 1944 verlegte meine Gruppe nach Budweis. Ein neuer Kommandeur in der Person des Hauptmanns Göbel war gekommen und hatte die Gruppe übernommen. Hauptmann Göbel war wie ich ein Pilot der ersten Stunde. Gemeinsam waren wir an den verschiedensten Fronten gegen die Gegner angetreten. Mit ihm, das heißt zur gleichen Zeit, wurden die freien Stellen der anderen zwei Staffelkapitäne wieder besetzt. Gut für mich, konnte ich mich doch jetzt wieder mehr den eigenen Belangen zuwenden. Ein neuer Schulungsrhythmus war eingeführt und wurde beibehalten. Die mir vom General der Schlachtflieger gestellte Aufgabe war, bis auf wenige Details, gelöst. Mehr und mehr verlegte ich meine Tätigkeit in den Bereich der reinen Kontrolle.

Ausgebildete Piloten gingen, neue Piloten kamen. Das Stammpersonal vom Fluglehrer bis zum kleinsten Gefreiten in der Schreibstube war bestens eingespielt und bedurfte keiner Schulung mehr. Hier und da fand ein Überprüfungsflug statt, am Heldengedenktag ein Paradeflug in Staffelformation.

Mehr und mehr konnte ich mich nun dem inneren Dienst zuwenden. Bei einem Durchgang durch das Krankenrevier stellte ich zu meinem Erstaunen eine Unmenge von Krankmeldungen fest. An diesem Tag waren es, sofern ich mich richtig erinnere, über vierzig. Da stimmte doch was nicht, so viele Kranke an einem Tag konnte es doch nicht geben. Da steckte was anderes dahinter! Mieses Wetter und ein unangenehmer Dienstplan waren die wahrscheinliche Ursache! Vertrauen ist gut, Kontrolle ist besser. Wer kennt nicht dieses Sprichwort? Und danach verfuhr ich jetzt.

Vier echte Erkrankungen, der Rest: Drückeberger. Schnell und schmerzlos wurden sofort diese Fälle erledigt. Kurzes Exerzieren zur militärischen Auffrischung direkt von der Krankenstation weg. Erfolg? An den nächsten Tagen schnellten die Krankmeldungen ruckartig nach unten.

Rügen muss ich mich hier manchmal selbst, da ich in die Befugnisse der anderen

Staffelkapitäne mit eingriff. Die Hauptsache war aber, man hatte stets eine gute Begründung parat, und die hatte ich! In diesem Falle handelte ich immer als Vertreter des Gruppenkommandeurs.

Die Soldaten konnten aber auch aus meinen mir angeeigneten Befugnissen ihre Vorteile ziehen. Es war der Heldengedenktag in Budweis. Die Luftwaffensoldaten bevölkerten die Lokalitäten. 24.00 Uhr war Zapfenstreich für alle Soldaten bis zum Unteroffizier sowie für Schülerpiloten aller Dienstgrade. Da betrete ich doch mit meiner Frau, welche zu dieser Zeit mit in Budweis weilte, ein Lokal, in dem die Kameraden so richtig in Stimmung waren. Erstmals Schweigen, dann wagte einer zu fragen: „Herr Oberleutnant, können wir nicht den Zapfenstreich verlängert bekommen?" Bestimmt zwanzig Mann standen hinter dem Frager. Ich stimmte ihrem Wunsch zu, wies aber darauf hin, dass jeder bis zum Wecken um 06.00 Uhr in der Unterkunft zu sein habe. In Windeseile muss sich das herumgesprochen haben, denn im Wachbuch war die halbe Gruppe als Zapfenstreichüberschreiter eingetragen. Der Kommandeur schaltete sich sogar ein und fragte bei mir nach den Gründen. „Ich habe als ihr Stellvertreter gehandelt, oder durfte ich das nicht?" Nur ein Knurren war im Telefon zu hören, ja und dann nichts mehr. Ergo stimmte er zu. Hier wie so oft im Leben bewahrheitete sich das Sprichwort: „Nur Leistungen berechtigen zum Stolz!" Jedenfalls hat mein Kommandeur meine Anordnungen anscheinend immer für gut befunden. Wenn dem nicht so war, hat er seinen Ärger für sich behalten und heruntergeschluckt.

Der Krieg ging weiter, und damit auch die Technik. Mehr und mehr Jagdverbände wurden beim Gegner in den Kampf geworfen. Die Verluste der 87-Verbände wurden größer, nur noch alte erfahrene Hasen wehrten sich mit Erfolg. Zeit auch, die Sturzkampfverbände auf schnellere Maschinen umzurüsten. Die Focke-Wulf Fw 190 sollte die gute Ju 87 ersetzen. Der Stukaschule fiel nun die Aufgabe der Umschulung zu. Kompetente Lehrer sollten zu speziellen Schulungskursen entsandt werden, um die Umschulung einzuleiten, so schickte auch meine Gruppe den Hauptmann O. auf so einen Kurs.

Acht Tage dauerte die Einweisung auf den neuen Typ Fw 190. Der Hauptmann O. kehrte zurück und informierte, wie es sich gehörte, den Kommandeur, der nun die Einweisung für das gesamte Lehrpersonal einleitete. Seine erste Anordnung lautete, dass die Offiziere zuerst umschulen. Der Umschulung voraus ging ein achtstündiger Unterricht. Jeden Abend zwei Stunden theoretischer Unterricht durch Hauptmann Opitz.

Mit Mühe und Not hielt ich die ersten zwei Stunden aus. Meiner Meinung nach wurde nur Mist erzählt, alles das, was der Einzuweisende am wenigsten gebrauchen konnte! Wenn dies und das nicht funktioniert, was ist dann kaputt? Geht das Fahrwerk nicht raus, was ist da los? Verstellt sich die Luftschraube nicht, was ist da zu machen? Und so ging es fort. Natürlich konnte alles Mögliche in der Luft kaputt gehen – ja, was ist dann zu tun? Entweder musste man da notlanden oder mit dem Fallschirm aussteigen. Wie sich jeder vorstellen kann, ist eine Reparatur in der Luft schlecht möglich! Hätte unser Lehrer für irgendeinen Ausfall Alternativen empfohlen, so wäre meines Erachtens der Unterricht sinnvoll gewesen! Aber so? Ich will da lieber schweigen.

Für mich stand aber ab dieser Stunde fest: Ich schule mich selbst um! Der 28. März 1944 war als herrlicher Tag angebrochen, und damit mein erster Flug auf der Fw 190 fällig. Meine erste und einzige Anweisung für diesen Tag an den Flugzeugoberfeldwebel: „Machen Sie eine Fw für mich startklar!" Auf dem Pilotensitz sitzend ließ ich mir von dem Ersten Wart die Bedienungshebel erklären. Das alles dauerte etwa fünf Minuten, und meine Einweisung war abgeschlossen. Starten musste ich selbst, denn die Maschine war ein Einsitzer.

Es war schon etwas anderes, mit der Fw zu starten als mit der 87. Bei Letzterer hatte man eine gute Sicht voraus beim Start, bei der Fw überhaupt keine. Mit voll gezogenem Steuerknüppel wurde hier gestartet, wobei der Blick nur nach der Seite offen blieb. Erst wenn die Maschine abheben wollte, musste der Knüppel nachgelassen werden, um ihn dann wieder anzuziehen.

Punkt 09.30 Uhr schob ich den Gashebel nach vorn. Schneller als ich angenommen hatte, befand sich die unbeladene und damit leichte Maschine in der Luft. 15 Minuten alle Ruderbewegungen durchprobieren, die Reaktionen im Gehirn registrieren, und die Landung konnte erfolgen. Die Luft hielt ich an, als meine Fw 190 tatsächlich am vorgesehenen Aufsetzpunkt eine gekonnte Dreipunktlandung machte. Gleich noch einen zweiten Start, um festzustellen, ob diese Landung gekonnt war oder ob ich mal wieder Schwein gehabt hatte. Nach weiteren 15 Minuten wusste ich es: Erhard, die Landung wird für dich kein Problem mehr sein!

Auftanken, um später nach dem kleinen Mittagessen die Maschine in größerer Höhe auf Herz und Nieren zu überprüfen. Von einigen Tücken hatte ich aber auch schon gehört, aber die musste ich noch herausfinden! Beim Essen im Kasino verlor ich kein Wort darüber, dass ich die Fw, von der sprach nämlich jeder, schon geflogen hatte.

Um 13.30 Uhr am 28. März 1944 startete ich, gemäß Flugbuch, zum eigentlichen Kennenlernen dieses Flugzeugtyps. Die Wetterlage war einwandfrei. Eine gute Bodensicht und eine Bedeckung von Fünfzehntel garantierten einen Flug mit besten Bedingungen. Es war eine wahre Freude, wie meine 190, meinem Steuer gehorchend, nach oben strebte. Wie in einem Fahrstuhl kam ich mir vor – aber einer, welcher mit zwölf Metern pro Sekunde nach oben abgeht. Die Untergrenze der Wolken war schnell erreicht, und weiter ging es. Bei der Höhe von 3000 Metern über Grund konstatierte ich, dass nur noch der blaue Himmel über mir war. Weit unter mir die

Wolken. Der Ostrand des Böhmerwaldes sollte mir als Groborientierung dienen. Erstmals einen Looping, dann einen Turn, jetzt eine Rolle: Nun noch schnell einen Aufschwung und gleich hinterher den Abschwung. Maschine schießen lassen und abfangen. Ziehen, bis es mir fast schwarz vor den Augen wurde. So, jetzt eine zünftige Steilkurve, bis die 190 abkippte. Hoppla, was war denn das? Nach links hätte sie wegschmieren müssen, aber nein, sie machte einen Abschwung nach rechts! Plötzlich fiel es mir wie Schuppen von den Augen, erzählt hatte man es mir schon: Etwa bei 300 bis 320 km/h kippte die Fw aus der Steilkurve zur anderen Seite ab. Vorsicht also im Tiefflug mit Steilkurven im niedrigen Geschwindigkeitsbereich! Gewusst wie, konnte es aber auch in größerer Höhe eine klasse Abwehrbewegung gegen feindliche Jäger sein.

Jetzt die nächsten Probierübungen, das Männchen! Ziehen mit steigender Schnauze in den Himmel, bis der Fahrtmesser 0 anzeigte und die Maschine über den Schwanz nach hinten abrutschte. Ein blödes Gefühl, bei dieser Höhe, aber gefahrlos. Jetzt Orientierung aufnehmen und ab zum heimatlichen Horst. Halt, Trudeln fehlt noch. Was wollte ich nun? Trudeln rechts oder links, das weiß ich nicht mehr. Also wurde Trudeln einfach links geübt! Fahrt wegnehmen, den Knüppel leicht anziehen, dann immer mehr, bei einer Minimumfahrt Knüppel an den Bauch in die rechte Ecke und das Seitenruder voll nach links austreten. Das Flugzeug bäumte sich auf und drehte nach links weg. Schön die Ruderstellung beibehalten, bis man meint, jetzt ist es genug. Alle Ruder in Normalstellung bringen und leicht andrücken. Siehe da, die Maschine befindet sich sofort im Steilflug nach unten. Leicht am Knüppel ziehen und dabei etwas Gas geben. Leicht und elegant folgte meine 190 meinen Ruderbewegungen. Jetzt aber ab zum Horst Budweis.

Karte auf die Knie und vergleichen. Verflixt, Kartenbild und Wirklichkeit kamen nicht in Übereinstimmung! Wo befand ich mich? Wieder schraubte ich mich höher, bis 4000 Meter erreicht waren. Schnell blickte ich mich um. Da, im Nordwesten eine hufeisenförmige Gebirgsformation. In Richtung Osten schloss sich ebenfalls eine größere Erhebung an, die nächste ging in Richtung Südsüdost. Das war meine Orientierung! Vor mir das Fichtelgebirge, rechts das Erzgebirge und da der Oberpfälzer Wald und der Böhmerwald. Verflixt, war ich weit nach Norden abgekommen! Da machte sich die höhere Geschwindigkeit der Fw 190 mit ihren durchschnittlich 500 km/h gegenüber der 87 mit ihren 280 km/h bemerkbar. Rund 120 Kilometer bis zum Heimathorst. Im leicht angedrückten Gleitflug mit 550 Anzeige am Staudruck war er in 13 Minuten zu erreichen. Das war eine Sache! Richtig leicht fühlte ich mich, und etwas übermütig wurde ich auch. Kumulusberge türmten sich vor mir auf. Erhard, dachte ich, zum Abschluss nun noch durch so einen Berg. Schon war ich drin. Ganz ruhig sollte es nun doch nicht sein. Mit dem Blick auf die Instrumente bemerkte ich plötzlich eine ganz ordentliche Bockigkeit in diesem Wolkengebilde. Es wurde heller, nur die Sichte fehlt mir noch. Was war passiert? Vereist war meine 190, und wie! Sogar die vier Zentimeter dicke Panzerscheibe vor dem Pilotensitz hatte den Kälteeinbruch nicht überstanden. Etwa zehn Minuten brauchte ich noch, um meine Frontscheibe klar zu bekommen. Wie man doch gerade als Flieger, trotz modernster Technik, den Naturgewalten nach wie vor ausgeliefert ist!

Nun noch schnell runter und zur Landung einschweben. Mit einer einwandfreien Dreipunktlandung konnte ich nun neben dem Landekreuz aufsetzen. Richtig stolz war ich in diesem Moment, denn viele schauten mir zu. War das nun gekonnt, Erhard, oder hattest du auch ein wenig Glück? Ich weiß es nicht. So möchte ich sagen, von jedem etwas!

Mit meiner Landung an diesem 28. März 1944 um 14.30 Uhr war mein Dienst für den Tag beendet. Nun wartete ich noch auf das Abendessen und stellte mir schon die Gesichter vor, wenn ich nicht mit zum Unterricht ging.

Das Abendessen war vorbei, und der Kommandeur bat zum angesetzten Unterricht. Ja, und der Oberleutnant Jähnert bestellte sich bei der Ordonnanz ein Bier. Noch wusste ich ja nicht, dass ich schon seit zwei Monaten Hauptmann war. Da hörte ich auch schon den Kommandeur: „Na, Jähnert, was ist mit Ihnen?“ „Hauptmann Göbel, der Unterricht ist doch nur für Nichtpiloten der 190, so habe ich das jedenfalls verstanden.“ „Sie haben die 190 doch auch noch nicht geflogen!“ „Irrtum, ich habe den Vogel schon ausgiebig durchprobiert. Bis zum Fichtelgebirge hat er mich heute schon gebracht!“ Ja, und da blieb meinem Kommandeur der Mund offen stehen. „Wieso denn das?“ „Herr Hauptmann, was der Staffelkapitän Hauptmann Opitz uns erzählt, hat meines Erachtens mit der Umschulung doch überhaupt nichts zu tun! Fällt irgendetwas aus, so soll er mir einmal erzählen, wie er das in der Luft reparieren will! Zwei Dinge gibt es nur, landen normal oder auf dem Bauch oder aussteigen.“ Kleine Pause. „Da haben Sie eigentlich recht. Lassen wir den Unterricht ausfallen und schulen morgen früh um! Hat noch jemand Fragen?“ Keine Frage stand mehr im Raum. Nun konnte zum gemütlichen Teil des Abends übergewechselt werden.

Bevor nun die Umschulung des Gros der Offiziere begann, möchte ich nochmals einige Tage zurückblenden. Mit dem 14. März 1944 waren alle Schüler meiner Staffel auf die 87 umgeschult und auf den Fronteinsatz vorbereitet worden. Neue Schüler waren avisiert – Tage sollte es aber noch dauern, ehe sie eintrafen. Diese Tage nun wollte ich meinen Lehrern und mir einen schönen Urlaub auf dem Arber gönnen. Den Spieß hatte ich angewiesen, das Nötige zu veranlassen. Anfragen in Zwiesel, ob die Arberhütte zu diesem Zeitpunkt überhaupt frei war und für wie viele Leute Quartier gemacht werden musste. Alles war am rechnen! Acht Fluglehrer konnten mit von der Partie sein. Meinen Hauptfeldwebel Noll musste ich dann erst einmal ermahnen und fragen, wen er wohl vergessen haben könnte. Meine Frau natürlich, welche zu dieser Zeit bei mir in Budweis weilte. Da die Frau eines Feldwebels ebenfalls

Das halbe Jahr an der Ostfront war von vielen Einsätzen geprägt.
Hier im Bild ein Stukapilot, der durch sein Reflexvisier, sein Ziel fest im Blick hat.

Im steilen Sturz wird die Bombe (hier zwischen den Rädern gut zu sehen) ausgeklinkt und von einer Gabel aus dem Luftschraubenkreis herausgedrückt.

Nun fällt die Bombe frei ihrem Ziel entgegen – Zeit für den Piloten, seine Ju 87 abzufangen und aus dem Abwehrfeuer zu kommen.

Ein Beispiel, wie genau eine Stuka treffen kann. Dieser schwere russische KW-I-Panzer wurde durch einen direkten Treffer völlig zerfetzt.

Ein ausgebautes Reflexvisier – kurz Revi genannt –, das in den Stukas eingesetzt wurde.

Die Kursker Schlacht im Juli 1943 wurde auf beiden Seiten mit tausenden Panzern, Kraftfahrzeugen und Flugzeugen ausgetragen. Hier ein Tiger mit einigen Infanteristen auf dem Panzr stehend, die gebannt anfliegende Stukas beobachten.

Infanterie in Bereitstellung. Manche blicken zum Himmel – in der Hoffnung, dass die Stukas ihnen den Weg frei bomben.

Die Infanterie hat in jedem Krieg am meisten zu leiden und ist über jede Unterstützung froh.

Flaktreffer in die Fläche einer Stuka. Die russische Erdabwehr war heftig, und die russischen Soldaten hatten die Anweisung, mit allen zur Verfügung stehenden Waffen auf deutsche Flugzeuge zu schießen, auch wenn die Trefferaussichten schlecht waren.

Me 109-Jäger kehren vom Feindflug zurück. Ab 1943, als die russischen Jäger immer zahlreicher wurden, benötigten die Stukas auch in Russland Jäger-Eskorten.

Hier hat es einer abgeschossenen Me 109 den Rumpf von den Tragflächen abgerissen.

Eine abgeschossene russische Il-2,
ein schwer gepanzertes und gefürchtetes Schlachtflugzeug.

Eine notgelandete und ausgebrannte Ju-87-Stuka wird von vorbeikommenden Landsern begutachtet.
Ein Landser trägt eine erbeutete russische Trommel-MPi.

Die schnittige Jak-1, ein russisches Jagdflugzeug, verlassen auf einem Flugplatz.

Diese LaGG-3 hat eine Notlandung hingelegt und wird von Landsern umlagert.

Russische Jägerpiloten haben in ihren Maschinen Platz genommen und warten auf den Befehl zum Start. Stukas hatten gegen diese Jäger (Lawotschkin La-5) nur geringe Chancen.

Der Himmel über Russland wurde ab 1943 mehr und mehr von neuesten russischen Jagd- und Schlachtflugzeugen beherrscht. Hier eine sehr schnelle Jak-9 D.

Die Focke Wulf Fw 190 wurde ab 1942 auch an der Ostfront eingesetzt und wo sie auftrat, konnte sie den russischen Jägern Paroli bieten.

Ein Flugfeld irgendwo in Russland, mit vielen Stukas belegt, die auf weitere Einsätze warten.

Eine Ju 87 D auf einer Sommerwiese. Die mächtigen Luftschraubenblätter der D-Version sind hier gut zu sehen. Sie konnte bis 1600-kg-Bomben tragen, hing dann jedoch „wie eine reife Pflaume“ in der Luft, wie es im Fliegerjargon hieß. Durch das Gewicht war sie also sehr langsam und träge.

Eine weitere Ju 87 D von vorne. Über der Knickstelle sind die zwei Ausschussöffnungen der starren MG 17 Bordwaffen zu erkennen.

Stukas sauber aufgereiht und von Me 109 eskortiert fliegen dem Einsatzgebiet entgegen.

Wie Raubvögel stoßen die Stukas herab.

Eine Stuka schwebt nach dem Einsatz auf ihren Fliegerhorst ein.
Das Bodenpersonal zählt die Heimkehrer und hofft, dass keine Verluste eintrafen.

WIE SIE DAS RITTERKREUZ ERWARBEN

Hauptm. Dr. PATUSCHKA — Hauptmann WALTER † — Oberleutnant RICK — Oberleutnant GEIGER

Leutnant JÄHNERT — Oberfeldwebel SPIETH

Oberfeldwebel WINNERL — Feldwebel WILL

Hauptmann Dr. Patuschka, Gruppenkommandeur in einem Nachtjagdgeschwader, hat in zahlreichen nächtlichen Luftkämpfen 23 feindliche Flugzeuge zum Absturz gebracht. Er kehrte von einem Feindflug nicht zurück. — Hauptmann Walter, Gruppenkommandeur in einem Sturzkampfgeschwader, versenkte u. a. den englischen Kreuzer „Coventry", einen Zerstörer und 20000 BRT feindlichen Handelsschiffraums. Ende Oktober 1942 fiel der bewährte Offizier. — Oberleutnant Rick, Staffelkapitän in einem Sturzkampfgeschwader, errang auf 520 Feindflügen Erfolge, die ein hohes Maß an Mut und Entschlossenheit verlangten. Anfang Februar 1943 kehrte er von einem Feindflug nicht zurück. — Oberleutnant Geiger, Staffelkapitän in einem Nachtjagdgeschwader, errang bisher 22 Nachtjagdsiege. — Leutnant Jähnert, Flugzeugführer in einem Sturzkampfgeschwader, hat sich insbesondere bei der Bekämpfung der Inselfestung Malta und Nordafrikas hervorragend bewährt. — Oberfeldwebel Spieth, Flugzeugführer in einem Kampfgeschwader, erzielte vor allem während der schweren Kämpfe um Stalingrad in Unterstützung des Heeres Erfolge, die das übliche Maß weit überstiegen. — Oberfeldwebel Winnerl, Flugzeugführer in einem Kampfgeschwader, errang im Kampf gegen die Sowjetunion Erfolge, die ebensosehr für sein blitzschnelles Erfassen der Lage wie von besonderer Tapferkeit und Kühnheit zeugen. — Feldwebel Will, Flugzeugführer in einem Kampfgeschwader, vernichtete bei seinen trotz schwerster Flak- und Jagdabwehr rücksichtslos durchgeführten Einsätzen 11 Flugzeuge am Boden sowie 18 Güterzüge und 45 Lastkraftwagen

PK-Aufn.: Kriegsberichter Gotzenberger (Sch 1),

Die populäre Luftwaffen-Illustrierte „Der Adler" brachte ein Bild von Erhard Jähnert erst in einer September-Ausgabe 1943, obwohl die Verleihung bereits im Mai 1943 erfolgte. Jähnert links in der Mitte.

Von Stukas gehetzt

Drei Sowjetzerstörer wollten die Krimküste beschießen . . .

Unlängst versuchten drei Sowjetzerstörer, die Krimküste bei Jalta zu beschießen. Von Aufklärungsflugzeugen und Einheiten der deutschen Kriegsmarine rechtzeitig entdeckt, wurden die Schiffe von der Morgendämmerung bis in den vollen Tag hinein von deutschen Sturzkampfverbänden ununterbrochen verfolgt und mit Bomben belegt, bis schließlich alle drei Kriegsschiffe ihr Grab in den Wellen fanden. Es handelte sich um den Großzerstörer „Charkow" (2600 t), den Zerstörer „Boiky" der G-Klasse (1600 t) und den Zerstörer „Sobrasitelny" der S-Klasse (1800 t), also um drei der modernsten und schnellsten sowjetischen Einheiten im Schwarzen Meer. Bild links: Der Todeskampf der aufgescheuchten Einheiten beginnt. Aufgeregt jagen die drei Zerstörer, von den Stukas gehetzt, durch das Schwarze Meer . . .

. . . da — Volltreffer! Eine Bombe hat den ersten Zerstörer mittschiffs getroffen. Das Schiff hat gestoppt und bleibt brennend liegen . . . (Bild rechts oben)

. . . mit höchster Kraft läuft ein Schwesterschiff zur Hilfeleistung auf den brennenden Zerstörer zu . . . (Bild rechts)

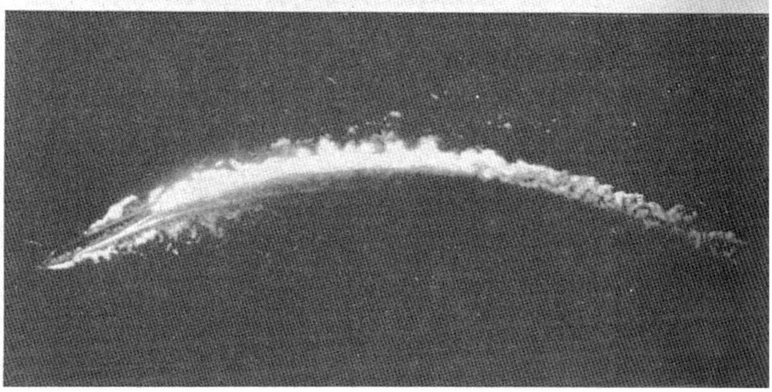

Der russische Zerstörer „Charkow" wurde erst schwer beschädigt und dann endgültig versenkt. Auch die Zerstörer „Bezposhchandny" und „Spossobny" fielen den Stukas zum Opfer.

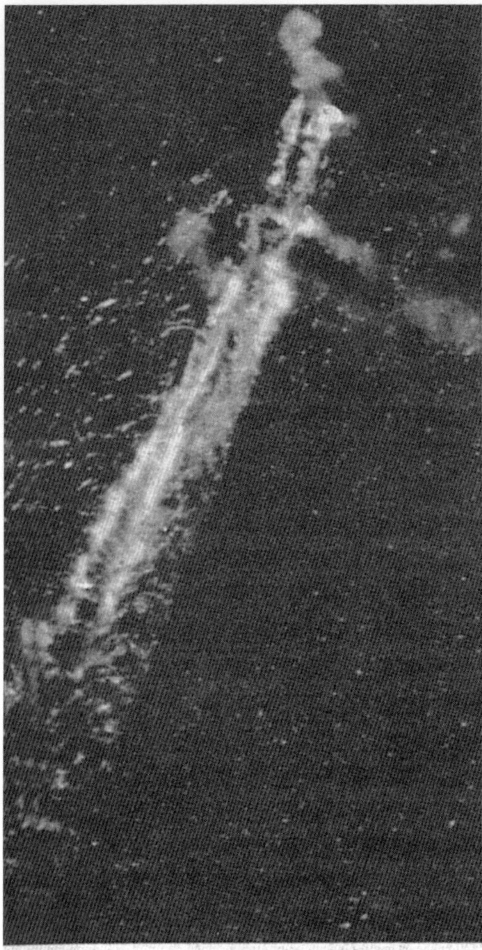

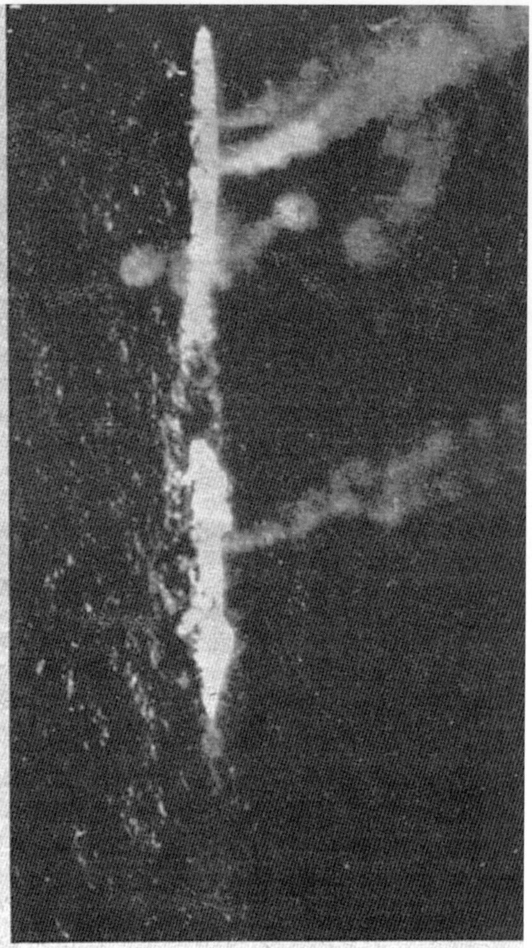

. . . der hilfeleistende Zerstörer hat sich jetzt genau längsseits des schwer getroffenen Schiffes gelegt und versucht es so abzuschleppen (Bild links) . . . Der Versuch mißlingt. Darauf setzt sich das Schwesterschiff hinter den brennenden Zerstörer, um ihn von achtern abzuschleppen (Bild rechts), aber da stoßen wieder die Stukas zu . . .

Hier konnten die Stukas noch einen großen Erfolg für sich verbuchen. Nach den schweren Verlusten hat sich die russische Flotte im Schwarzen Meer bis Mitte 1944 nur noch zurückhaltend gezeigt.

gerade in Budweis war, kam diese selbstverständlich auch mit. Zehn Personen sollten also die Reise antreten. Noch war aber nichts klar. Da kam die Nachricht, dass die Hütte belegt sei! Mist! Ein Anruf bei der Kreisleitung in Zwiesel machte die Hütte aber sofort für uns frei. So, jetzt noch die Einwilligung des Kommandeurs, die ich mangels Schüler sofort bekam.

Außer dem Spieß und dem Schreibstubenpersonal wusste nur noch keiner der Beteiligten von seinem Glück. Für mich persönlich sollte es ein Dankeschön an meine Fluglehrer sein, welche ja Tag für Tag am Start stehen mussten. Meine Herren Fluglehrer fielen aus allen Wolken und waren sofort mit Begeisterung bei der Vorbereitung. Mehrere Flaschen Schnaps und Wein gehörten mit zum Gepäck.

Der Fahrschein war ausgeschrieben und die Reise konnte beginnen. Mittags am 16. März 1944 kamen wir Fliegersoldaten auf dem Bahnhof in Bayerisch Eisenstein an. Der Fußmarsch begann. Tief verschneit war das Gebirge. Keiner trug geeignete Kleidung, geschweige denn das richtige Schuhwerk für diese Schneeverhältnisse. Forsch und mit frohem Mut begann der Marsch, doch er wurde schnell langsamer und langsamer, das letzte Stück, dem Wegweiser folgend ein Steilhang, war es nur noch ein Kriechen. Von der Hütte war keine Spur zu sehen, aber hoch oben auf der Kuppe eine Rauchfahne. Ergo musste da doch etwas sein. Einzelne fingen schon an zu unken: Kameraden, sind wir überhaupt auf dem richtigen Weg? Weit und breit war keine Hütte zu sehen. Verflixt, eine Rauchfahne ist da, also muss auch eine Hütte da sein!

Endlich waren wir dort, wo der Rauch aus einem Stückchen Schornstein kam. Schnee, Schnee und nochmals Schnee, so weit das Auge reichte. „Hier ist der Einstieg“, höre ich noch heute die Stimme meines Oberfeldwebels Ruffing. Steil ging es in die Tiefe. Der Eingang zu dieser Baude lag einige Meter tiefer. Der Schnee hatte alles zugedeckt. Gespannt wie ein Flitzebogen waren alle. Nach einer Rutschpartie abwärts standen wir endlich in der Hütte. Prima Quartier! Einfache Bettgestelle mit Strohsäcken. Verpflegung wenig vorhanden. Aber eine gute Fernsicht wäre vorhanden gewesen, wenn die Hütte nicht restlos eingeschneit wäre!

Wenigstens war es gut warm. Nass geschwitzt mit durchnässtem Schuhwerk, so standen wir da. Alex Ruffing rettete die Stimmung mit seinem Bass: „Mit Humor, mit Humor kommt einem alles leichter vor!“ Humor hatten wir mit im Gepäck, brauchten wir aber auch.

Hunger und Durst machte sich bemerkbar. Aber Proviant hatten wir ja mit! Die Kameraden und auch unsere zwei Mädchen hauten rein wie die Scheunendrescher. Gleich am ersten Abend schmolzen unsere Vorräte zur Hälfte dahin. Am nächsten Tag sähe die Welt wieder anders aus, also dann erst einmal zu Bett.

Am nächsten Morgen: ein herrlicher Sonnenschein draußen. Der Rundblick sollte der beste sein. Sonst spielte sich draußen nichts ab. Kurz neben dem ausgetretenen

Weg versackten wir schon bis zu den Hüften. Nach etwa einer halben Stunde in der freien, klaren, aber kalten Luft verkrochen sich die Kameraden wieder in der dunklen Hütte. Das heißt, dunkel war es nicht, es brannte ja Licht! Endlich war der Abend da. Die Essvorräte waren schon lange alle. Nur der Alkohol hielt uns bei Stimmung. Ein demokratischer Beschluss wurde einstimmig gefasst: Mit Anbruch des nächsten Tageslichtes Abmarsch nach Zwiesel! Nachts um 24.00 Uhr verkündete schon einer: „Kameraden, der 18. März 1944 ist angebrochen, noch einige Stunden, und wir können die gastliche Arberbaude verlassen."

Mühsam, mühsam war der Abmarsch im Trampelpfad. Immer sackte eine oder einer im Tiefschnee ein. Da kam Hanna auf die glorreiche Idee und stellte die Frage: „Wozu haben wir eigentlich unsere Koffer und Aktentaschen mit? Benutzen wir sie als Schlitten!" Schon saß auch einer auf seiner Tasche und tatsächlich, es ging! Abwärts! Vielleicht etwas zu schnell. Jedenfalls war der Steilhang geschafft, na, und im Wald ging es auch zu Fuß ganz gut.

Der Bahnhof Bayrisch-Eisenstein lag wieder vor uns, und siehe da, es verkehrte auch noch an diesem Tag ein Bummelzug nach Zwiesel.

Wo nun so schnell ein Quartier herzaubern und dann noch für zehn Personen? Einem kampferprobten Sturzkampfpiloten durfte aber nichts unmöglich sein. Im Gasthof „Zur Post" in Zwiesel kamen wir, die Stukaflieger aus Budweis, noch bestens unter. Alles klappte eigentlich wie vorher bestellt. Nur mit dem Alkohol war es äußerst schlecht bestellt. Wie aber bereits erwähnt, konnten meine Männer auch hier schnell Abhilfe schaffen.

Drei mit dem Deutschen Kreuz in Gold ausgezeichnete Piloten mit dem Oberfeldwebel Alex Ruffing an der Spitze schafften innerhalb von vielleicht zwei Stunden so viel Alkohol heran, wie wir in einer Woche mit den besten Vorsätzen nicht durch unsere Kehlen jagen konnten.

Drei volle Tage konnten wir in Zwiesel bleiben, den An- und Abreisetag nicht mitgerechnet. Schnell hatte sich der Aufenthalt von Stukapiloten herumgesprochen. Abends trafen sich dann die Alten in besonders reichlicher Zahl in der urgemütlichen Gaststube des Gasthauses „Zur Post". Ein Schwätzchen wurde gehalten, und zwar ein sehr ausgedehntes. Groß war ihr Interesse, über das Geschehen an den Fronten aus berufenem Munde etwas zu hören. Afrika, ein ferner, fremder Kontinent, erweckte eine besondere Aufmerksamkeit. Für uns, die Piloten, lag er in einer Entfernung, die an einem Tage bewältigt werden konnte. Für diese Menschen hier aus dem Böhmer- bzw. Bayrischen Wald, welche ihre Heimat in der Mehrzahl noch nie verlassen hatten, war Afrika ein fernes Land irgendwo weit, weit im Süden.

Vieles wollten die Zwieseler wissen. Bis früh morgens wurde erzählt und erzählt. Das Schlimme war wieder einmal, dass jeder einmal mit einem Ritterkreuzträger anstoßen wollte. Am ersten Abend wusste ich gar nicht, wie der Weg ins Bett geschafft wurde. Am nächsten Morgen erzählte meine Frau mir die tollsten Schauermärchen. Leider konnte ich ihr das Gegenteil nicht beweisen, ich wusste ja von nichts! Wer weiß, wofür es gut war?

Der Bürgermeister ließ uns am nächsten Tag zur Besichtigung in die Glasmanufaktur bitten. Prompt waren die Flieger da. Manch gläserner Gegenstand sollte hier seinen Besitzer wechseln. Jeder wollte selbstverständlich ein Andenken an diese Tage mit nach Hause nehmen, besonders, weil ja die Glasbläser des Böhmerwaldes weltweit bekannt waren.

Leider währte unser Aufenthalt in den gastlichen Mauern von Zwiesel nicht ewig. Eine abendliche telefonische Rücksprache mit meinem Kommandeur ergab, dass die Rückreise am 22. März 1944 angetreten werden musste. Am Vormittag blieb mir noch so viel Zeit, um mich anständig bei den Honoratioren des Ortes verabschieden zu können. Mit einem kleinen Umtrunk in Budweis wurden die wenigen Tage Freizeit beendet.

Der 23. März 1944 sah alle Kameraden pünktlich beim Dienst, und pünktlich, wie vereinbart, waren auch am 29. März 1944 alle Offiziere am Start. Zwei Focke-Wulf standen auf dem Abstellplatz. Zur Umschulung waren sie startklar gemacht worden. Wer schulte zuerst um? Natürlich der Kommandeur! Gelassenen Schrittes begab er sich, wie es einem Kommandeur gebührt, zu der 190. Nachdem ihm nochmals alles erklärt worden war, ließ er den Motor an und begab sich in Startposition. Der Startoffizier gab den Start frei. Hauptmann Göbel gab Gas und kam auch gut in die Luft. Für die nächsten 50 Minuten sollte dies die einzige Bewegung eines Flugzeuges am Boden bleiben. Fünf Minuten hätte die erste Platzrunde dauern sollen; unser Kommandeur hatte sich aber wahrscheinlich mit der Uhrzeit vertan, denn erst nach 50 Minuten berührten seine Räder wieder den Boden unserer guten, alten Mutter Erde. Noch heute nach so vielen Jahren muss ich über die damaligen Ereignisse lachen! Warum und weswegen, das sollen Sie gleich erfahren! Erst nach dieser Landung konnte der Nächste starten. Mit einigem guten Willen konnte man den Flug oder diese Flüge des Kommandeurs auch als Durchstartübungen bezeichnen.

Viele Augenpaare verfolgten den Flug unseres Kommandeurs Hauptmann Siggi (sein Spitzname). Da! Er befand sich schon im Gegenanflugsektor, jetzt im Queranflugteil. Weit hatte er die Platzrunde gewählt, hätte ich auch so gemacht, denn an die Geschwindigkeit musste man sich erst gewöhnen. Jetzt war er schon im Endanflug. Ordnungsgemäß kam das Fahrwerk raus. Siggi drückte die 190 an den Platz, vergaß aber anscheinend den Gashebel zurückzunehmen. Mit einem Affenzahn, im Fliegerjargon gesprochen, fegte er über den Platz. Durchstarten - na, konnte jedem passieren. Wieder schwebte er zur Landung ein. Und wieder ein Affenzahn, doch diesmal berührten die Räder leicht den Boden. Durchstarten. Nun musste es aber klappen! Unser Siggi hatte sich anscheinend aber schon so an die von ihm eingeschlagene

Landegeschwindigkeit gewöhnt, dass er gar nicht mehr anders konnte. Wieder ein rasanter Platzüberflug. Ja, wenn der Platz etwas länger wäre … war er aber nicht.

Da eine Stimme aus dem Hintergrund: „Alle Fliegereinheiten sich sofort mit Schippe und Spaten bewaffnen und den Platz verlängern. Beeilung bitte, nach 20 Minuten muss der Treibstoff langsam zu Ende gehen!" Eine allgemeine Heiterkeit griff um sich. Auch ich, der nächste nach dem Kommandeur, konnte mir ein leichtes Schmunzeln nicht verkneifen.

Zum fünften Mal war er jetzt durchgestartet. Bedenken ergriffen von mir Besitz. Ob alles noch gut ausgehen würde? „Sofort meine 190 klarmachen, ich hole ihn im Verbandsflug herunter!"

Hin zur Maschine, Fallschirm um und rauf auf den Sitz. Anschnallen! Schon wollte ich den Befehl zum Anlassen des Motors geben, da befand sich der liebe Siggi wieder im Erdanflug! Noch war seine Anfluggeschwindigkeit sehr, sehr hoch. Siggi dachte: jetzt oder nie! Er setzte auf. Ob er noch vor Ende des Platzes zum Stehen käme? Den Abschluss bildete ein Hochwald, spätestens da ging es nicht mehr weiter. Im Geist sah ich die Maschine schon in den Wald brausen, schloss schnell die Augen. Kein Knall? Gott sei es gedankt, der Siggi hatte seine 190 zum Stehen gebracht. Wie mir später die Warte erzählten, war er genau einen Meter vor dem Hochwald zum Stehen gekommen.

Ohne Hilfe von außen war die 190 nicht umzudrehen. Erst dann konnte zum Start zurückgerollt werden. Noch waren die Warte dem lieben Siggi behilflich, da begab ich mich aber schon in mein Staffelgebäude. Denn laut brüllen musste ich vor lauter Lachen, und das sollte mein alter Kampfgefährte auf den Schlachtfeldern Europas und Afrikas nicht sehen. Peinlich war ihm das so und so schon, mein Lachen sollte die Peinlichkeit nicht noch verstärken.

Kaum war ich in der Staffel, ein Telefongespräch für mich vom General der Schlachtflieger! „Oberleutnant Jähnert", meldete ich mich. Da die mir bekannte Stimme des Majors Jacob: „Einen Oberleutnant Jähnert kenne ich nicht!" „Sie kennen mich doch, Herr Major!" „Kenne ich nicht, der Jähnert, den ich kenne, ist ein Hauptmann Jähnert!" Da war ich doch schon seit dem 1. Februar 1944 zum Hauptmann befördert.

Nach meinen Erkundigungen war ich noch bei der Luftflotte Südrussland zur Beförderung eingereicht und wurde auch dort in den Beförderungslisten geführt. Jetzt befand ich mich aber im Heimatkriegsgebiet, und da war ich natürlich nicht aufgeführt. In der Staffel und später noch im Kasino wurde natürlich die Beförderung noch gebührend gefeiert. Wie so üblich zu meinen Lasten!

Der April 1944 war für mich persönlich eine schöne und erholsame Zeit. Gerne denke ich daran zurück. Meine Frau war mit im Protektorat hier in Budweis. Weiter weilte diesen Monat die Schwester meiner Frau zu Besuch bei uns, denn auch sie wollte Land und Leute dieses schönen Landstrichs kennenlernen. In der Einheit hatte ich wenig zu erledigen. Alle meine Mannen waren zusammen ein eingespieltes Team. Jeder hielt sich an die aufgestellten Regeln. Tote Piloten gab es nicht mehr, jedenfalls nicht mehr im normalen Schulbetrieb.

Einen Toten hatten wir wohl noch zu beklagen. Nicht im normalen Flugbetrieb, nein, bei der Einweisung eines Leutnants auf die Fw 190. Aus ungeklärten Gründen explodierte seine 190 direkt nach dem Start in etwa zehn Metern Höhe. Zurückblickend frage ich mich heute, ob das vielleicht auch schon ein Sabotageakt war. Damals allerdings dachte kein Mensch an so etwas.

So kann ich mich genau an einen Tag im April erinnern. Es war der 14. April 1944. Gerade kam ich von einem Übungsflug mit der 190 zurück. Kunstflug hatte auf meinem Programm gestanden. Da stand doch vor der dortigen Flugzeughalle ein älterer Hauptmann des Heeres. Er schaute mich an, ich schaute ihn an, da fasste er sich wohl ein Herz und fragte mich: „Herr Kamerad, kann man da nicht einmal mitfliegen? Ich bin noch nie in meinem Leben geflogen!“ Dabei blickte er mich bittend an. In diesem Moment konnte ich gar nicht Nein sagen. Für mich war er ein sympathischer älterer Herr und machte einen gesunden, frischen Eindruck.

„Wie alt sind sie denn?“ „50 Jahre“, antwortete er mir. In diesem Augenblick fasste ich den Entschluss, ihm die Schönheiten des Fliegens zu zeigen. Nachdem er mit einem Fallschirm vertraut gemacht worden war, konnte er die startklar gemachte 87 besteigen. Mit dem Gesicht setzte ich ihn in Flugrichtung. Normal saß ja hier der Bordfunker, und der blickte nach hinten. So konnte ich aber besser seine Mimik beobachten. Man konnte nie wissen, und ich wollte seinem Gesichtsausdruck gemäß meine Flugbewegungen variieren können.

Nach erfolgtem Start ließ ich meine 87 langsam, in Richtung auf den Böhmerwald zu, steigen. Das Wetter war ein Bilderbuchwetter mit bester Sicht. Schon hatte ich 2000 Meter Höhe erreicht. Keine Miene hatte mein Hauptmann bisher verzogen. Da fühlte ich einen inneren Drang, ihn zu fragen, wie es denn mit ein wenig Kunstflug wäre. Er nickte, was für mich bedeutete: Erhard, du kannst!

Weiter ließ ich meine 87 steigen, bis ich so knapp 4000 Meter erreicht hatte. Seine Mimik hatte ich im Spiegel immer vor meinen Augen. Mit einer verhältnismäßig langsamen Rolle links fing ich an. Jetzt eine Rolle rechts. Rückenflug mit einem Abschwung. Lang ließ ich die 87 schießen, um einen Turn folgen zu lassen. Mein Hauptmann verzog keine Miene! Erhard, weiter. Ein Männchen folgte. Über den Schwanz kippte die Ju rückwärts ab, und gleich ging ich in einen besonders steilen Sturzflug über. Fast auf dem Rücken liegend ging es ohne Sturzflugbremsen rasend schnell abwärts, um dann in etwas über 1000 Metern Höhe langsam und immer stärker werdend abzufangen. Einen Blick in den Spiegel werfend sah ich meinen Hauptmann kleiner werden. Seine Backen hingen nach unten. Wie er mir später erzählte, war ihm schwarz vor Augen geworden. Seine Gesichtsmuskeln hatte und konnte er auch nicht mehr in seiner Gewalt haben. Jetzt war ich zufrieden. Unfein zwar, aber es war so – der Übermut der Jugend. Nun zum Platz zurück, um mit einem Rundflug über Budweis den Flug zu beenden.

Schon über Budweis fiel mir doch ein, dass ich noch keinen Looping gemacht hatte! Gedacht, und gleich folgte die Ausführung. Leicht andrücken, ziehen und Vollgas, der erste Looping war fast vollendet, gleich noch einen, und so sollte es weitergehen, bis auch der 15. Looping vollendet war. Ja, ja, der jugendliche Übermut, immer wieder brach er durch. Mit einer butterweichen Landung fand der Rundflug sein Ende.

Nach der Landung schaute ich meinen Kameraden von der anderen Waffengattung erstmals an! Er drückte mir freudig erregt die Hände. Dieses einmalige Erlebnis müsse er gleich noch an diesem Abend seiner Frau mitteilen.

Für einen Nichtflieger muss gerade dieser Flug mit den mannigfaltigen Flugfiguren in einem Sturzkampfflug ein besonderes Erlebnis gewesen sein. Dieser Kamerad des Heeres wird sich bestimmt in den späteren Jahren öfters an dieses für ihn sicher einmalige Erlebnis erinnert haben. Ich für meinen Teil hatte die Befriedigung, einem Menschen eine wirkliche Freude bereitet zu haben.

Als ich abends nach Hause kam – wir hatten, wie schon gesagt, die Schwester meiner Frau zu Besuch –, sagte doch meine Frau zu mir: „Du, heute machte doch einer über der Stadt Loopings, der hörte gar nicht mehr auf. Das muss vielleicht ein Blödmann sein, dabei machte er auch noch so einen Krach!“ „Ja, mein Schatz, der Blödmann war dein dir angetrauter Gatte.“ „Das sieht dir auch ähnlich!“ Anstatt eines Lobes so eine Antwort. Fliegerlos …

Mit meinem Flugzeugoberfeldwebel Glas machte ich schon manchmal einen Spaziergang zu der am Platz vorbeifließenden Moldau, um dienstliche Belange des technischen Dienstes zu besprechen. Die Moldau führte gerade, durch die Schneeschmelze im nahen Böhmerwald bedingt, Hochwasser. So blieb es nicht aus, dass wir auf Wildwasserfahrten zu sprechen kamen. Da sagte doch mein Oberfeldwebel zu mir: Herr Hauptmann, sollen wir nicht einmal so eine Fahrt hier auf der Moldau machen?“ „Haben Sie denn solche Fahrten schon gemacht?“ „Keine Bedenken, Herr Hauptmann. Habe schon andere Gewässer befahren. Faltboot mit allem Zubehör habe ich hier. Wir können gleich losfahren!“

Der Gedanke gefiel mir. „Ja, dann man los!“ Während der Oberfeldwebel sein Faltboot holte, leistete ich noch einige Unterschriften auf der Schreibstube. Wieder ab zur Moldau; es waren ja kaum 200 Meter. Mein Oberfeldwebel war auch schon da. Das Einsteigen begann. Spritzdecke um und befestigen. Paddeln sollte ich nicht, denn das wollte Glas, als erfahrener Wildwasserpilot, allein erledigen. Schon saßen wir in seinem Faltboot, und mein Oberfeldwebel stieß vom Ufer ab. Zur Mitte des Stromes sollte unsere Reise gehen, leider ließ die enorme Strömung dies nicht so schnell zu. Weiter stromabwärts befand sich ein Wehr, und das wollte mein Wildwasserspezialist doch noch einmal vorher bei dieser gewaltigen Strömung in Augenschein nehmen. Ergo wieder ran ans Ufer. War mir auch bedeutend lieber. Dieses kurze Ablegemanöver kostete uns einen Stromkilometer.

Wieder festen Boden unter den Füßen, ging es etwa 500 Meter stromabwärts auf Erkundung, denn hier war das Wehr. Schon vorher hörten wir das Wasser rauschen. Etwa eineinhalb Meter stürzten die Wassermassen über das Wehr in die Tiefe. In der Mitte des Stroms befand sich aber eine Öffnung, welche für flößendes Holz gedacht war, und diese wollten wir als Durchfahrt benutzen. Eine Kleinigkeit, meinte mein Wildwasserspezialist. Na ja, so dachte ich, mit ein wenig Gottvertrauen könnte es zu schaffen sein!

Wieder rein ins wackelige Boot, und schon gleich riss uns auch die Strömung mit. Mein Oberfeldwebel Glas paddelte zwar mit ganzer Kraft, nur die Flussmitte haben wir nie erreicht. Auf halber Strecke zur Flussmitte lagen wir quer zur Strömung. Das Wehr war da, wir natürlich auch, nur nicht an der richtigen Stelle. Mit einem eleganten Schwung kippte nun unser Boot in seiner ganzen Länge über das Wehr. Nicht eineinhalb, nein, doch mehr in Richtung zweieinhalb Meter rauschten wir in die Tiefe. Die Landung konnte keiner von uns verfolgen. Um uns nur eine sprudelnde Gischt. Unser Bootskörper war in der Mitte zusammengeklappt, von Schwimmen keine Rede mehr. Rette sich wer kann, lautete die sofortige Parole. Schwimmend, mit der Gummihaut in der Hand, so erreichten wir das Land bzw. Ufer. Etwa 200 Meter vom Wasserfall entfernt, genau gegenüber des Haupteinganges der Wache, stiegen wir an Land. Wie begossene Pudel standen wir da. Meinen Oberfeldwebel ließ ich stehen und sagte nur: „Glas, Sie sind doch ein Spitzenwildwasserfahrer!“ Da sagte mein Oberfeldwebel doch noch: „Herr Hauptmann, das war Pech, sonst hat es immer geklappt!“ Trotz der Misere musste ich ob dieser Worte herzlichst lachen.

Mit einem Lächeln im Gesicht grüßte ich die Wache, dann ging es ab zu meiner Einheit. Der Spieß musste mir erst mal trockene Kleidung beschaffen. Mit der Uniform eines Gefreiten kam er an. Machte nichts! Nun rasch auf mein Motorrad und ab in meine Wohnung nach Budweis. Umziehen und wieder zum Platz, denn ich musste am gleichen Tag noch nach Olmütz und zurück.

Alles war wieder im Dienst eingespannt. Die Ausbildung lief mal wieder auf vollen Touren. Hierzu gehörte nun auch der Dienst am Boden, das Benehmen als Infanterist im Gelände mit Beherrschung der entsprechenden Waffen. Ja, und was soll ich dazu sagen, mit meiner infanteristischen Ausbildung und meinem infanteristischen Können war es nicht zum Besten bestellt. Ausgerechnet da passierte es. Die Inspektion von oben kam. Nicht die fliegerische Leistung und das Können waren Gegenstand der überraschenden Besichtigung, nein, ob der Staub auf dem Spind weg war, ob die Knöpfe an der Uniform richtig saßen, ob der Schlips richtig gebunden war und ähnliche Scherze.

Ich traute meinen Ohren nicht: Auch ich wurde vor versammelter Mannschaft gerügt. Laut Kleiderordnung für Offiziere musste unter dem Ritterkreuz ein schwarzer Binder getragen werden, der fehlte natürlich bei mir. Im vorgeschriebenen Anzug durfte ich mich wieder melden.

Jetzt hatte ich für diesen Tag gerade Geländedienst angesetzt. Die Materie, von der ich die wenigste Ahnung hatte. Zwei Staffeln unterstanden zu diesem Zeitpunkt wieder einmal mir. Der Herr Oberst und mein Kommodore wollten sich diese meine Geländeübungen ansehen. Zu meinem Glück hatten sie erst noch eine andere Staffel bei Schießübungen in Augenschein zu nehmen. Im Eilmarsch verließ ich mit meinen etwa 300 Soldaten den Kasernenraum. Marschieren, marschieren, bis ein geeignetes Tarngelände erreicht wurde. Mein Befehl: „Alles für die nächsten zwei Stunden in volle Deckung, wehe, einer lässt sich blicken!“ Selbstverständlich verschwand auch der Kapitän für die nächsten Stunden.

Keinen Oberst und keinen Kommodore hat die Einheit zu Gesicht bekommen. Die Herren uns natürlich auch nicht!

Beim Mittagessen im Kasino wurde ich nach meinem Übungsort gefragt. „Mit den Staffeln habe ich auf Sie gewartet, Herr Oberst!“ Das konnte er nicht verstehen, uns nicht gesehen zu haben. Die Hauptsache, ich habe es verstanden!

Endlich am späten Nachmittag rauschte mein Oberst mit seinem Fahrer und Wagen wieder in Richtung Prag ab. Er mag ja sonst ein verdienstvoller Mann gewesen sein, hier aber hat er sich wie ein Spinner benommen!

Wie sonst immer lief der normale Dienstbetrieb. Nicht mehr so ganz auf Hochtouren, aber er lief. Der Kalender zeigte den 24. Mai 1944. Um 07.30 Uhr war ich an diesem Tage erstmals mit einer 190 gestartet. Sie kam aus der Werft und musste überprüft werden. Nach der Landung eine kleine Korrektur und nochmals schnell in die Luft. Um 08.30 Uhr war ich schon wieder am Boden. Die Maschine war klar. Da kommt doch eine Meldung durch: Feindflugzeuge im Raum nördlich des Böhmerwaldes gesichtet. Nicht viele, zwei bis drei Stück sollten es sein. Meine Fw 190 standen noch auf dem Abstellplatz und wurden gerade betankt. Eine davon war voll munitioniert, ergo gerade richtig für mich. Ich rein in den Jäger, und Punkt 10.55 Uhr verließ ich den Platz in Richtung Nord-Nordwest. Mit voller Motorenleistung ließ ich meine 190 mit dem Kennzeichen der Nr. 2 steigen. Der Höhenmesser stand auf 3000 Metern, jetzt schon auf 3500. Schnell Atemmaske auf, um mit frischem Sauerstoff bis auf 5000 Meter zu steigen. Meine Augen suchten den Raum um mich nach sich bewegenden Zielen ab – nichts! In der Ferne das Fichtelgebirge, aber auch da war nichts zu sehen. Große Kreise ziehend schwenkte ich nach Süd-Südost, aber auch hier nichts! Eine Verbindung mit meinem Platz kam aus Gott weiß was für

Gründen nicht zustande. Was machen? Noch warten? Erneut suchten meine Augen den Luftraum vor, hinter, über und unter mir ab – nichts! Was blieb übrig? Zurück zum Heimathorst. Fragende Gesichter blickten mich nach der Landung an. Ein Achselzucken war meine stumme Antwort.

Noch zwei Flüge mit der 87, welche aber nur der Kontrolle der Luftbewegungen dienten. Dann ging der 24. Mai 1944 ohne besondere Vorkommnisse zu Ende.

Der 25. Mai 1944 holte Versäumtes der letzten Tage nach. Früh eine Notlandung außerhalb des Platzes mit einer Fw 190. Am Mittag eine Notlandung mit einer 87. Zum Glück stand mir ein Fieseler Storch zur Verfügung, der mir ermöglichte, schnellstens an der Unfallstelle zu sein. Menschenleben waren nicht zu beklagen. Die 190 hatte eine glatte Bauchlandung gemacht, der Pilot der 87 hatte sich seinem Fallschirm anvertraut. Die 87 hatte Totalschaden.

Mitte Juni Verlegung nach Deutsch-Brod. Noch immer wurden Piloten auf der 87 ausgebildet, aber mehr und mehr verlagerte sich der Schwerpunkt auf den schnelleren Maschinentyp Fw 190. Die Ausbildung wurde auf die Schlachtfliegerei umgestellt.

Noch war gehörte die 87 nicht ganz zum alten Eisen. Nicht weit vom Platz, etwa 50 Kilometer, übte die SS. Mit scharfen Bomben sollte der angenommene Feind, 50 bis 100 Meter vor den angreifenden SS-Männern, angegriffen werden. Präzise Wurfergebnisse waren erforderlich. Jeden Tag ein Angriff nach Anforderung. Pünktlichkeit wurde hierbei großgeschrieben. Mit scharfer Munition wurde geübt! Zweimal habe ich mit einer Kette 87 den Einsatz unterstützt. Eine Belobigung der SS-Führung lag schon dem Kommodore vor.

Da erfolgte am 30. Mai 1944 ein Anruf mit der Bitte, den Angriff mit scharfen Bomben zu unterstützen. Außerplanmäßig dauerte der Flug für mich und meinen Bordfunker Oberfeldwebel Kleinert nur fünf Minuten. In fünf Minuten konnte aber viel geschehen. Die 87 mit der Nr. 81 musste als Totalschaden abgebucht werden. Der Hauptmann Jähnert und sein Bordfunker, der Oberfeldwebel Kleinert, konnten eine glatte Landung per Fallschirm rund 500 Meter außerhalb des Platzes melden.

Was war geschehen? Der Start war von mir festgesetzt. Aus irgendwelchen Gründen komme ich aber etwas zu spät zum Start. Der Erste Wart hatte die 87 schon in Startposition gerollt, meine Nummern 2 und 3 hatten ebenfalls ihre Positionen eingenommen. Ich kam an, raus aus dem VW und rein in die 87. Fallschirm umschnallen und Gurte festziehen. Dabei fragte ich den Ersten Wart: „Alles in Ordnung?" „Jawohl, Herr Hauptmann", war die Antwort. Mit der rechten Hand die Haube zuschiebend, gab ich mit der linken schon Gas. Das Zeichen für meine Kettenflieger zum Formationsstart.

Bevor ich nun weiter berichte, müssen die Platzverhältnisse Erwähnung finden. Der Platz Deutsch-Brod liegt auf einer Bergkuppe. In Startrichtung am Platzende direkt eine Straße und gleich danach ein Steilhang, welcher in ein Tal führt. Wäre nicht das Tal gewesen, hätte unsere Fallschirmlandung bestimmt einen anderen Verlauf genommen.

Meine Kette fing an zu rollen und nahm Fahrt auf. Die Abhebegeschwindigkeit war erreicht und damit der Platzrand. Abheben! Da - meine 87 hing rechts. Gegenquerruder. Verflixt, das Ruder bewegte sich nicht! Schnell der Blick nach rechts, da meinte ich, mein Herz müsse stehen bleiben. Die Feststellvorrichtungen für das Querruder waren nicht entfernt. Weiter drehte meine 87 nach rechts. Mit dem Seitenruder konnte ich die Drehung etwas verlangsamen und trotzdem noch an Höhe gewinnen, da bei einer Fahrtmesserlage das Seitenruder als Höhenruder wirkte. Das Tal kam uns gerade recht. Die Tiefe des Tales verdoppelte unsere Höhe über Grund. Etwa 300 Meter müssten es sein. Da ging auch schon mein Befehl über EIV an meinen Bordfunker Oberfeldwebel Kleinert, mein Bordfunker bei allen Flügen im Operationsgebiet Mittelmeer: „Walter, aussteigen!"

So schnell waren wir noch nie ausgestiegen. Mittels Notentriegelung wurde das Dach abgeworfen, und wir nichts wie hinterher. Gedacht wurde bei dieser Handlung, eigentlich ist es eine Bewegung ohne jeglichen Denkvorgang, überhaupt nicht. Nur raus aus der sich inzwischen in Messerlage befindlichen 87. Von wegen bis drei zählen und dann die Reißleine ziehen! Kaum von der Maschine weg, habe ich auch schon gezogen. Nie konnte ich vorher ausprobieren, wie schnell die Erde aus 300 Meter im freien Fall auf einen Menschen zukommt, und ich wollte es nicht am eigenen Leib erfahren. Ein Ruck, und ich schwebte am Schirm. Meinem Bordfunker ging es ähnlich. Gerade will ich etwas Luft holen und blicke nach unten, da ist doch direkt unter mir eine Hochspannungsleitung. Die hat mir auch noch gefehlt! Mit Lichtgeschwindigkeit rasen meine Gedanken und erinnern mich, gehört zu haben: An einer Leine musst du ziehen, dann kannst du minimal steuern.

Da ziehe ich auch schon, Mist, die Fallgeschwindigkeit nimmt ja zu, sofort loslassen! Da geht es auch schon mit Haaresbreite an den Drähten der Leitung vorbei. Ehe ich nun einen Gedanken des Abrollens bei so einer Landung fassen konnte, war die Erde da. Durch Abfedern mit den Knien fing ich den Stoß auf.

Feine Sache, ging eigentlich ganz prima, so meine Gedanken. Meinen Oberfeldwebel Kleinert ging es ebenso, er war 50 Meter von mir entfernt gelandet.

Die 87 war wohl etwas früher am Boden. Totalschaden! Ein Wagen vom Platz kam uns abholen. Beim Kommodore konnte ich melden: „Besatzung Hauptmann Jähnert mittels Fallschirmlandung vom Flug zurück. Besondere Vorkommnisse: Ju 87 Totalschaden!" Meine vorher angegebenen fünf Minuten Flugdauer muss ich korrigieren. Mein Flugbuch weist nur drei Minuten aus!

Meine Frau fiel bald in Ohnmacht, als ich ihr von diesem Flug berichtete. Am Abend musste natürlich gleich ein anständiger Trunk zur Brust genommen werden. Der Morgen kam, und damit machte sich bei mir ein nie gekannter Muskelkater bemerkbar. Nur mit äußerster Willensanstrengung konnte ich überhaupt das Bett verlassen. Da traf mich die Erkenntnis, dass die Springer doch recht hatten mit dem Abrollen beim Aufsprung. Eine Woche hatte ich mit dem größten Muskelkater meines Lebens zu kämpfen.

Einen besonderen Dank stattete ich bei dieser Gelegenheit meinen Fallschirmwarten ab. Denn auf deren ganz besonders sorgfältige Arbeit war der Pilot in so einem Falle angewiesen. Meist liefen diese Männer als notwendiges Übel meiner Einheit mit. Jedenfalls stärkte meine Anerkennung diesen Kameraden wieder einmal gewaltig das Rückgrat. Hierbei sei erwähnt, dass eine Anerkennung nur so viel wert ist wie das Ansehen und der Ruf der Person, die das Lob ausspricht. Ohne mir nun selbst ein Lob auszusprechen, mein Ansehen im Geschwader rangierte mit ganz oben.

Am dritten Tag nach meinem Aussteigemanöver bestieg ich erstmals wieder eine 87. Alles klappte bestens, nur das Ein- und Aussteigen bereitete mir noch einige Schwierigkeiten. Nach vier weiteren Tagen war aber vom Muskelkater nichts mehr zu spüren. Der Dienst ließ alles vergessen!

Damit hatte der Unfall seinen Abschluss aber noch nicht gefunden. Die Suche nach dem Schuldigen begann! Vorerst wurde erst mal ein Tatbericht zum Kriegsgericht, welches sich in Prag befand, eingereicht. Als erster Schuldiger wurde der Erste Wart genannt, und als zweiter Schuldiger der Pilot Hauptmann Jähnert – er hätte vor dem Start die Maschine überprüfen müssen. Letzteres stimmte sogar. Den Schuldigen nun sollte das Kriegsgericht ermitteln sowie das Strafmaß bestimmen. Als Grund, warum auch der Pilot beschuldigt wurde, wurde seitens der Luftflotte General Wever angeführt, welchem kurz vor Kriegsbeginn Ähnliches passiert war. Nur fanden General Wever und seine Besatzung dabei den Tod. (Am 25. August 1944 werde ich auf dieses Thema zurückkommen. Mein Flug zum Kriegsgericht nach Prag!)[3]

Noch befinden wir uns im Juli 1944. Der Dienst nahm mich voll in Anspruch. Flugbenzin sollte und musste eingespart werden. Entsprechender Unterricht soll die praktischen Flugstunden ersetzen.

Da kam doch eines Tages, es war Ende Juli oder Anfang August, mein Spieß Hauptfeldwebel Noll mit einem Brief zu mir, welcher in etwa folgende Anschrift trug: „An den Staffelfliegerkapitän der 9. Staffel“. Kurz der Inhalt: „Ich erwarte von dem Obergefreiten XY ein Kind. Seitdem ich es ihm sagte, lässt er sich nicht mehr sehen. Meinem Vater getraue ich es nicht zu sagen. Ein uneheliches Kind, undenkbar für ihn. Bitte, Herr Staffelkapitän, helfen Sie mir, dass der Obergefreite XY wieder zu mir zurückkommt.“

Für mich war es eine Ehrensache, eine sofortige Klärung herbeizuführen. „Spieß, bringen Sie mir den Obergefreiten sofort her!“ Dieser kam und war ganz verdattert, was sein Staffelkapitän alles über ihn wusste. „Geben Sie zu, das Mädchen zu kennen?“ „Jawohl, Herr Hauptmann.“ „Na, das ist ja schon etwas. Ein deutscher Flieger drückt sich nicht vor seiner Verantwortung. Zwei Wege gibt es: Sich dazu bekennen und zahlen oder aber heiraten. Ist das klar?" „Jawohl, Herr Hauptmann." „Sind Sie derjenige?" „Jawohl, Herr Hauptmann." „Haben Sie ein Bild von ihr?" „Jawohl, Herr Hauptmann." „Dann mal schnell her damit." Und mein Obergefreiter XY haute ab, um schnellstens wieder zu erscheinen. Das Bild zeigte ein wirklich hübsches Mädchen in den besten Jahren. „Ist es eine Deutsche?" „Jawohl, Herr Hauptmann." „Na, ich an Ihrer Stelle würde gar nicht lange überlegen, ich wüsste, was ich täte!"

„Spieß, fertigen Sie einen Marschbefehl zu den Eltern des Mädchens aus." „Und Sie", sagte ich zu dem Obergefreiten, „kommen mir heute Abend wieder zurück, und zwar zu mir in die Wohnung. Bringen ein Schreiben vom Vater mit, wobei das Mädchen bestätigt, dass Sie auch da waren. Dann erzählen Sie mir ausführlich, was es gegeben hat, klar? Vergessen Sie aber nicht, Ihre beste Uniform anzuziehen!" „Jawohl, Herr Hauptmann!" „Versuchen Sie nicht, mich hinters Licht zu führen! Sonst fährt morgen der Spieß hin und klärt die Sache, das hat dann aber Folgen für Sie. Ab!"

Mein Obergefreiter kam wie befohlen. Alles erzählte er. Weniger mir, meine Frau fragte ihn aus und wollte alles ganz genau wissen. Wenige Tage später hörte ich, dass der Obergefreite um eine Heiratserlaubnis bat, die er natürlich sofort von mir bekam. Die Familie sollte doch baldmöglichst perfekt sein.

Gegen Mitte August des Jahres 1944 ging ein Raunen durch das Geschwader. Über eine bevorstehende Verlegung wurde gemunkelt. Da bekam ich vom Kommodore den Auftrag, die Verlegung des Geschwaders vorzubereiten. Für mich hieß das, die Orte der Zwischenlandungen in Augenschein zu nehmen und alles Notwendige, besonders die Betankung, zu klären. Bevor ich mich aber mit einer Fw 190 auf den Weg machen konnte (im Laufe des Monats September sollte die Verlegung stattfinden), erhielt ich eine Einladung vom Kriegsgericht, mich am 25. August 1944 dort einzufinden. Mit einer 87 unter dem Hintern startete ich an besagtem Tage um 09.10 Uhr von Deutsch-Brod nach Prag-Rusin. Eine kurze Flugstrecke, in 30 Minuten wurde sie zurückgelegt.

Die Verhandlung war eine Farce. Der Geschehensablauf wurde eingehend rekonstruiert und lang und breit durchgekaut. Fazit: Hauptmann Jähnert bekam acht Tage Stubenarrest und der Wart vier Wochen verschärften Arrest. Der Flottenchef musste aber noch zustimmen, bevor das Urteil rechtskräftig wurde. Die Zustimmung für den Hauptmann Jähnert wurde nicht erteilt. Begründung: Die Strafe sei zu gering. Ein neuer Termin war anzuberaumen. Zum gegebenen Zeitpunkt berichte ich weiter.

Mangels Treibstoff wurde die fliegerische Ausbildung mehrfach gedrosselt. Für mich war es der Zeitpunkt, den General der Schlachtflieger an sein Versprechen zu erinnern, mich wieder an die Front zu versetzen. Mein Ansprechpartner beim General der Schlachtflieger war mein ehemaliger Kommandeur und jetziger Ia beim General Major Jacob. Meine ursprüngliche Aufgabe an der Stukaschule Deutsch-Brod hatte ihre Erledigung gefunden. Tote Piloten gab es nur noch in den seltensten Fällen. Ganz ohne würde es aber in der Fliegerei nie abgehen. Da stürzte mal wieder einer zu tief und vergaß das Abfangen. Der andere wollte besonders glänzen und bekam beim Schießen auf Bodenziele Bodenberührung. Weiter könnte ich so noch einiges anführen.

Für mich stand jedenfalls nach der Rücksprache mit meiner obersten Dienststelle fest, dass ich mit der nächstbesten Gelegenheit meine Versetzung zur Front erhalten würde. Wie ich aus den Reden von Major Jacob heraushörte, konnte auch eine Versetzung zur alten Gruppe klappen. Mir wäre das am liebsten, besonders, da auch meine alte Gruppe schon Mitte des Jahres auf die Fw 190 umgeschult hatte. Die Umschulung fand in Pardubitz statt, wo ich auch eine Gelegenheit fand, sie dort zu besuchen. Im April 1944 musste die Krim aufgegeben werden, und die Gruppe verlegte über Rumänien nach Pardubitz in der Tschechei. Am 1. Juli 1944 ging sie nach der Umschulung als III. Gruppe im Schlachtgeschwader 3 an die nördliche Ostfront.

Da fiel mir noch eine kleine Begebenheit bei meinem Besuch ein. Für diesen Flug hatte ich mir eine 87 mit Sirenen ausgewählt. Rasant wollte ich mich in Pardubitz anmelden. Zu diesem Zweck flog ich in 3000 Metern Höhe an, um in der Mitte meines Sturzfluges in etwa 1500 Meter Höhe die Sirenen zuzuschalten. Die Sirenen sollten tüchtig aufheulen und die Kameraden da unten aus der Mittagsruhe aufscheuchen! Alles klappte prima, bis ich die Sirenen zuschaltete. Ein kurzer Jammerton und dann Grabesruhe. Verflixt, was war denn jetzt los? Bei der Landung merkte ich es. Die Hydraulik war ausgefallen, was die Landung einer 87 als äußerst schwierig gestaltete, da ich den Schwanz nicht herunterbekam.

Kurz und gut, meine zwei Sirenen hatten sich vom Fahrwerk losgerissen und hatten sich im freien Sturzflug auf direktem Kurs zur Erde begeben. Eine davon, mit ihrem Gewicht von etwa 50 Kilo, war circa drei Meter neben einem sich sonnenden Feldwebel ins Erdreich eingeschlagen. Wie leicht hätte das schiefgehen können! Der Pfeifton alleine hatte den Feldwebel aus dem Schlaf gerissen. Was war ich froh, dass das glimpflich abgegangen war, denn mein Gewissen war ja nicht rein.

Weiter vermisste ich meinen alten Staffelkapitän Eyer, er wartete auf Abholung mit einer Maschine aus Dresden. Das erledigte ich dann auch noch und konnte ihn wohlbehalten nach Pardubitz holen. Diesmal kam mir das Ritterkreuz zugute, denn in Dresden war Fliegeralarm und man wollte mir keine Starterlaubnis geben. Ein Ordensträger konnte aber selbst entscheiden, und so entschied ich mich für den Start. (In der Luft fühlte ich mich jedenfalls sicherer als auf dem Boden.)

Der Kalender zeigte den September des Jahres an. Das Schulgeschwader sollte nach Hohensalza im Warthegau verlegt werden. Befehlsgemäß flog ich mit einer Focke-Wulf die Strecke ab. Da traf ich doch in Breslau beim Mittagessen auf dem Platz der Kriegsschule einen früheren Katschmarek von mir, aus der Zeit in Nordafrika, als ich noch Oberfeldwebel war: meinen Oberleutnant Hertrich. Hier war er Inspektionschef, nur immer noch Oberleutnant. Etwas dumm schaute er wohl, als er mich so als Hauptmann wiedertraf. Viel geändert hatte sich an unserem Verhältnis aber nicht, denn damals war ich als Oberfeldwebel auch schon sein Vorgesetzter, wenn auch nur in der Luft. Na, und am Boden haben wir eben nachgeholt.

Mitte Oktober kam dann auch meine offizielle Versetzung zur Front; wieder als Staffelkapitän zur alten Gruppe. Diesmal sollte diese Staffel aber mit Spezialabschussvorrichtungen für Raketen zur Panzerbekämpfung ausgerüstet werden. Weiter sagte mir Major Jacob, welcher mir die Nachricht übermittelte, dass im Mai 1945 dann ihre Staffel als erste Staffel auf eine Düsenmaschine zur speziellen Erdbekämpfung umgeschult würde.

Bevor ich nun dem Schulgeschwader 102 den Rücken kehre, komme ich nicht umhin, zwei herausragende Ereignisse zu schildern. Da wäre als Erstes die Misthaufenlandung und dann ein Wetterflug mit Folgen.

Man muss sich doch manchmal fragen, wie dieser oder jener auf diesen Posten bzw. in diese Dienststellung gekommen war. So war dann auch ein Oberleutnant Staffelführer im Schlachtgeschwader 102. Das Schulschlachtgeschwader 102 bestand aus zwei Gruppen mit je drei Staffeln. Dieser besagte Oberleutnant erhielt vom Kommodore den Auftrag, einen Oberst von der Flotte in Prag abzuholen. Zur Verfügung stand ihm eine Focke-Wulf 58 Weihe. Eine wunderschön zu fliegende zweimotorige Reisemaschine mit einer Reisegeschwindigkeit von etwa 230 km/h. Die Maschine kam gut vom Platz weg und auch zum Platz zurück. Nur mit der Landung sollte es nicht so klappen!

Deutsch-Brod - ein Platz wie zu damaliger Zeit: kreisrund. Ein einzelner Misthaufen, in der Größe von etwa zehn mal zwanzig Meter und eineinhalb Meter hoch, lag genau am Platzrand. Für alle anfliegenden Flugzeuge in keiner Weise ein Hindernis! Oder doch? Jawohl, für unseren Oberleutnant war es eines. Vorschriftsmäßig fuhr er sein Fahrwerk aus, nur dann musste er mit Blindheit geschlagen worden sein. Sein Aufsetzpunkt war genau die Mitte des Misthaufens. Fazit? Fahrwerk und noch so einiges kaputt. Da die Landegeschwindigkeit bei diesem Maschinentyp sehr niedrig war, ging die Rutschpartie nur bis zum Ende des Misthaufens, wo die Maschine dann nach unten kippte. Kilometerweit alles frei, aber der Misthaufen musste es sein.

Dies war sein Kunststück Nummer 1. Jetzt kam bald das Kunststück Nummer 2, nur das sollte er nicht mehr überleben.

An das Kunststück Nummer 1 dachte schon niemand mehr. Unser Staffelführer ging in Heimaturlaub nach Nürnberg, um in den geheiligten Stand der Ehe zu treten. Viel Zeit wurde ihm vom Kommodore nicht gelassen, nach acht Tagen musste er seinen Dienst wieder antreten. Ein Raum in einem ehemaligen Kloster diente seiner jungen Frau und ihm als Unterkunft. Schon drei Tage weilte das junge Ehepaar in den Mauern der Stadt Deutsch-Brod, und noch war unser Oberleutnant kein Mal geflogen. Da wird ihn wohl sein junges Weib auch mal gefragt haben: „Sag, musst du nicht auch ab und zu fliegen?“ Der nächste Tag brach an. Auch ich trat gerade meinen Dienst als Staffelkapitän und Gruppenkommandeur an. Da hörte ich doch, wie eine 87 startete. Erst traute ich meinen Ohren nicht, konnte es denn wahr sein? Draußen dichter Nebel, welcher aber nur bis etwa 20 Meter über den Boden reichte. Darüber war bestes Flugwetter! Bei dieser Wetterlage, so die Erfahrung hier am Platz, müsste sich der Nebel in etwa zwei Stunden aufgelöst haben.

Meine sofortige Nachfrage bei der Flugleitung ergab: Unser besagter, jung getrauter Staffelführer war zu einem Wetterflug gestartet. Meine augenblickliche Reaktion zum Adjutanten: „Der kommt im Leben nicht heil herunter!“ Sofort ließ ich meine 87 startklar machen. Der Oberfeldwebel Konsorke sollte mich begleiten. Nur im Verbandsflug konnte ich diesen Nichtkönner herunterlotsen. Kaum in der Maschine, schaltete ich das Funkgerät ein, um meine ersten Anweisungen zu geben. Da kam schon von unserer Bodenstelle durch: Flugzeug abgestürzt, Pilot tot.

Meine Ahnung hatte mich nicht betrogen: Seine Maschine hatte ihn besiegt. Eigentlich sollte es umgedreht sein, aber dazu war er leider nicht geschaffen. Wie sollte ich nun seiner jungen Frau diese Nachricht überbringen? Keiner hatte sie kennengelernt. Auf meinen Kommodore wollte ich diese unschöne Aufgabe abwälzen. Der antwortete aber nur: „Sie sind sein Gruppenkommandeur!“ Ja, und damit hatte ich den schwarzen Peter. Endlich meldete sich ein Schüleroffizier, welcher ihr einmal vorgestellt worden war. Dieser Oberleutnant sollte ihr nun die Nachricht übermitteln. Der hatte so etwas aber noch nie gemacht. Ergo musste ich doch mit.

Nun war es bekannt, dass die junge Frau ihren Mann gegen Mittag auf dem Weg ins Kasino treffen wollte. Die Wache meldete: Frau X hat den Kasernenbereich vor etwa fünf Minuten verlassen. Mit meinem Schüleroffizier rein in den Wagen und hinterher. Schnell hatten wir sie eingeholt und stiegen neben ihr aus. Mein Begleiter begrüßte sie sofort und stellte mich vor. Seine Konversation begann ungefähr folgendermaßen: „Gnädige Frau, wie geht es Ihnen? Schönes Wetter heute. Nach dem anfänglichen Nebel gar nicht zu erwarten! Ihr Mann ist mit dem Flugzeug unterwegs, muss aber bald landen!“ Ja, und dann war Pause. Mein Oberleutnant knallte die Hacken zusammen und starrte die Dame an, verlor aber kein Wort! Spätestens in diesem Moment ergriff die junge Frau ein Ahnen. Für mich der Zeitpunkt, nun etwas zu sagen. Der Mist, den mein Oberleutnant bis dato verzapft hatte, war wohl die mieseste Einleitung zur Überbringung einer Todesnachricht.

Was blieb mir übrig? Direkt mit der Wahrheit musste ich jetzt die junge Frau konfrontieren. „Gnädige Frau, eine traurige Pflicht führt mich zu Ihnen! Ihr Gatte Oberleutnant … ist von seinem Wetterflug nicht mehr zurückgekehrt. Getreu seinem

Fahneneid gab er sein Leben für sein Volk." Bis Fahneneid kam ich noch, da fiel die junge Frau in eine anscheinend wohltuende Ohnmacht. Gerade konnte ich sie noch in meinen Armen auffangen.

Mit Müh und Not konnte ich die Frau im Wagen zu ihrer damaligen Wohnung bringen. Hier in ihrer Wohnung aus der Ohnmacht aufwachend, wollte sie unbedingt zu ihrem Mann. Sie wollte ihn sehen, um Abschied zu nehmen. Für mich ein sehr verständlicher Wunsch, leider musste ich ihn ihr verwehren. Das Aussehen ihres toten Mannes hätte sie erneut in Ohnmacht versetzt. Nur an der Erkennungsmarke war er zu identifizieren. Den Oberleutnant ließ ich bei der Frau, da ich Angst hatte, sie würde bzw. könnte sich etwas antun. Außerdem wollte sie unbedingt immer noch zu ihrem Mann, und das musste auf jeden Fall verhindert werden. Sie sollte ihren Oberleutnant so in Erinnerung behalten, wie er sie am Morgen verlassen hatte. Ein Schicksal hatte sich erfüllt, nur die Zeit blieb nicht stehen!

Der Oktober 1944 neigte sich langsam seinem Ende zu. Die Verlegung des Geschwaders zog sich in die Länge. Ich war schon auf dem neuen Platz Hohensalza. Meine Frau war Mitte Oktober zu meinen Eltern nach Sachsen abgereist. Da kam für mich der Befehl, mich am 30. Oktober 1944 in Udetfeld zwecks Einweisung in die neue Waffentechnik einzufinden. Noch hatte ich aber Sachen in Deutsch-Brod. Mit einer am Platz befindlichen Siebel 204, meinem Motorrad im Gepäckraum, meinem alten Bordfunker Oberfeldwebel Konsorke auf dem Kopilotensitz, ging es zurück nach Deutsch-Brod.

Mit einer 87, es sollte mein letzter Flug auf diesem Muster sein, und einem zweiten Piloten auf dem hinteren Sitz flog ich nach Udetfeld. Der zweite Pilot flog noch am gleichen Tag das Flugzeug zurück in die Tschechei. Und ich? Ich machte mich mit den Herren bekannt, insbesondere mit denen, welche mir die neue Waffentechnik vermitteln sollten.

Zur Panzerbekämpfung wieder an die Front
Zeitraum: 31. Oktober bis 16. November 1944

Der 31. Oktober 1944 sah mich schon an den Maschinen, den Focke-Wulf 190, um mich mit den Geräten zum Abschuss der Panzerfaust aus der Luft vertraut zu machen.

Der 1. November diente noch der Theorie, der 2. November 1944 dafür der praktischen Flugübung mit der Fw 190. Die Treffergenauigkeit war frappierend. Jeder Anflug musste mindestens einen abgeschossenen Panzer zurücklassen. Die Vorbedingung dafür war allerdings der Anflug im ungefähren Winkel von 30 Grad. Das Zünden der Raketen sollte dann im Abstand von etwa 60 Metern vom Zielobjekt erfolgen. Da immer Fächer von sechs Raketen zum Abschuss kamen und diese eine Fläche von circa 15 Meter Breite mal 30 Meter Länge betreuten, war die Treffsicherheit garantiert. Standen mehrere Panzer in diesem Zielgebiet, war die Vernichtung von zwei und sogar drei Panzern möglich. War ein Objekt von einer größeren Angriffsfläche vorhanden, in der Form etwa eines Schnellbootes, so konnte die Abschussentfernung größer gewählt werden. Weiter musste diese auch noch der Geschwindigkeit angepasst werden. Man brauchte sich nur eine Anfluggeschwindigkeit von 800 bis 900 km/h vorzustellen, was in der Sekunde einen zurückgelegten Weg von 220 bis 250 Metern beinhaltete. Später werde ich auf diese Anfluggeschwindigkeiten nochmals zu sprechen kommen. Die V0 bzw. Anfangsgeschwindigkeit der Rakete ist immer gleich der Geschwindigkeit des Flugzeuges im Moment des Abschusses. Meist habe ich meine abgeschossenen Raketen gleich nach dem Abschuss überholt und konnte so im steilen Hochziehen die Treffer kontrollieren.

Jede Fw 190 wurde mit zwölf Raketen bestückt, unter jeder Fläche sechs Stück. Der Pilot konnte jetzt wählen, entweder alle zwölf Raketen auf einmal zu zünden, oder nur einen Fächer von sechs Stück. Letzteres bedeutete einen zweiten Anflug. War natürlich ein zweiter Anflug wegen zu großer Abwehr nicht ratsam, wurden je nach Objekt eben alle zwölf auf einmal gezündet.

Mit sechs Übungsflügen war für mich in Udetfeld die Umschulung gelaufen. Bevor ich mich aber in Richtung Bromberg zur Übernahme einer entsprechend ausgerüsteten Fw auf den Weg machte, hatte ich den 3. November 1944 zur eigenen Verfügung.

Was machte ein Flieger mit einem ganzen freien Tag? Tagsüber trieb er sich auf dem Platz herum, und abends ging er ins Städtchen Hindenburg. Noch war es nicht so weit. Mein Interesse galt der Me 163, dem ersten Raketenjäger der Welt. Der damalige deutsche Kunstflugmeister Hauptmann Falterbaum schulte die Piloten auf diesen Typ um. Da das Fahrwerk sofort nach dem Start abgeworfen wurde und die Landung ohne jeglichen Antrieb auf Kufen erfolgte, sollte jeder Pilot eine Segelfliegerausbildung durchgemacht haben. Bei mir waren alle Vorbedingungen gegeben. Na, und diesen Vogel wollte ich eben auch noch mal schnell fliegen. Mit diesem Typ sollte nur auf Sichtweite eines anfliegenden Bomberverbandes gestartet werden. Die enormen Flugleistungen dieses ersten Raketenjägers der Welt machten den Start auf Sichtweite eines Verbandes auch möglich.

Den halben Tag verbrachte ich auf dem Platz, um mich mit dem Kameraden Falterbaum zu unterhalten. Dabei erzählte er mir von den Erfahrungen mit diesem Wundervogel. Treibstoff wäre für zehn Minuten vorhanden. Den Schub rein, abheben und Fahrwerk weg, am Knüppel ziehen und in einer Minute war die 163 auf einer Höhe von 10 000 Metern. Schub raus und runtersegeln bis auf 500 Meter. Schub wieder rein, um in einer Minute wieder auf 10 000 Meter oben zu sein. Praktisch kann man neunmal diese Höhe vom Boden aus erreichen. Weiter erzählte mir Hauptmann Falterbaum, die Horizontalgeschwindigkeit läge bei weit über 1000 Stundenkilometern. Bis an die Schallgrenze muss er herangekommen sein, denn er berichtete mir, dass wenn er den Schub weiter wirken ließe, ein Punkt käme, an dem die 163 gewaltig zu schütteln anfinge, und da habe er den Schub herausgenommen. Die Angst habe sich bemerkbar gemacht. Die Schallmauer wurde angeknabbert. Da für diesen Tag keine 163 mehr verfügbar war, vereinbarten wir meinen Start auf der 163 für den 4. November 1944.

Wie so oft im Leben traf aber wieder einmal zu, dass der Mensch denkt und Gott lenkt. Abends im Kasino übergab mir die Ordonnanz ein Fernschreiben. Sofort nach Bromberg in Marsch setzen, eine 190 mit der Raketenabschussvorrichtung übernehmen und nach Gutenfeld in Ostpreußen bei Königsberg fliegen. Dort melden und neue Anweisungen abwarten! Mist, nichts war es also mit der Umschulung auf dem ersten Raketenjäger der Welt. Ordonnanz, einen doppelten Steinhäger!

Am nächsten Tag befand ich mich wie befohlen schon auf der Eisenbahn mit Fahrtrichtung Bromberg. Um 15.05 Uhr erfolgte dann der Start mit einer fabrikneuen Fw 190 mit der Werknummer 583434 nach Gutenfeld in Ostpreußen. 44 Minuten später erfolgte dann die Landung. Noch in der Luft, befanden sich meine Gedanken schon am Boden. Was würde mich hier erwarten? Wie würde es weitergehen? Da der Einwinker! Abstellen vor einer Flugzeughalle.

Da stand doch tatsächlich ein Empfangskomitee! Angehörige meiner alten Gruppe warteten da, nahmen eine stramme Haltung an und grüßten mich! Wer war da nur alles erschienen? Mir fielen sofort die alten Haudegen auf, wie Oberfeldwebel Ilgenfritz, Oberfeldwebel Löffler, Unteroffizier Girke, Hauptfeldwebel Kühn, Oberleutnant Naumann (ein Schüleroffizier von Deutsch-Brod), und noch einige andere wackere Mannen der alten Sturzkampffliegerei. Jetzt aber erst einmal den Motor abstellen und raus aus dem Bomber. Mit Handschlag begrüßte ich erst einmal meine alten

Kameraden. Sie waren es, welche mich die langen Jahre von Anbeginn des Krieges immer begleitet hatten.

Nun ließ ich mir gleich berichten. Die gesamte 8. Staffel befand sich hier in Gutenfeld. Keiner wollte mit seiner Sprache herausrücken. Dann begannen meine alten Feldwebel, mit denen ich doch früher im gleichen Dienstrang Seite an Seite gestanden hatte, mir ihr Herz zu offenbaren. Aufgelöst werden sollte die Staffel, wahrscheinlich stand ein Erdeinsatz bevor. Trotz bestens ausgebildetem Personal konnten schon seit Langem keine Leistungen mehr verbucht werden. Ein mieser Staffelkapitän war der eigentliche Grund, dessen größte Leistung im Saufen bestand. Noch heute frage ich mich, wieso Nieten dieser Art nicht entfernt wurden. Jetzt waren alle froh, denn ich sollte die Einheit übernehmen. Das hatten sie gerade heute in Erfahrung gebracht. Ein Aufatmen ging durch die Reihen. Diesen besagten Oberleutnant lernte ich nur kurz kennen: ein dem Alkohol verfallener Mann. Kein Wunder! Alle, so wie wir waren, nahmen mit vollstem Vergnügen einen zur Brust, nur nicht von früh bis spät!

Mehr und mehr Leute der alten Stukatruppe tauchten auf und begrüßten mich. Allen schüttelte ich persönlich die Hand. Hier noch eine Klarstellung: Jetzt handelte es sich um die 8. Staffel der III. Gruppe im Schlachtgeschwader 3. Da kam doch ein Major auf mich zu; mein alter und mir gut bekannter Major Tchirtsch. Wie alte Freunde schüttelten wir uns die Hände. Seit Malta war er mir bestens bekannt. Er war damals Hauptmann und Chef der Stabskompanie der Gruppe, ich Oberfeldwebel und Flugzeugführer. Als Leutnant, Staffelkapitän und stellvertretender Gruppenkommandeur war er mir schon des Öfteren direkt unterstellt. Wir verstanden uns bestens. Seit diesen zurückliegenden Tagen verband uns sogar eine gewisse Freundschaft.

Da übergab mir der Major ein Schreiben der Flotte mit der Order, sofort die Staffel zu übernehmen und nach Eintreffen der neuen zwölf Fw 190 mit der neuen Ausrüstung die Staffel nach Frauenburg zu überführen. Am 14. November 1944 waren endlich meine zwölf Fw da. Der 15. November 1944 diente der genauen Überprüfung unter Aufsicht meiner alten Oberfeldwebelgarde, denn jetzt wurde es ernst. Mein und meiner Piloten Leben und unser aller Erfolg hingen von ihrer Verlässlichkeit ab, und ich wusste, dass auf diese Kameraden Verlass ist. Am 16. November 1944, um 10.00 Uhr, starteten dann zwölf Fw 190 mit dem Zielhafen Frauenburg, Ost-Nordost von Libau in Lettland.

Noch schrieben wir aber den 4. November 1944, und noch keine Stunde war es her, dass ich hier gelandet war. Noch zehn unbeschwerte Tage, ehe alle zwölf Flugzeuge mir zur Verfügung standen. Zehn Tage mit nur Mist im Kopf. Ein Hauptmann Findeisen, ein Jäger, auch Ritterkreuzträger, sollte sich mir auf dem Flug anschließen. Ein Kumpel, der zu uns passte. Ich darf nicht weiterschreiben, ohne die Tage in Gutenfeld richtig zu würdigen! Erwähnen muss ich zum Beispiel noch, dass nicht nur in meinem Kopf so wirre Gedanken des Unsinns kreisten, nein, der Unsinn kreiste in allen Köpfen. Ständig heckten wir Neues aus, das wir nun mal wieder veranstalten könnten. Der Fliegerhorst in seiner Gesamtheit musste für die Scherze der wenigen Schlachtflieger und des einzelnen Jägers herhalten. Heute noch zaubert sich ein Lächeln auf mein Gesicht, wenn ich an diese Tage denke. Gerade vorhin sagte meine Frau zu mir: „Na, Vater, du schmunzelst ja so?" Na ja, alles braucht auch sie nicht zu wissen!

Bevor ich nun ein Stückchen zum Besten gebe, muss noch gesagt werden, dass die gesamte Staffel mit von der Partie war. Vom Spieß ließ ich die Parole ausgeben: Schnaps ist Schnaps und Dienst ist Dienst. Obwohl ich die Staffel noch nicht übernommen hatte, hörte trotzdem jeder auf mein Kommando. Erst am Tage, wenn alle Fw da wären, wollte ich mich offiziell vorstellen und die Staffel übernehmen. So hatte ich jedenfalls bis dahin noch einige moralische Freiheiten.

Der 5. November 1944 war eigentlich der Tag, mit dem alles seinen Anfang nahm. Der Spieß kam zu mir mit der Bitte, eine Bescheinigung zum Empfang von Marketenderwaren zu unterschreiben. Selbstverständlich bekam er von mir die entsprechende Bescheinigung. Sechzig Soldaten waren zwar im Moment von der Staffel hier in Gutenfeld anwesend, die Sollstärke betrug aber 180. Na, und über diese Sollstärke bekam er die Bescheinigung. Freudestrahlend zog mein Spieß Hauptfeldwebel Kühn ab. Nach einer Stunde stand er schon wieder vor mir. „Herr Hauptmann, der Inspektor hat mir nur für 50 Mann Ware gegeben." „Was? Kühn, ich habe 180 Mann bescheinigt!" Mein Kühn sofort: „Der Inspektor zweifelt die Bescheinigung an." „Na, Kühn, dann wollen wir dem Inspektor ganz schnell den Glauben an die 180 Soldaten beibringen."

Erstmals musste ich dem Kameraden Inspektor wieder militärische Manieren beibringen. Die jetzt folgende Strafpredigt belehrte ihn sofort, dass meine Einheit aus 180 Personen bestand. Er könne froh sein, nicht in meiner Gruppe zu sein, und zum anderen lüge ein Ritterkreuzträger nie. Seine Reaktion bestand nur aus der lapidaren Antwort: „Jawohl, Herr Hauptmann."

Mein Spieß griente und zog schnellstens mit dem Alkohol für seine 180 Fliegersoldaten ab. Ruhig blieb es am Abend in der Einheit. Nichts hatte der Spieß von den Alkoholitäten verteilt. Am nächsten Tag, dem 6. November 1944, kam er zu mir und überbrachte mir seine Einladung zu einer Staffelfete in der Unterkunftsbaracke. Im Namen der Staffel wollte er den Hauptmann Findeisen ebenfalls dazu einladen! Noch fühlte ich mich als Gast und feierte entsprechend mit. Jeder wusste, ist die letzte Fw eingetroffen, ist es auch mit der Gemütlichkeit vorbei. Ein Flieger muss die Feste feiern, wie sie fallen. Und heute war so ein Tag.

Für 16.00 Uhr des Tages hatte der Spieß geladen. Das Mittagessen war vorbei, und ich machte mit dem Fahrrad eine Verdauungstour. Da sah ich sie schon kommen, die

Trecks der evakuierten Einwohner der Gebiete um Insterburg, Goldap, überhaupt aller Gebiete östlich und nordöstlich von Königsberg. Die Kinder in Hitlerjugenduniform mit Holzpantinen an den Füßen. Die Transportmittel bestanden aus Handkarren und Pferdefuhrwerken. Kein motorisiertes Fahrzeug begleitete den großen der Küste zustrebenden Zug dieser Menschen.

Automatisch kamen mir da so meine Gedanken. Ob das wohl alles noch gut gehen würde? Zweifel waren mir gekommen und blieben im Unterbewusstsein hängen. Trotzdem, oder gerade jetzt erfüllten wir getreu unserem Fahneneid unsere Pflicht, die wir unserem Volke gegenüber zu haben meinten, mit dem Glauben für eine gute Sache unser Leben in die Waagschale zu werfen.

Noch stand es aber nicht so ernst für uns. Der Spieß hatte geladen, und so sollte erst mal tüchtig gefeiert werden.

Punkt 16.00 Uhr startete der Hauptfeldwebel Kühn seine kurze Begrüßungsrede, welche mit einem Hoch auf die 8. Staffel im Schlachtgeschwader 3 endete. Wohl oder übel musste ich nun auch meinen Senf dazugeben. Die schönen Seiten des Soldatenlebens erwähnte ich nur, die schlechten ließ ich wohlweislich weg, denn keiner wusste, was das Morgen brachte. „Und so wollen wir das Heute nochmals tüchtig genießen. Zum Wohl, Männer der 8!“

Und damit begann das Schlucken. Die Stimmung wurde besser und besser. Der eine oder andere hatte noch einiges zum Besten zu geben. Die richtige Hochstimmung wollte aber nicht aufkommen. Kein Besoffener – das war eigentlich gut so, trotzdem, etwas mehr Stimmung könnte schon sein. Dann urplötzlich war die Stimmung da, praktisch von einer Minute zur anderen.

Was war die Ursache? Der Spieß flüsterte es mir zu. Kunsthonig hatte er heiß gemacht und den alkoholischen Getränken beigemischt. Wie der Blitz aus heiterem Himmel, so setzte die Wirkung ein. Die Kameraden gingen mehr aus sich heraus. Eine Frage stand im Raum: Was konnten wir noch veranstalten? Die Dienststellen des Horstes mussten herhalten. Damit begannen wir mit dem Fliegerhorstkommandanten, einem Oberst Wagner.

Unteroffizier Girke musste herhalten. Dienstlicher Befehl, sofort den Oberst anrufen! Was er sagen sollte, wurde vorher eingehend besprochen. Die Tat folgte: Der Oberst meldete sich. Der Unteroffizier Girke: „Hallo, Herr Wagner, hier spricht Unteroffizier Kurzrohr. Wie geht es dir? Alles in Ordnung? Na, dann freue dich!“ Hörer auf die Gabel. Jetzt die Vermittlung. Lauter Mädchen am Apparat. Die Stimmen waren das richtige für ein Soldatenherz. Da meldete sich gleich ein anderer: „Kameraden, die müssen wir besuchen!“ Der Idee folgte natürlich sofort die Ausführung. Kameraden, auf in den Vermittlungsbunker. Ohne Jacken und jeglicher Dienstgradabzeichen machten wir uns auf in den Vermittlungsbunker. Die Mehrzahl der Mädchen freute sich über unseren Besuch. Einigen unserer Kameradinnen freute der etwas laute Besuch anscheinend nicht so ganz. Denn vor dem Mittagessen des nächsten Tages meldete sich unser Horstkommandant zu Wort! Da wäre doch gestern eine Schweinerei passiert, ihn hätte man laufend aus dem Bett geklingelt, auch die Vermittlung sei immer gestört worden. Da hat doch dann auch noch ein Umzug durch den Vermittlungsbunker stattgefunden. Ein Gefreiter mit einem Ritterkreuz wäre auch dabei gewesen, und so noch einiges. Er vermutete, dass das nur die Schlachtflieger gewesen sein könnten. Dann gleich die direkte Frage an Major Tchirtsch: „Herr Tchirtsch, was haben Sie dazu zu sagen?“ Unser Major konnte natürlich von nichts wissen, er war ja nicht dabei gewesen. Seine Frage an mich: „Hauptmann Jähnert, wissen Sie etwas davon?“ Ich konterte sofort: „Herr Major, Herr Oberst, ich muss mir diese Anschuldigungen verbitten! Hunderte nichtstuender Leute bewegen sich hier auf dem Platz, und wir, die Schlachtflieger, sollen das getan haben? Unmöglich! Weitere Anschuldigungen darf ich mir verbitten!“ Mit einem Seitenblick auf meinen Jagdfliegerkameraden, der ja mit von der Partie gewesen war: „Da sind ja auch noch die Jäger da!“ Kumpel Findeisen fiel aus allen Wolken. Den Mund brachte er noch auf, nur kam kein Ton heraus.

So endete das nette Erlebnis der Schlachtflieger für unseren Horstkommandanten Oberst Wagner ohne jegliche Aufklärung. Es war auch gut so! Unser Major Tchirtsch fragte mich später: „Na, Jähnert, Sie wissen doch mehr?“ „Na klar, wir waren doch diejenigen, und was meinen Sie, Herr Major, was die Kameraden für einen Spaß hatten!“

Die Tage vergingen, aber der Unsinn in unseren Köpfen blieb. Da war für mich das Problem Nummer zwei: das Telefonieren! Schließlich wollte ich einmal mit meinen Angehörigen sprechen. Ging aber nicht. Bei jedem Gespräch nach außen, das heißt, nach außerhalb des Fliegerhorstes, schaltete sich sofort die Vermittlung ein und fragte nach dem Grund des Anrufes. Auf meine Frage, ob das auch für Ritterkreuzträger gelte, wurde mit „ich weiß nicht“ geantwortet. „Ja, dann verbinden Sie mich einmal mit Ihrem Nachrichtenoffizier.“ Da meldete sich sofort ein Major. Von ihm verlangte ich sofort eine Leitung ins Reich und die Freigabe meines Apparates von dieser Auflage. Er könnte wohl von einem Ritterkreuzträger nicht verlangen, jeder Nachrichtenhelferin erst seine Gründe des Telefonats auseinanderzusetzen, oder? Fazit: Mein Apparat wurde sofort für alle Verbindungen freigegeben. Jetzt kamen meine Herren Offiziere und auch einige meiner Oberfeldwebel mit der Bitte, einmal telefonieren zu dürfen. Wer konnte da schon Nein sagen? Bei meinen alten Oberfeldwebeln ging das nicht, da wir von Anbeginn des Krieges bis dato immer gemeinsam an der Front gestanden hatten. Bei den jüngeren Offizieren musste ich öfter Nein sagen.

Bei der zurzeit herrschenden Stimmung zwischen fliegendem Verband und Horst war das nächste Ärgernis schon vorprogrammiert. Fliegeralarm wurde gegeben! Omnibusse fuhren vor und die Angehörigen des Horstes stiegen ein, um das Weite zu suchen. Für die Angehörigen der Verbände standen die Bunker zur Verfügung! Um uns war es auch nicht schade, wir konnten ruhig einmal eine Bombe aufs Haupt bekommen. Da sagte ich nur zu meinem Kameraden Ritterkreuzträger Hauptmann Findeisen: „Du, das sind aber komische Zustände hier! Denen werden wir die Suppe versalzen. Wir haben keinen Sprit zum Fliegen, und die hier fahren spazieren! Du sperrst das Tor nach draußen, und ich jage die Leute hier alle in die leeren Bunker.“ Den Beschluss setzten wir sofort in die Tat um. Alles folgte unseren Anweisungen, keiner traute es sich, sich ihnen zu widersetzen. Nebenbei war weit und breit kein Flugzeug zu hören, geschweige denn zu sehen. Wäre etwas gewesen, so wären mein Hauptmann Findeisen und ich sofort mit zwei Fw in die Luft gegangen, denn nachdem die ersten Fw 190 durchkontrolliert waren, stand eine Rotte startklar vor der Flugleitung. Die Flugleitung wusste Bescheid, aber keine Mitteilung erreichte uns. Wo die Verwaltung des Horstes den Fliegeralarm herzauberte, weiß der Teufel. Diejenigen, die hätten eingreifen können, wussten jedenfalls von nichts.

Abends im Kasino nahmen Findeisen und ich noch einen Richtigen zur Brust. Wie Schuljungen lachten wir uns eines ins Fäustchen. Unser Horstkommandant verlor, jedenfalls in unserer Gegenwart, kein Sterbenswörtchen über diese Angelegenheit. Er sehnte anscheinend nur den Tag unseres Abfluges herbei, und dieser Tag kam schneller als angenommen.

Die Einsätze von Frauenburg (Lettland)
Zeitraum: 16. November bis 26. November 1944

Am 15. November 1944 des Abends meldete mir mein Flugzeugoberfeldwebel Ilgenfritz: „Herr Hauptmann, zwölf neue Fw 190 mit den Abschussvorrichtungen für zwölf Panzerabwehrraketen sind startklar!“[4] Somit stand der Start für den 16. November 1944 fest.

Zwei Tage vorher, mit Eintreffen meiner zwölften Focke-Wulf, hatte ich die Staffel offiziell übernommen. Die Masse des Personals war schon nach Frauenburg vorausgeschickt worden, nur wenige Leute des Spitzenpersonals blieben noch, bis auch die letzte 190 gestartet war.

Mit einem weinenden und einem lachenden Auge wurden wir verabschiedet. Das lachende Auge kam von den Herren der Kommandantur. Die weinenden, und viel lieberen Augen, gaben uns sogar Blumen in Töpfen mit. Was sollten wir armen Flieger tun? So gingen auch einmal Blumentöpfe mit auf die Reise einer Kampfmaschine.

Punkt 10.00 Uhr am 16. November 1944 hob meine Fw 190, mit dem Kennzeichen A+I, vom Boden des Flughafens Gutenfeld bei Königsberg ab. Zwölf Fw folgten mir und schlossen zu einer Formation auf. Eine davon wurde durch den Jäger Hauptmann Findeisen geflogen. Noch ein rasanter Überflug, welcher mehr den Schönen galt, und unsere Nasen zeigten auf den direkten Kurs nach dem Hafen Frauenburg. 55 Minuten später setzten meine Maschinen zur Landung an. Hauptmann Findeisen flog zu seinem Einsatzhafen Cirava. Zwölf Schlachtflieger und ein Jäger hatten ihr letztes Einsatzgebiet erreicht. Ostpreußen, unser Startgebiet, sollten wir nie mehr betreten. Meine Gedanken eilten nochmals kurz zurück und gedachten der Flüchtlinge, deren Leidensweg nur wenige Monate später erst richtig beginnen sollte.

Nach der Landung erst mal Begrüßung durch den Gruppenkommandeur Hauptmann Göbel. Danach kamen die meisten mir bekannten Offiziere, wie Oberleutnant Meyn, Oberleutnant Pöltz, beides Staffelkapitäne und mit dem Ritterkreuz ausgezeichnet. Einige der alten Kämpen, ob Offizier oder Mann, vermisste ich. Sie waren auf dem Feld der Ehre geblieben. Neue Piloten waren hinzugekommen, zum Teil solche, die bei mir auf der Stukaschule frontreif gemacht wurden.

Von den Flugzeugführern der ersten Stunde, das heißt seit Kriegsbeginn, waren mit mir nur noch drei im Einsatz; außer mir noch Hauptmann Göbel und Oberfeldwebel Benedix. Einen vierten Piloten der ersten Stunde konnte ich leider nicht mehr begrüßen. Es handelte sich um den Leutnant Kraus, auf den ich mich besonders gefreut hatte. Wir hatten die Gruppe 1938 mit aufgestellt. An meinem Ankunftstag hier in Frauenburg war er vom Feindflug nicht mehr zurückgekehrt. Wie so viele andere war auch er in fremder Erde irgendwo geblieben, seine Heimat sollte ihn nicht wiedersehen. Kurz überfielen mich da Erinnerungen gemeinsamer Streiche, in Sekundenschnelle zogen sie an mir vorbei.

Eben war ich noch ganz in Gedanken versunken, dann wurde meine Aufmerksamkeit wieder ins Hier und Jetzt gelenkt. Mir wurden die Orte genannt, welche die Gruppe seit meinem letzten Besuch in Pardubitz als Einsatzhäfen angeflogen hatte. Es waren am 3. Juli 1944 Dünaburg-Tilit und Idriza, am 11. Juni 1944 Welonen, am 28. Juli 1944 Wenden, am 7. August 1944 Laatre, am 13. August 1944 Wolmar, am 24. August 1944 Oberpahlen, am 15. September 1944 Wolmar, am 22. September 1944 Wenden, am 23. September 1944 Kangaribei Rogas, am 29. September 1944 Riga-Skirotava, am 8. Oktober 1944 Tukkum und am 9. Oktober 1944 Frauenburg, wo ich mich nun, wie zuvor erwähnt, am 16. November 1944 wieder zum alten Haufen gesellte.

Noch waren meine Gedanken auch bei dem über Feindesland gebliebenen Leutnant Werner Kraus. Werner, etwas über 1,80 Meter groß, hatte in Jever eine Freundin, welche noch größer war als er. Damit er nun draußen in der Öffentlichkeit nicht zu stark auffiel, ging er auf dem Bürgersteig und seine Freundin immer in der Schmutzrinne. Tolles Bild!

Es war 1938, beide hatten wir Urlaub. Kraus wohnte in Chemnitz, ich in Köthensdorf-Reitzenhain, elf Kilometer von Chemnitz entfernt. Meine Eltern hatten hier ein Lebensmittelgeschäft und auch schon ein Auto. Einen Citroen mit Thermokühlung ohne Wasserpumpe. Sollte der Anlasser ausfallen, was bei schwacher Batterie schon mal vorkam, so konnte der Motor mittels einer Kurbel angeworfen werden. Des Weiteren hatte er noch eine Magnetzündung. War die Zylinderkopfdichtung undicht – heute ein Werkstattbesuch mit Kosten – war das kein Problem. Zylinderkopf abschrauben, vorher natürlich Wasser ablassen, Dichtung mit den Rückständen alter Ölfarbe bestreichen. Kopf aufschrauben, Wasser einfüllen, und schon konnte wieder gestartet werden. Hielt prima! Mindestens bis zum nächsten Mal!

Werner und ich hatten uns an einem Urlaubstag verabredet. Mit dem Auto holte ich ihn ab. Von zu Hause hatte ich mich mit dem Wagen weggestohlen. Noch sehe ich meine Mutter mit drohender Gebärde hinter der Schaufensterscheibe stehen. Aber ich war weg. Ich wusste, mein Vater wollte am nächsten Morgen ganz früh zur Markthalle nach Chemnitz zum Gemüseeinkauf. Konnte er auch, denn bis dahin war das Auto längst wieder in der Garage. Dachte ich!

Stolz wie ein Spanier, so holte der Gefreite Jähnert in Extrauniform mit weißer Mütze und weißen Handschuhen sowie Fliegerdolch den Gefreiten Kraus ab. „Werner, du bist doch alter Chemnitzer. Wo ist was los?" Schließlich wollten wir zwei etwas erleben, und dazu gehörten auch ein paar dufte Mädchen. „Ach", sagte Werner, „ich kenne da hinter dem Chemnitzer Hof ein Lokal, da war immer schwer was los!"

Dann nichts wie hin. Ein Parkplatz war zu damaliger Zeit kein Problem. Kurz den Sitz der Mütze und des Fliegerdolches überprüft, und rein ins Vergnügen! Tür auf! Vor lauter Qualm konnte man kaum die Hand vor den Augen sehen, aber Remmidemmi im ganzen Lokal. Kaum waren wir drin, spielte die Kapelle den Fliegermarsch. Der Wirt kam und begrüßte uns mit den Worten: „Einen Platz für die Herren Fähnriche haben wir gerade hier noch frei. Extra für Sie reserviert!" Und was sahen unsere Augen? Mädchen in Massen! Auch fiel uns auf, dass im ganzen Lokal kein Soldat saß. „Mensch Werner, dann sind wir hier Hahn im Korb!"

Zwei Mädchen hatten wir ganz schnell an Land gezogen. Wie nun den Kameradinnen beibringen, dass wir mit dem Auto noch etwas wegfahren wollten? Ein Auto stand uns ja zur Verfügung! Damals war das noch etwas Besonderes. Bezahlen und raus. Die Mädchen hatten wir schnell richtig platziert. Ab ins Grüne – das sagten wir aber der holden Weiblichkeit noch nicht. Motor an und ab. Erst etwas geradeaus, dann eine Linkskurve, und die Hauptstraße war erreicht. Nach eineinhalb Kilometern rechts ab zum Chemnitzer Park! Halb hatten wir die Rechtskurve geschafft, da macht es hinten links Bums. Noch konnte ich den Wagen bis links an den Bürgersteig bringen. „Werner, raus, da stimmt was nicht!" Ja, da stimmte wirklich einiges nicht! Das linke Hinterrad war weg, die Achse gebrochen. Der Schwung hatte uns auf der Bremstrommel rutschend wenigstens bis zum linken Fahrbahnrand gebracht. Das geplante tolle Erlebnis hatte kaum begonnen und war doch schon zu Ende. Die zwei Mädchen waren schneller weg als eingestiegen.

An meinen Krach zu Hause durfte ich gar nicht mehr denken! Der Wagen kam am gleichen Tag noch in die Werkstatt, wo ich ihn des Abends wieder abholen konnte. Kostenpunkt? 120 Reichsmark, das war damals viel Geld. Der Monatsverdienst eines Gefreiten betrug damals 75 Reichsmark. Wir als Flugzeugführer waren etwas besser dran, wir bekamen noch 30 Reichsmark Fliegerzulage.

Doch nun zurück zum 16. November 1944, als ich mit der Staffel gerade in Kurland gelandet war. Liegeplätze für die Maschinen und Unterkünfte waren für uns vorbereitet. Vorbereitet waren aber noch nicht meine Flugzeugführer, um die neue Technik, des Abschusses von Panzern mittels Raketen, anwenden zu können.

Der nächste Tag diente der neuen Theorie und den neuen Bedienungshandgriffen, denn schließlich sollte damit etwas getroffen werden. Um zu treffen, musste gezielt werden können. Der Anflugwinkel und die Zielentfernung waren die wichtigsten Punkte. Die Tafel an der Wand und das stehende Flugzeug waren für diesen Tag das Handwerkszeug. Da noch kein geeignetes Ziel da war, sollte der 18. November 1944 Übungsanflügen dienen. Zwei Flüge konnten noch durchgeführt werden, dann kam der Befehl von der Flotte: Angriff auf russische Schiffe vor der Halbinsel Sworbe, Startzeit: 13.05 Uhr. Der Kommandeur, Hauptmann Göbel, hatte befohlen: Die 7. Staffel unter Oberleutnant Meyn flog mit leichter Beladung, um im Falle feindlicher Jäger den Jagdschutz zu übernehmen. Die 9. Staffel unter Hauptmann Bunge flog mit mittlerer Beladung. Die 8. Staffel unter meiner Führung nahm schwere Beladung auf. Das heißt, drei mal 250-kg-Bomben waren zu laden. Die Fw trug wohl diese Last, war damit aber nur mit einer trägen Ente zu vergleichen.

Die Wetterlage: minimale Sicht bis zu einer Höhe von etwa 1000 Meter. Dann eine Wolkendecke bis etwa zur Höhe von 2000 Meter.

Die Stabskette mit kleinster Beladung startete. Die Staffeln folgten im gebührenden Abstand. Die Stabskette stieg und stieg, und schon hatte die Wolkendecke sie verschluckt. Wie mit dem Messer abgeschnitten, war die Wolkenobergrenze bei ungefähr 2000 Metern Höhe durchstoßen. Ganz vorn, nur noch als Punkt zu sehen, die Stabskette. Verflixt, dachte denn keiner daran, dass ich schwerste Beladung schleppte und wie eine lahme Ente in der Luft hing? Zwanzig Minuten Flugzeit waren um, in fünf Minuten mussten wir über dem Ziel sein. Die Zeit rann dahin. Per Funk rief ich den Stab. Nichts. Waren die da vorn denn taub? Einmal, zweimal rief ich noch. Keine Antwort.

Noch flogen wir über eine geschlossene Wolkendecke, nur war die Obergrenze auf etwa 1000 Meter über Grund abgesunken. Wo bzw. in welcher Höhe lag die Untergrenze? Ich rief die Staffel, Oberleutnant Meyn. Er sollte durchstoßen, um mir die Untergrenze durchzugeben. Meyn rief zurück: „Die Zeit ist lange um, ich werfe die Bomben ab und gehe auf Heimatkurs!" Wieder rief ich, aber kein Schwein antwortete. Na wartet, zu Hause soll ein Donnerwetter über euch kommen.

Allein mit meiner Staffel befand ich mich über den Wolken. 6750 Kilo an Bomben schleppten wir unter unseren Rümpfen mit. Schiffe sollten damit auf den Grund des Meeres geschickt werden. Das Ziel war längst überflogen. Noch zeigte meine Kompassnadel Nordkurs, kein Wolkenloch in Sicht! Da – weit im Norden eine dunkle Stelle im Wattemeer der Wolken. Erhard, bis dahin, dann aber ganz schnell kehrt und ab zum Heimathorst. Die Geschwindigkeit hatte ich auf ein Minimum gedrosselt, das heißt, den Ladedruck so weit zurückgenommen, dass mit dem geringsten Spritverbrauch die größtmögliche Geschwindigkeit erzielt werden konnte. Jetzt war der Zeitpunkt da, die Staffelformation aufzulösen. In einer rechten Reihe ließ ich meine Maschinen folgen.

Der dunkle Fleck war jetzt vor mir. Angestrengt blickte ich nach unten, außer Wasser war aber nichts zu sehen. Bomben weg und auf Gegenkurs. Ab nach unten, und was war jetzt zu sehen? Nur Wasser, nichts als Wasser. Etwas mulmig wurde es mir jetzt schon. Ja nicht unnötig Gasgeben, jeder Tropfen Sprit zählte jetzt doppelt. Mit einem Ladedruck von 0,8 atü hielt ich stur meinen Kurs, und noch war kein Land in Sicht.

Da war endlich Land voraus. Die Wolkendecke ließ noch eine höchste Flughöhe von etwa 200 Metern über Grund zu. Nur die Sicht war beschissen! Küstenüberflug.

Da ein Flugplatz direkt vor mir. Russen – ein Russe in der Platzrunde, und meine Bomben weg. Ohne eine jegliche Kurve flog ich mit Südkurs weiter. Haarscharf blieb der Platz links von mir liegen. Kein Schuss fiel. Aus dem Norden kommend hatte der Russe bestimmt keine deutschen Flugzeuge erwartet. Keine noch so kleine Kursabweichung, kein Gasgeben war für mich drin, ich wollte und musste mit meinen Maschinen nach Hause kommen. Wieder ein Küstenstreifen unter mir. Da wurde mir klar, dass ich die Insel Ösel (Saaremaa) von Nord nach Süd überflogen hatte. Nur noch wenige Kilometer, und ich wäre in Finnland gewesen.

Mein Benzinanzeiger näherte sich der roten Gefahrenmarke. Ob ich noch etwas den Motor drossele? Noch konnte ich mir nicht schlüssig werden! Für weitere acht Maschinen trug ich die Verantwortung. Meine Flugzeugführer verließen sich auf mich, ich durfte sie nicht enttäuschen, denn sie vertrauten meinem Können.

Die Sicht verschlechterte sich, schemenhaft tauchte rechts von mir ein Küstenstreifen auf und folgte meinem Kurs. Da eine größere Anzahl von Schiffen, war das unser vorgesehenes Angriffsziel? Flugzeuge mit dem roten Stern tauchten links von mir auf. Sie hielten Kurs auf uns und fingen doch an, aus allen Rohren das Feuer auf uns zu eröffnen. Stur hielt ich Kurs und Geschwindigkeit bei. Nur wenige Meter zog ich die Maschine höher, um mich im stärkeren Dunst unsichtbar zu machen. Manche Leuchtspurgeschosse zogen an mir vorbei, unwillkürlich wurde der Kopf eingezogen. Die Schießerei links von mir nahm zu, an den Leuchtspurgeschossen konnte ich es ersehen. Hurra, ein Iwan rauschte brennend ins Meer. „Einen herzlichen Glückwunsch dem Schützen. Bitte melden!“ Keine Antwort. Ein Rundblick zeigte mir, dass alle meine Kameraden noch da waren.

Wieder konzentrierten sich meine Sinne voll und ganz auf die Orientierung und den Spritverbrauch. Mau, sehr mau sah es mit dem Benzinvorrat aus! Aber da musste auf meinem Kurs der Flugplatz Zabeln liegen. Belegt war der Platz zwar nicht, aber markiert sollte er sein. Wir hatten hier Winter, und eine Orientierung aus 150 Metern Höhe und mit einer Sicht von höchstens einem Kilometer trug nicht besonders zur Auffindung des Platzes bei. Der Schnee hatte sich wie ein weißes Tuch über die Landschaft ausgebreitet.

Die Kleinorientierung im Tiefstflug, schon in der Ausbildung geübt, kam mir jetzt zugute. Da eine Straße, dort die andere Straße, hier musste der Feldflughafen liegen. Er musste hier an dieser Stelle liegen, und er lag auch hier, nur konnte ich ihn nicht ausmachen. Der Schnee hatte alles zugedeckt, auch die Platzmarkierung, sofern sie überhaupt vorhanden war!

Ein Blick auf die Treibstoffuhr. Verdammt, der Zeiger befand sich schon im roten Bereich! Spätestens in 15 Minuten musste der Heimathafen erreicht sein. Die Sicht nahm rapide ab. Endlich hatte ich Funkverbindung mit meinem Platz Frauenburg. Die ersten Nebelfetzen kamen mir entgegen, aber tiefer gehen war nicht mehr drin!

„Gartenzaun (Tarnname für den Platz), Gartenzaun, hier Trabant 1, erbitte QDM." Antwort: „Zählen Sie zu meiner Abstimmung."

Ich: „Einundzwanzig, zweiundzwanzig, dreiundzwanzig bis siebenundzwanzig." Der Peiler trat mit Maximum- und Minimumpeilung in Aktion. Den Kompass ließ ich auf die mir durchgegebenen Werte sofort einspielen. Die Flugformation war jetzt eine eng geschlossene Reihe rechts. Die Sicht war bis auf 30 bis 50 Meter zurückgegangen. Die Staffel flog im Nebel, die einzelnen Flugzeuge hatten auf Sichtweite aufgeschlossen. Milde ausgedrückt: Die Situation war beschissen, beschissener ging es nicht. Für mich stand fest, dass ich unbedingt meine Ruhe behalten musste!

Eine Stimme im Funk: „Trabant 2 von Trabant 10, verpass nur den Alten nicht, wir kommen sonst alle nicht mehr nach Hause!" Ich spitzte meine Ohren – da hatte sich doch noch eine Maschine angehängt. Wie sich nach der Landung herausstellte, war es mein alter Kampfgefährte Oberfeldwebel Ruffing. Peilung auf Peilung lief jetzt ab, der Kurs stand. Da die Stimme des Mannes in der Peilstation: „Trabant 1, wir hören Motorengeräusch von Norden näher kommend. Achten Sie auf Leuchtkugeln!"

Endlich vor mir eine rote Leuchtkugel, schnell, zu schnell wieder verlöschend. „Schießen Sie die Kugeln vom Aufsetzpunkt in Landerichtung ab. Ihre Kugeln markieren den Landepunkt, aber nicht die Richtung!"

Fahrwerk raus, Landeklappen raus, so schwebte ich auf den Aufsetzpunkt in der vermuteten Landerichtung ein. Verflixt, genau quer zur Landebahn. In bedenklicher Höhe der Bäume quälte ich meine Maschine in einer engen Landekurve wieder zum Aufsetzpunkt ein, jetzt, Gott sei Dank, mit richtiger Landerichtung. Da setzte etwa 25 Meter vor mir eine Maschine mit gleicher Landerichtung auf und rollte nach links weg. Ihr Motor stand. Wenige Meter hinter ihr setzte auch ich auf, rein in die Bremsen und nach rechts weg. Motor abstellen und raus, dann hin zum Lande- und Aufsetzpunkt, wo mein Major und Platzkommandant immer noch seine Kugeln senkrecht nach oben jagte.

Dem Major die Leuchtpistole aus der Hand reißend und ihn vom Platze weisend, jagte ich Schuss auf Schuss in Landerichtung raus. Mein Herz schlug wie ein Hammer auf einen Amboss. In schwindelerregender Kürze landeten meine Maschinen. Bei noch zwei Maschinen blieb im Moment des Aufsetzens der Quirl stehen.

Eine Meisterleistung hatten meine Männer vollbracht. Die gesamte Gruppe ließ ich antreten, um diesen Piloten bei namentlicher Nennung meine Anerkennung und meinen Dank auszusprechen. Die Männer des Peilers blieben nicht unerwähnt. Der Flottenchef, General Flugbeil, sprach mir persönlich seine Anerkennung aus. Diese Belobigung gab ich natürlich weiter, denn auch unsere Techniker hatten ihren Anteil daran. Sie waren es, welche uns das Fluggerät hervorragend warteten und anvertrauten. Die Rede des Generals war ausgesprochen herzlich, denn meine Staffel war die einzige, die ihren Starthafen wieder erreicht hatte. Über den Verbleib der anderen Flugzeuge der Gruppe informierte mich der General in einem späteren Telefongespräch persönlich. Die Stabskette lag verstreut am kurländischen Strand. Ein Storch war unterwegs, meinen Kommandeur abzuholen. Die Staffel Hauptmann Bunge war auf verschiedenstem Gelände notgelandet. Die Hälfte seiner Flugzeuge musste in die Feldwerft, bis auf das von Oberfeldwebel Ruffing, welcher sich uns anschließen konnte. Die Staffel Oberleutnant Meyn war in Windau gelandet, aber für die nächsten Tage nicht einsatzklar, da der Platz restlos aufgeweicht war. Alle Flugzeuge einschließlich der Jäger im kurländischen Raum, außer meiner Einheit, waren für die nächsten zehn Tage wegen der Platzverhältnisse nicht startklar. Der Platz Frauenburg lag auf einem Geestrücken. So stellte die 8. Staffel des Schlachtgeschwaders 3 mit ihren zwölf Maschinen einschließlich der dreizehnten von Oberfeldwebel Ruffing die gesamte deutsche Luftmacht in diesem Kampfgebiet dar.

Die gemachten Führungsfehler sollten dann auch zu personellen Veränderungen führen. Mir, das heißt meiner Staffel, brachte sie den Namen „Kurlandfeuerwehr" ein, da die nächsten Einsätze nur von meiner Staffel bestritten wurden, und das mit beachtlichen Erfolgen.

Noch war aber nicht geklärt, wer von meinen Piloten den Russen abgeschossen hatte. Keiner hatte seinen Schießhebel betätigt. Getreu meinem Vorbild zog jede Maschine ohne die kleinste Ruderbewegung, denn sie hätte ja einen zusätzlichen Spritverbrauch gekostet, stur ihren eingeschlagenen Kurs. Fazit? Ein Russe hatte einen anderen Russen abgeschossen. Das war nur durch die am Ort herrschenden schlechten Sichtverhältnisse zu erklären.

Noch waren meine Piloten aber mit den Zündungen untergehängter Kleinstraketen zum Panzerabschuss nicht vertraut gemacht. Die Übungsanflüge fehlten noch. Auch hatte ich kein geeignetes Übungsobjekt gefunden.

Drei Einsätze mit vom Heer bestätigten Erfolgen flog meine Staffel noch vom Einsatzhafen Frauenburg. Trotz bester Erfolge konnte die Front nicht gehalten werden. Die Panzer waren und blieben für unsere Erdtruppen das Problem. Aber für die Lösung bzw. Linderung dieses Problems hatte ich mit meinen Maschinen die Vorbedingungen geschaffen.

Die Einsätze von Zabeln (Lettland)
Zeitraum: 26. November 1944 bis 7. Mai 1945

Der Druck der Russen gegen diesen Teil der Front wurde größer und größer. Schon wurden Fabriken geräumt, die Lager geplündert. Trotz Bewachung seitens der SS gelang meinem Burschen ein Husarenstück. Es handelte sich um ein Lager mit Gummiwaren verschiedenster Art. Irgendwie hatte auch mein Bursche Lienhard davon Wind bekommen. Jedenfalls tauchte er eines Abends mit einem großen Sack voller Gummiartikel – Tauschobjekte, wie er sagte – in der Unterkunft auf. „Mensch Lienhard, wie hast du das denn gemacht?“ „Herr Hauptmann, die SS war schon im Anmarsch, aber ich habe es noch geschafft. Ich glaube, hinter mir hergefeuert haben sie auch, nur haben sie nicht getroffen!“ So war mein Lienhard, das Organisationstalent und Sprachgenie der Einheit. Normal konnte ein jeder organisieren, aber Lienhard kannte Wege und Tricks, welche keiner je ergründet hatte.

Dann war es so weit! Frauenburg war nicht mehr zu halten und musste aufgegeben werden. Ende November verlegten wir nach Zabeln. Für mich hieß es gleich, ein geeignetes Übungsobjekt zu finden. Die Organisation Todt half mir hier aus der Patsche, sie baute einen Übungspanzer aus Holz für meine Staffel.

Für den 16. Dezember 1944 hatten sich Generalfeldmarschall Schörner und mein Flottenchef General Flugbeil zwecks Vorführung angesagt. Mit meinen drei besten Piloten führte ich meine Abschüsse vor. Vier Fw 190 mit 48 Kleinstraketen beladen, flogen pro Maschine zwei Angriffe und ließen den Holzpanzer, man konnte es kaum glauben, unbeschädigt stehen! Bei meiner Landung war keine Generalität mehr zu sehen. Sie hatte sich ins Kasino begeben. Als ich endlich auch aufkreuzte, winkte mein General schon ab. Trotzdem machte ich beim Generalfeldmarschall meine Meldung: „Herr Feldmarschall, es war nur ein Holzpanzer, sind die richtigen da, treffen wir auch!“ Die Herren winkten jetzt gemeinsam ab. Doch mein lächelnder Ausspruch sollte sich bewahrheiten!

Die nächsten Einsätze erfolgten noch mit herkömmlicher Beladung, das heißt mit Bomben. Am 21. Dezember 1944 zwei Einsätze, am 22. drei Einsätze und am 23., noch einen Tag vor dem heiligen Abend des Jahres 1944, vier Einsätze. Erfolge bestens, nur die Panzer blieben weiter das Problem Nummer eins. Der Heiligabend war da. Ein Ruhetag an allen Fronten.

Dann kam für mich mit dem 25. Dezember 1944 der Tag, der vieles ändern sollte. Kein Einsatz war von der Flotte geplant. Am Telefon verlangte ich den Ia der Flotte Oberst Hotzel, den ich um einen bewaffneten Aufklärungsflug mit zwei Fw und meinen Kleinstraketen bat. Er genehmigte ihn auch sofort. Schnell ließ ich die Maschine des Oberfeldwebel Benedix und meine eigene mit je zwölf Raketen bestücken und startklar machen. Um 12.00 Uhr erlaubte die Wetterlage den Start. Bei dem Namen Benedix darf ich nicht vergessen zu erwähnen, wie der Oberfeldwebel zu mir in die Staffel gekommen ist. Ich kannte Benedix schon von vor Kriegsbeginn. Meines Erachtens gehörte er mit zu den Besten der Gruppe. Als ich in Kurland wieder zur Gruppe stieß, flog Benedix als die Nummer drei in der Stabskette. Wir schrieben den 2. Dezember 1944, ich schlenderte so über den Platz, als mir der Oberfeldwebel Benedix begegnete, der einen niedergeschlagenen Eindruck machte. „Was hast du, Benedix? Du machst so ein mieses Gesicht!“ „Ich bin zum Restkommando nach Königsberg versetzt!“, seine Antwort. „Wer sagt denn das?“ „Hat mir gerade der Adjutant mitgeteilt.“ Mir verschlug es die Sprache. Einen der besten Piloten zum Restkommando zu versetzen, da war doch eine Schweinerei im Gange, Restkommando bedeutete im Notfall Erdeinsatz! „Dabei dachte ich, du würdest zum Ritterkreuz eingereicht!“ Erdeinsatz, da ist doch ein Pilot eine glatte Null. Man hätte besser den Adjutanten zum Erdeinsatz schicken sollen, und zwar direkt gleich hier in Kurland. In der Luft war dieser doch eine glatte Niete, der Erdeinsatz wäre vielleicht seine nicht erkannte Domäne gewesen.

Nachdem ich mich von dieser Nachricht erholt hatte, fragte ich ihn: „Benedix, wo willst du hin?“ Wie aus der Pistole geschossen kam seine Antwort: „Hierbleiben, Herr Hauptmann!“ „Na, dann bleibst du auch hier, hol deine Klamotten, melde dich beim Spieß Kühn und sage, du wärst der neue Schwarmführer in der Staffel, klar?“ „Kann ich doch nicht machen, Herr Hauptmann, der Kommandeur hat doch schon alle Papiere unterschrieben. Hier ist der Marschbefehl!“, war seine Antwort. „Benedix, das ist ein Befehl, du willst doch nicht wegen Befehlsverweigerung vor ein Kriegsgericht? Du sagst keinem etwas, nimmst deine Klamotten und haust ab. Den Rest erledige ich. Schieß mir sechs Panzer ab, und ich reiche dich zum Ritterkreuz ein!“ Seine leuchtenden Augen sehe ich heute noch, strammstehen und abhauen war eins. Na, und ich ab zur Gruppe.

Als Erstes begegnete mir der Adjutant. Sehr leger grüßte er. Das passte mir gerade so richtig in den Kram. Eine ordentliche Zurechtweisung, welche nicht von schlechten Eltern war, bekam er gleich an Ort und Stelle verpasst. Hätte er aufgemuckt, ich hätte Himmel und Hölle in Bewegung gesetzt, ihn zur Infanterie versetzen zu lassen. Mein Leutnant schaute mich etwas blöd an, aber was sollte es!

Mit der Versetzung des Oberfeldwebel Benedix hatte ich wohl meine Kompetenzen überschritten; ganz nach der Devise handelnd: Angriff ist die beste Verteidigung. Der Kommandeur verlor kein Wort über diese Angelegenheit. Was sollte mir schon groß passieren? Einsätze flog nur meine Staffel, und das mit besten Erfolgen.

Benedix und ich waren gestartet. Jede Maschine hatte zwölf Raketen unter den Flächen und eine 250-kg-Bombe unter dem Rumpf. Der Wettergott war uns gut gesonnen, er verbesserte die Lage minütlich. Noch war vor uns nur eine große weiße

Motorwechsel an einer Ju 87 B. Am Haken hängt der zu überholende Jumo-211-Motor. Aus einer Kiste geholt wartet der neue Motor auf die Montage. Auf der Kiste im Vordergrund ist schwach zu lesen: „Junkers Flugzeug- und Motorenwerke".

Motorwartung an einer Ju 87 D auf einem verschlammten Flugfeld in Russland. Ein Tankwagen bringt den ersehnten Sprit.

Einsatzbesprechung von Stukapiloten im Sommer 1943.
Der Staffelkapitän gibt bekannt, wie viele Maschinen welche Ziele anzugreifen haben.

Durch die rollenden Einsätze war auch das Bodenpersonal stark beansprucht und erschöpft, sodass auch kurze Pausen zur Erholung genutzt wurden. Hier sieht man schlafende Bombenwarte auf den Bomben, die als nächstes unter die Stukas gehängt werden müssen.

Letzte Anweisungen,
dann geht es an die Maschinen!

Anflug im ersten Morgenlicht
auf Schiffsziele im Schwarzen Meer.

Anflug über der russischen Weite. Im Herbst 1943 rissen die Russen die Initiative endgültig an sich. Die Stukageschwader wurden in Schlachtgeschwader umbenannt und zur späteren Umrüstung auf Fw 190 vorbereitet.

Bei der Ju 87 D wurde auch die Abwehrbewaffnung des Heckschützen verstärkt, der nunmehr ein Zwillings-MG 81 zur Abwehr hatte.

Dem massenhaften Einsatz von russischen Panzern musste mit allen Mitteln begegnet werden. So entstand die Idee, die Stuka mit zwei 3,7-cm-Flakkanonen auszustatten und die T-34 aus der Luft zu bekämpfen. Diese Stuka erhielt die Bezeichnung Ju 87 G.

Eine typische Angriffsszenerie, bei der T-34-Panzerrudel mit massiver Artillerieunterstützung angreifen. Da sollte die Ju 87 als „fliegende Pak" helfen. Mit den 3,7-cm-Granaten konnten die dünnen Motorabdeckungen und Turmdächer durchschlagen und so die T-34 zum Stehen gebracht werden.

Der erfolgreichste Panzerknacker aus der Luft war unbestritten Oberst Hans-Ulrich Rudel, der mit seiner Ju 87 G hunderte russische Panzer vernichtete und mit dem nur ein einziges Mal verliehenen goldenen Eichenlaub mit Schwertern und Brillanten zum Ritterkreuz ausgezeichnet wurde.

Oberst Hans Ullrich Rudel, der erfolgreichste deutsche Schl achtflieger. Er hat der Panzerbekämpfung aus der Luft neue Wege gewiesen, seine Methode zu hoher Meisterschaft entwickelt und dabei über 460 Panzer abgeschossen. Der 29jährige Schl esier führt ein Schlachtgeschwader

Rudel (links im Bild) bei Anbeginn seiner Erfolgsreihe, hier also „nur" mit dem Ritterkreuz ausgezeichnet, nimmt Glückwünsche entgegen. Rechts steht sein treuer Bordschütze Erwin Hentschel, der sehr viele Flüge mit Rudel machte und selbst am 25. November 1943 das Ritterkreuz verliehen bekam.

Spätestens 1944 wurde klar, dass die Ju 87 gegen die immer zahlreicheren Feindjäger wenige Chancen hatte. Die Focke-Wulf Fw 190 war die Nachfolgemaschine der Ju 87. Hier wird gerade eine Bombe klargemacht.

Dem Piloten der Fw 190 wird beim Anlegen des Fallschirms geholfen. Die robuste Fw 190 war eigentlich als Jäger konzipiert, doch auch sehr gut als Schlachtflugzeug einzusetzen. Unter dem Rumpf hängt eine 500-kg-Bombe.

Die Fw 190 rollt zum Start,
und die Warte winken und wünschen gute Heimkehr.

Der BMW-801-Motor muss volle Leistung bringen,
um die Maschine mit der 500-kg-Bombe in die Luft zu bekommen.

Ab November 1943 hatte Jähnert Urlaub und wurde nach Berlin befohlen, wo ihm das Kommando über die Stuka-Schule in Deutsch-Brod im Sudetenland übertragen wurde. Dort wurde noch die Ju 87 B und D geflogen, aber auch bereits die Fw 190 als Nachfolgemaschine, die Jähnert hier kennenlernte.

Hier eine Fw 190 F-8 als Jagdbomber mit untergehängter Bombe.

Jähnert, seit 31. August 1943 Oberleutnant, wird in der neuen Dienststellung als Kommandeur der Stuka-Schule bereits am 1. Februar 1944 zum Hauptmann befördert. Das muss natürlich begossen werden! Hier bei der Festansprache, neben ihm ein unbekannter Ritterkreuzträger, eventuell war er auch Stukapilot.

Erhard Jähnert im Hauptmannsrang in Deutsch-Brod,
wo er von Januar bis Oktober 1944 blieb.

Ab Ende Oktober 1944 erfolgte die Versetzung zu seiner alten Gruppe (III./Schlachtgeschwader 3), die bereits im abgeschnittenen Kurland stationiert war. Dort übernahm er eine Staffel Fw 190, die speziell zur Panzerbekämpfung ausgebildet wurde.

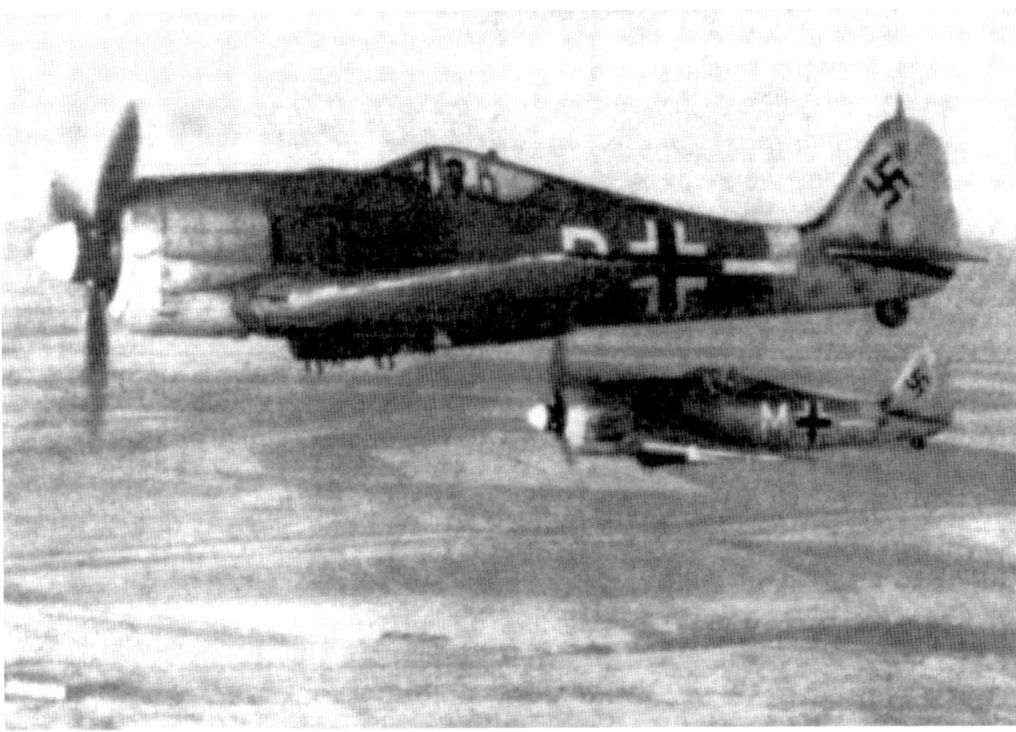

Nach „getaner Arbeit" fliegen die Fw 190 erleichtert wieder zum Fliegerhorst zurück.

Hauptmann Jähnert in einer Gruppe seiner Piloten, Ende 1944. Von links: Oberfeldwebel Gebhardt, Oberfeldwebel Benedix, Leutnant Birk, Oberfähnrich Daubner, Erhard Jähnert, Unteroffizier Haube, Oberleutnant Naumann, Oberfähnrich Töpfer, Leutnant Schmand, Feldwebel Skotti, Unteroffizier Schmitt.

Eines der letzten Bilder, die Jähnert im Einsatz zeigen. Er trägt eine Schwimmweste, denn es geht auf Schiffsziele an der Kurländischen Ostseeküste im Frühjahr 1945.

Schneelandschaft zu sehen. Die Frontlinie hatten wir in Richtung Feindgebiet schon längst überflogen. Aus einer Höhe von 2000 Metern hielt ich Umschau, immer auf der Suche nach einem geeigneten Angriffsobjekt. Endlich, da vorne tat sich etwas: eine Wegegabel mit einer kleinen Fahrzeugkolonne. Angriff nur mit der Bombe, denn das Ding wollte ich als Erstes loswerden. So, die Kreuzung hätten wir fürs Erste blockiert. Ein Lkw brannte. Mehr war im Augenblick nicht zu erkennen, aber wir mussten mehr erreicht haben. Runter aus der Höhe, Einzelheiten wollte ich sehen. Mit schwacher Motorleistung ging es wieder der eigenen HKL entgegen. Da, kurz vor der Front: Panzer fuhren in einer Senke auf. Prima, alle schön nebeneinander. Zum Angriff für uns wie geschaffen.

Meine Stimme zitterte etwas, als ich den Befehl zum Angriff mit meinen Panzerschreckraketen gab. Zwei Anflüge waren möglich, zwei Fächer von je sechs Raketen. In einem Winkel von 30 Grad flog ich die Kameraden mit Stoßrichtung deutsche Front an. Tief ging ich runter, wenige Meter vor dem Ziel löste ich meinen ersten Fächer von sechs Raketen. Mein Oberfeldwebel Benedix folgte mir wie auf dem Exerzierplatz. Zwei Panzer waren brennend auszumachen! Leicht hochziehen und zum zweiten Angriff angesetzt. Eine Abwehr war nicht zu erkennen. Wir kamen dem Iwan wahrscheinlich zu überraschend. Wieder ließen wir beim Hochziehen einen brennenden Panzer zurück.

Mit Höchstgeschwindigkeit, etwa 550 km/h, ging es zurück zum Platz. Leicht Höhe gewinnend, hatte ich bald Funkverbindung, und schon ging mein Befehl raus: „Alle Maschinen der Staffel mit Raketen beladen und startklar machen." Um 12.45 Uhr erfolgte meine Landung mit zwei Maschinen. 25 Minuten später war ich mit zwei Schwärmen, acht Flugzeugen, schon wieder in der Luft, nach 15 Minuten Flugzeit am Ziel. Maschinengewehrfeuer bereitete uns einen warmen Empfang, aber auch wir konnten damit aufwarten. Bei Angriff den Zeigefinger am Abzugshebel der Maschinengewehre und den Daumen auf dem Auslöseknopf der Raketen. Acht Flugzeuge griffen in Kiellinie an. Jede Maschine ließ einen Fächer von sechs Raketengeschossen los. Abkurven zum geschlossenen Kreis. Sobald meine achte Maschine abkurvte, war ich wieder im Anflug.

Der zweite Fächer hatte kaum die Maschine verlassen, da zog ich steil nach oben weg. Das Chaos bei den Russen war perfekt. Wieder blieben brennende Panzer zurück. Sammeln und ab zum Heimathorst. Und wieder verließ ein Funkspruch meine Antenne: „Alles klarhalten für schnellste Beladung und sofortigen Wiederstart!"

Landen, tanken, Raketen in die Abschussschienen, und schon rollten meine zwei Schwärme zum Start. Dreißig Minuten hatten meine Männer gebraucht, um acht Flugzeuge wieder am Start zu haben. Mit höchster Marschgeschwindigkeit ging es dem jetzt schon bekannten Ziel entgegen. Die Qualmwolken der brennenden Panzer zeigten schon von Weitem jedem das Angriffsziel. Ein wenig hatte sich das Angriffsziel verändert, denn einige der noch intakten Kampfpanzer hatten sich im Umfeld verteilt. Das sollte uns aber nichts ausmachen. Wir sahen sie und nahmen sie einzeln aufs Korn. Mit gespannten Gesichtern wurden die Bahnen der Raketen verfolgt. Wieder ließen wir brennende Panzer zurück. Für mich stand fest, dass der Iwan mindestens elf Panzer verloren hatte. Richtig stolz war ich auf meine Männer, ob Pilot oder Techniker.

Mit normaler Marschgeschwindigkeit und frohen Herzens flog ich mit meinen acht Maschinen der Heimat zu. Jetzt stellte sich bei mir aber doch etwas Bammel ein. Der erste Flug war zwar genehmigt gewesen, den zweiten und dritten hatte nur ich selbst genehmigt. Meine Handlung stand normalerweise nur einem Geschwaderkommodore zu. An den Erfolg denkend, wurde ich wieder ruhiger. Wie die Jäger wollten wir es den Zuhausegebliebenen aber zeigen. Wackelnd flog ich mit meinen acht Maschinen in Reihe im Tiefstflug über den Platz. Hochziehen, kurven und Landeklappen raus, Fahrwerk ausfahren, und wie an der Schnur gezogen setzten alle Maschinen sauber hintereinander auf.

Ausrollen, ab zum Liegeplatz, Motor aus und raus aus dem Sitz. Nun erst mal die Glieder strecken. Da kam schon mein Oberwerkmeister Oberfeldwebel Ilgenfritz angerannt: „Herr Hauptmann, Sie sollen sofort zum Telefon kommen und General Flugbeil anrufen!“ Mist, dachte ich, jetzt würden wohl Lob und Anschiss gleichzeitig kommen. Erhard, halte dich gerade, waren meine weiteren Gedanken.

Kaum in der Befehlsbaracke, da klingelte auch schon das Telefon. Eine Ordonnanz: „Hauptmann Jähnert ans Telefon für den General.“ Kaum hatte ich mich gemeldet, legte ich auch schon los: „Herr General, melde mich gehorsamst mit acht Maschinen vom dritten Feindflug zurück. Beim ersten Flug drei Panzer in Brand geschossen, beim zweiten Flug vier Panzer und beim dritten Flug nochmals vier Panzer!“ Dann kam es Gott sei Dank anders als ich dachte. „Jähnert, meinen herzlichsten Glückwunsch, von wegen drei Panzer beim ersten Flug abgeschossen. Das Heer bestätigt Ihnen für den ersten Flug fünf abgeschossene Panzer, weitere wahrscheinlich, können Senke nicht ganz einsehen. Ihre Einsätze waren ein voller Erfolg. Der Russe plante dort einen Durchbruch, und Sie haben ihm den Durchbruch restlos versaut. Machen Sie weiter so! Nochmals danke, auch von Generalfeldmarschall Schörner!“

Jetzt war die 8. Staffel der Hahn im Korb. Die Gruppe war nicht mehr gefragt, nur noch die „Kurlandfeuerwehr“, mein kleiner Haufen mit seinen zwölf Flugzeugen. Die 8. Staffel hatte sich diesen Namen nochmals zu Recht verdient. Anscheinend waren wir der Gesprächsstoff in der oberen Führung. Die nächsten Einsätze sollten es beweisen! Von mir, meinen Männern, unseren Maschinen und ihren Raketen verlangte man bald Unmögliches! Immer bereit sein sollte nämlich sehr anstrengend werden.

Immer aufs Neue musste sich die Kurlandfeuerwehr ihres Namens als würdig erweisen. Die Generalität ging ab nun davon aus, dass jede Maschine bei einem

Einsatz einen Panzer vernichtet, und nur brennende Panzer wurden von uns gezählt und gemeldet. Aus Spritmangel setzte man auch nur das Minimum an Maschinen ein, meistens nur vier Flugzeuge. Vier Flugzeuge bedeuteten für die da oben mindestens vier Panzerabschüsse. Der nächste Tag, der 26. Dezember 1944, führte mich mit einem Schwarm gleich viermal in den Raum Dzukste. Zwölf von uns gezählte Panzer blieben als Wracks zurück. Für jeden Panzer brachte uns ein Storch der Flotte eine Flasche Schnaps. Alkohol war in der Staffel ab sofort immer vorhanden. Gefeiert wurde aber nur gemeinsam, auch der letzte Mann der Einheit sollte am Erfolg beteiligt sein, was er ja auch war.

Das Ansehen der 8. Staffel stieg und stieg, und damit letzten Endes auch meines. Zu meiner eigenen Schande muss ich aber auch gestehen: Wenn ich mich so zurückerinnere, genossen wir doch eine wahre Idiotenfreiheit, und wer nutzt so eine Freiheit nicht hin und wieder aus? Wir haben es getan, die 8. Staffel, die Kurlandfeuerwehr mit ihrem Hauptmann an der Spitze. Sogar der oberste Boss ließ uns seiner Gunst teilhaftig werden. Gerade hatten wir sechs Panzer vernichtet, da kam doch am nächsten Tag frühmorgens um 06.00 Uhr der Fahrer des Generalfeldmarschalls und übergab mir als Anerkennung sechs Flaschen besten Sekt. Wir hätten dem Mann in vorderster Linie eine spürbare Erleichterung verschafft. Als hätte jeder Mann der 8. Staffel einen Stock verschluckt, so gingen sie an diesem Morgen zum Dienst. Der Feldmarschall schickte seinen persönlichen Fahrer, um der Kurlandfeuerwehr seine Anerkennung zu zollen. Ein Lob von Schörner munterte doch jeden wieder so richtig auf.

Wie schon erwähnt, wurde manchmal schier Unmögliches verlangt, und ich musste diese Anforderungen an meine Männer weitergeben. So stand der Alkohol nicht nur den Piloten allein zur Verfügung, nein, denn die Einheit in ihrer Gesamtheit wurde gefordert. Ohne das Aufeinanderzugehen und Aufeinanderverlassen wären unsere Erfolge niemals möglich gewesen. Wie sah es denn zu dieser Zeit aus?

Winter herrschte draußen, ein eisiger Wind fegte über die verschneite Landschaft. Wenn auch die Staffelliegeplätze so angelegt waren, dass ein möglichst großer Windschutz bei entsprechender Tarnung gewährleistet wurde, war doch die Kälte von 30 Grad minus nicht wegzuzaubern. Stunden später, lange nach dem fliegenden Personal, kamen unsere Techniker erst in die Unterkunft, mussten aber einige Stunden früher als das fliegende Personal am Morgen wieder auf dem Platz sein.

Wenn auch schon abends Benzin in einem bestimmten Verhältnis dem Motorenöl beigemischt wurde, um es für den Morgen flüssig zu halten, war ein Start ohne jegliche Vorwarnung nicht möglich. In der Regel mussten unsere Männer in ihren schwarzen Anzügen zwei Stunden vor einem Start an den Maschinen sein, um überhaupt die Möglichkeit eines Startens zu schaffen. Von anderen Strapazen gar nicht zu reden. Die Kälte kroch langsam, aber sicher durch einen noch so guten Pelzmantel und noch so gute Pelzstiefel. Dann das Anlassen der Motoren. Innerhalb von höchstens zehn Minuten musste jede Maschine in der Luft sein. War das nicht gewährleistet, musste jeder Motor dem normalen Warmlaufprozess unterzogen werden. Dies bedeutete wiederum eine Startverzögerung von mindestens 15 bis 20 Minuten, und das konnte für Sieg oder Niederlage entscheidend werden! Der Pilot musste hier schon zeigen, ob er überhaupt der Situation gewachsen war. Nicht einfach nur Gas geben und rollen, nein, so einfach wurde es nicht gemacht! Die Zurollwege zur Startbahn bestanden zumeist aus Knüppeldämmen, gerade so breit, dass das Fahrwerk darauf Platz fand. Einen halben Meter mehr nach links oder rechts gerollt bedeutete erst einmal das Aus. Passierte dieses Malheur einer der zuerst anrollenden Maschinen, war die Startzeit passé. Oh, du armer Flugzeugführer!

Das Jahr 1944 ging zu Ende. 1945 hatte sich angemeldet. Eine fröhliche Stimmung wollte zum Jahreswechsel nicht so recht aufkommen. Was würde das neue Jahr bringen? Viel Gutes würde es wohl nicht sein. Der Brückenkopf Kurland wurde immer kleiner. Das war aber nicht das Schlimmste. Viel schlimmer war die Benzinknappheit, damit verbunden das Nichtfliegenkönnen. Die Zeit war nicht aufzuhalten. Gemäß unserem Fahneneid versahen wir auch im neuen Jahr unseren Dienst für Volk und Vaterland.

Die Kurlandfeuerwehr, die 8. (also meine) Staffel, war ab und zu noch gefragt. Ich kann mich nicht entsinnen, dass die zwei anderen Staffeln der Gruppe noch mal bis zum 8. Mai 1945 zum Einsatz gekommen wären.

Die Tage schlichen dahin. Nichts Neues war zu vermelden. Der Platz wurde zur Verteidigung hergerichtet. Der Kalender zeigte den 6. Januar 1945. Da kam ein Einsatzbefehl für die Kurlandfeuerwehr. Panzer und Bereitstellungen im Raum Dzukste. Eine gute Wetterlage, sehr selten zu dieser Jahreszeit, begünstigte unsere Flüge. Die ersten Bomben hatten die Rümpfe unserer Focke verlassen, die ersten Rauchwolken stiegen gen Himmel. Auch einige Panzer zeigten schon die typische schwarze Wolke ihrer Vernichtung. Nicht lange sollten wir uns als Alleinherrscher am Himmel dieses Kampfabschnittes fühlen: Es tauchte doch tatsächlich vom Osten kommend der Feind mit amerikanischen Flugzeugen auf. Rote Schnauzen hatten diese Jäger. Wie wir bald feststellen konnten, stattete diese Piloten ein besonderer Kampfgeist aus und sie hatten gewaltig hinzugelernt. Die „Stalinschüler" tauften wir sie. Ihr Angriffsgeist und Elan waren bewundernswert. Klappte es nicht mit dem Abschuss des Gegners, so gingen diese Kameraden auf Rammkurs. Na, und das war schlimmer, als beschossen zu werden.

Man nahm den Kampf des Gegners an. Nur verließ kein Schuss ihre Rohre! Im Gegenteil: Die Kameraden kamen mit Höchstgeschwindigkeit auf einen zugerast, und da merkte man, dass sie einen rammen wollten. Am Anfang dachten wir noch, das seien rote Teufel und Verrückte, aber nein – mit vollem Bewusstsein wollten sie uns vom Himmel holen, wenn nicht auf normalem, dann eben auf diesem Weg.

Unsere Aufgabe war erfüllt, eine große Anzahl von Panzern brannte. Auf einen Kampf wollten wir uns mit diesen Verrückten nicht einlassen, also gaben wir Fersengeld. Nur unser Tiefstflug und die bessere Kurventechnik bewahrten uns vor einem Zusammenstoß. Meist funktionierte das, nur ganz ohne Treffer kamen auch wir nicht davon. So erwischte es beim dritten Flug an diesem Tag einen Oberfähnrich meiner Staffel. Mit guten zu meldenden Erfolgen landete ich, meine Piloten folgten wie immer. Nur mein Oberfähnrich kurvte noch weiter über dem Platz. Er bekam sein Fahrwerk nicht heraus. Per Funk erhielt er seine Anweisungen für eine vollkommen unproblematische Bauchlandung. Der Platz wurde normal angeflogen, der Pilot nahm das Gas weg und machte eine normale Landung. Bei so einer Bauchlandung ist nur der Höhenunterschied für den Piloten ein anderer, und die Maschine stoppt rasanter. So einfach ist das! Nur bei meinem Oberfähnrich sollte es nicht so sein. Zweimal flog er mit vollkommen überhöhter Geschwindigkeit den Platz an. Beim dritten Anflug bekam er eine weitere Hilfe. Noch rief ich ihm per Funk zu: „Jetzt Gas raus, Zündung aus, durchstarten!" Mein Oberfähnrich schaltete nur viel zu spät. Die Schutzwälle um die Flakgeschütze torpedierten die 190 nochmals in die Höhe, bevor sie explodierte und sich in ihre Einzelteile auflöste. Die Besatzung des Flakstandes kam mit dem Schrecken davon. Ein Tod, der nicht hätte sein müssen. So vermischte sich die Freude über erzielte Erfolge mit dem Beigeschmack eines eigenen Totalverlustes.

Die Tage des Januars verstrichen ohne große Ereignisse. Nur einmal am 16. Januar ein Einsatz der Kurlandfeuerwehr auf den Bahnhof Vainode. Die Wetterlage war nicht besonders einladend zum Flug. Aber ich tippte mehr auf eine vorherrschende Dauerkrankheit, die Spritverknappung.

Die Staffeln waren sich mehr oder weniger selbst überlassen. Besuche hin und her erfolgten. Kaum brach aber die Nacht herein, besserte sich die Wetterlage. Eine Aufforderung an den Iwan, seine „Nähmaschinen" in die Luft zu schicken. Darunter waren kleine zweisitzige Schulmaschinen zu verstehen, welche fast überall starten und landen konnten. Nur des Nachts kamen sie und machten sich als Störenfriede bemerkbar. Mir war bekannt, dass diese Maschinen für keinen Bombenabwurf hergerichtet waren. Um die Störung perfekt zu machen, flog ein zweiter Mann mit, der die Aufgabe hatte, kleine Splitterbomben ab und zu einfach per Hand über Bord zu werfen. Der angerichtete Schaden war nicht der Rede wert, die angerichtete Ruhestörung aber äußerst unangenehm. Die Tage dienten dann dazu, den versäumten Schlaf nachzuholen.

Da fällt mir noch eine Begebenheit zum zweiten und letzten Feindflug des Monats Januar 1945 ein. Wenn am wenigsten mit einem Einsatz gerechnet wurde, Pläne schon für Tage voraus geschmiedet wurden, da hieß es plötzlich: Einsatz! Der Kalender zeigte den 16. Januar 1945. Seitens der anderen Staffelkapitäne neidete man schon der 8., der Kurlandfeuerwehr, die Einsätze und damit verbunden ihre Erfolge. So sprach mich im Gefechtsstand der Kapitän der 7., Hauptmann B., an: „Herr Jähnert, darf ich nicht auch einmal mit einem ihrer Flugzeuge einen Feindflug mitmachen?“ Da ich von den fliegerischen Leistungen des Kapitäns der 7. überhaupt nicht überzeugt war, ihm aber auch nicht mein abruptes Nein entgegenschleudern wollte, sagte ich zu mit der Anweisung, sich als letzte Maschine meines zweiten Schwarmes anzuhängen. Der Start erfolgte um 13.15 Uhr. Die Wetterlage war mittelmäßig, etwa drei Kilometer Sicht, diesig, Wolkenuntergrenze etwa 300 Meter über Grund. Im Anflug auf das Zielgebiet Vainode verbesserte die Wetterlage sich etwas. Meine Piloten hatten sich mittlerweile an schlechte Wetterlagen gewöhnt.

Da näherten wir uns einem Waldstück mit einem Grenzverlauf von Nord nach Süd, und im Osten davon Panzer, Panzer und eine Unmenge von Fahrzeugen. Den Befehl zum Angriff brauchte ich nicht zu geben, meine Männer wussten immer – sie hatten es zwischenzeitlich gelernt – wann es so weit war und darauf ankam! Und jetzt kam es darauf an, unsere Kameraden vom Heer erwarteten von der „Kurlandfeuerwehr“ eine stets spürbare Erleichterung. Die Pleite war, dass man uns den Erfolg schon als voraussetzbare Größe einkalkulierte. Mit einer Linkskurve leitete ich den Angriff ein, da schlug uns ein mörderisches Abwehrfeuer von einer ungeahnten Wucht entgegen. Nur selten habe ich so etwas erlebt. Die Kameraden der östlichen Gegenpartei feuerten, was ihre Rohre hergaben, und das war nicht wenig. Das Dumme dabei war, wir hingen so richtig in der Scheiße drinnen. Ausreißen war nicht mehr! Die alte Devise, Angriff ist die beste Verteidigung, hatte noch ihre Gültigkeit. Im Winkel von 30 Grad griffen acht Focke an. Rangegangen wurde bis auf 20 bis 30 Meter, den rechten Zeigefinger um den Hebel für ein Dauerfeuer der MGs gekrümmt, um mit dem Daumen den ersten Fächer von sechs Raketen zu zünden. Nur wenige Meter im Tiefstflug über die Panzer hinweg, um direkt den zweiten Angriff zu starten.

Da eine Stimme im Kopfhörer: „Ein Wahnsinn, bei diesem konzentrierten Feuer im Tiefstflug anzugreifen!“ Wer konnte das sein? Von meinen Männern keiner, also blieb nur mein Gast Hauptmann B. übrig. Eine Antwort zu geben, schien mir in diesem Moment zu dämlich. Meinen zweiten Angriff flog ich weiter, und meine Mannen, wie es sich gehörte, hinterher. Unsere Raketen waren weg, und nun noch schnell einen Bordwaffenangriff auf die Fahrzeuge. Die ersten Lkw brannten, dem Hauptmann rief ich per Funk zu: „Sie Feigling, fliegen Sie nach Hause!“ Da tauchten doch, als wäre es abgesprochen, die wohlbekannten russischen Jäger mit der roten Schnauze auf. Den Angriff auf sonstige Bodenziele abbrechen und auf Heimatkurs gehen, dabei wackeln. Wackeln hieß sammeln. Ein schneller Blick zu meinen Schäfchen zeigte mir: Verflixt, da wackelte doch noch ein anderer. Na, und wer kann das sein? Mein Hauptmann B., na, und meine Kameraden dem hinterher. Die müssen in diesem Moment von allen guten Geistern verlassen gewesen sein, denn mit diesem ihren

Kurs kämen sie nie nach Zabeln, höchstens nach Ostpreußen. Nochmals rief ich per Funk, aber nichts rührte sich, kein Ton verließ mehr den Kopfhörer!

Eines bemerkte ich aber doch: Der Iwan rührte sich, nämlich zu mir! Sechs Stalinjäger jagten hinter mir her, den Verband ließen sie fliegen. „Erhard, bleib ruhig", sprach ich zu mir selbst. Nach oben konnte ich nicht weg, das wäre bestimmt mein sicherer Tod. Blieb nur die Nähe des Bodens, mehr Boden als Nähe. Jetzt konnten sie nur noch von oben kommen, mussten auch früh genug abfangen, denn sonst gab es eine Bodenberührung.

Jede Menge Leuchtspurgeschosse flogen an mir vorbei. Wie durch ein Wunder hatte bis jetzt noch keines getroffen. Es waren zu viele auf eines Hasen Fährte, und sie behinderten sich dabei gegenseitig. Deren Pech, mein Glück – trotzdem konnte ich mich nur mit Mühe und Not, keine normale Kurve, sondern nur Schiebekurven fliegend, vom Ivan lösen. Gut, wenn man auch den Kampf in nächster Nähe des Bodens eingehend geübt hat. Mit Höchstladedruck den heimatlichen Gefilden zu, dann müsste ich eigentlich meine Kadetten noch einholen! So dachte ich zumindest. Vor mir der Platz, mein Liegeplatz – leer. Wackelnd im Tiefstflug darüber hinweg, hochziehen, um aus der Kehrtkurve zur Landung einzuschweben. Tanken und munitionieren, lautete meine Anweisung ans Bodenpersonal. Sieben brennende Panzer und einige Lkw machte ich beim Verlassen des Kampfplatzes aus. Wo blieb aber nur meine Staffel? Minuten zogen sich wie Stunden. Endlich, nach zwölf Minuten tauchten sie am Horizont auf. Sie hatten die Maschine verwechselt, da Hauptmann B. ebenfalls zum Sammeln wackelte.

Meinen Zorn konnte ich im Moment nicht loswerden, musste erst die Flotte vom Gefechtsstand aus informieren. Nach geführtem Telefonat kam mir doch besagter Gastpilot direkt ins Blickfeld. Nur selten, eigentlich kann ich mich nicht entsinnen, habe ich so ein Donnerwetter losgelassen. Mein Hauptmann ließ es über sich ergehen ohne jegliche Erwiderung, der übrige Gefechtsstand verhielt sich mucksmäuschenstill und lauschte nur. Als ich den Gefechtsstand verließ, standen alle stramm, und wie stramm. Das Donnerwetter musste sein – es gab eben solche und solche Flieger. Wie ich wenig später hörte, war mir die Staffel des B. richtig dankbar. Zwar bekleidete ich auch nur den Rang eines Hauptmanns, aber in diesem Fall war ich der Verbandführer. Später erlangten wir noch die Erkenntnis: Wenn einer ein Ei kauft, das faul ist, so bleibt es ein faules Ei. Von Leuten, die faule Eier essen, habe ich mir erzählen lassen, so müssen eben diese faulen Eier dem entsprechenden Verwendungszweck zugeführt werden. Rückblickend kann ich mich nicht entsinnen, dass seine Staffel jemals wieder zum Feindflug eingesetzt worden wäre! Meine Piloten erzählten mir später, sie wären bis an die Küste geflogen, um hier die Orientierung aufzunehmen. Dann wäre unser Hauptmann B. einem Flüsschen nachgeflogen, bis eben Zabeln kommen musste. Keine Biege wäre ausgelassen worden. Jeder Laie muss sich da doch fragen, was das bloß für Helden gewesen seien, denen man sogar eine Staffel fliegerisch anvertraut. Zum Staffelliegeplatz zurückgekehrt, meldete mir mein Oberleutnant N.: „Piloten zur Flugnachbesprechung angetreten!" Da ich mich schon genügend im Gefechtsstand abreagiert hatte, trat ich meinen Männern vollkommen ruhig gegenüber. Zuerst erklärte ich ihnen ihr Fehlverhalten; bezüglich des Hauptmann B. nahm ich es ihnen gar nicht mal so übel, nur übel nahm ich es, dass sie einen Kameraden vor dem Feind im Stich gelassen hatten. Der Dienstgrad spielte dabei keine Rolle – der Feind schoss auf das, was ihm vor die Flinte kam. Dabei darf ich an dieser Stelle an einen Flug über dem Schwarzen Meer erinnern. Hätte ich da nicht eingegriffen, wäre dieser Pilot heute nicht mehr unter uns! Da der russische Jäger nach keinem Dienstgrad fragte, durfte ich jetzt auch nach keinem Dienstgrad fragen. Gemeinsam wollten wir deswegen auch üben. „Hinlegen, auf, hinlegen, auf marsch marsch, hinlegen" und so weiter. Bestimmt fünfzehn Minuten lang übten wir. Die nächsten Tage marschierte das fliegende Personal, um immer an das kameradschaftliche Miteinander zu denken. Es war wohl eine harte Strafe, denn wir hatten einen eisigen Winter, aber nur bedingungslose Flugdisziplin, verbunden mit einem bedingungslosen Füreinander, konnte uns vor unnötigen Verlusten retten.

Dann kam noch das Fernschreiben des Flottenchefs, General Flugbeil: „An meine Kurlandfeuerwehr zu Händen Hauptmann Jähnert, Labekiste unterwegs, herzlichen Glückwunsch. Gez. Flugbeil."

Labekiste bedeutete für jeden Panzer eine Flasche Rum, ein Liter pro Flasche. Diverse Kleinigkeiten, wie Zigaretten und Zigarren, waren dann extra noch dabei.

An der Erfolgsfeier nahm dann des Abends die gesamte Staffel teil. Da höheren Ortes die „Kurlandfeuerwehr" schon ein Begriff war und man mit ihren vorgezeichneten Erfolgen rechnete, waren noch mehrere Flaschen, diesmal aber normale, der Labekiste beigefügt, sodass sich das Feiern auch lohnte.

Jeden Tag Einsatzbereitschaft auf dem Staffelliegeplatz in gut geheizter Baumstammbude, einem Haus nach russischem Vorbild. Nur ein Einsatzbefehl ließ auf sich warten. Bis zum 15. Februar 1945 abends war nichts bekannt. Bekannt wurde nur gemacht, dass die Herren Staffelkapitäne sich ein Pferd beschaffen sollten zwecks Einsparung von Treibstoff. Der Fliegerhorst war die zuständige Instanz. Dann wenige Tage später war es so weit. Der Spieß, mein Hauptfeldwebel Kühn, meldete mir: „Herr Hauptmann, Ihr Pferd steht draußen." Mein Pferdeverstand war bis zu diesem Zeitpunkt mit null zu bewerten, aber als ich das arme, abgeklapperte Panjepferd im Hof stehen sah, wusste ich: Erhard, wenn du darauf steigst, bricht der Gaul sofort zusammen. Mein sofortiger Anruf beim Horst bestätigte mir, etwas Besseres stünde nicht zur Verfügung. Was nun?

Wenig später setzte ich mich mit dem Staffelkapitän der 8., Oberleutnant Meyn, ebenfalls Ritterkreuzträger, zusammen um zu beratschlagen, wie man zu einem anderen Pferd kommt, und wie man den uns zugewiesenen Gäulen eine bessere Pflege angedeihen lassen könnte. Hin und her wurde überlegt, bis jemand auf die glorreiche Idee kam, das Heer habe doch Pferde, und da müsse es doch Veterinärstationen geben. Ein schon älterer Stabsfeldwebel des Horstes, er hatte schon bei der Kavallerie des Hunderttausend-Mann-Heeres gedient, wusste Bescheid. Ein Anruf ergab, dass man da vielleicht etwas Passendes hätte.

Der nächste Tag führt uns dann zu der etwa 15 Kilometer entfernten Pferdestation des Heeres. Ein Veterinärarzt im Range eines Oberst empfing uns, um uns erst einmal zu einem Kaffee einzuladen. Einem Pferdetausch stimmte er später auch zu, da er zwei Ritterkreuzträgern ihre Bitte schlecht abschlagen konnte. Trotzdem konnte er sich ein Lächeln nicht verkneifen, als er uns fragte, wer uns denn solche Klepper angedreht hätte.

Mit stolzgeschwellter Brust und zwei jungen Wallachen (kastrierte männliche Pferde) vor unserer Kutsche zogen wir nach einer Stunde wieder ab. Und wie wir abzogen. Die Pferde, die nach der Kastration so an die sechs Wochen im Stall gestanden hatten, hauten ab wie die Feuerwehr, sie waren kaum zu bändigen. Mit Müh' und Not konnten wir sie nach einer Stunde Dauergalopp vor dem Schulgebäude in Zabeln, unserem Gruppenkasino, zum Halten bekommen. Ein allgemeines Staunen über unsere tatsächlichen Prachtexemplare von Reit- und Fahrpferden bemächtigte sich der anderen Herren. Neid war da wohl auch mit im Spiel. Der von den entsprechenden Herren sofort gestartete Versuch eines weiteren Tausches wurde sofort abschlägig beantwortet. Ja, wir hatten prächtige Pferde. Von der gesamten Staffel wurde mein Pferd gehegt und gepflegt. Besonders, da ein gewisser Gammeldienst dies auch erlaubte.

Noch herrschte ein strenger Winter. Das technische Personal auf dem Staffelliegeplatz, bereit, jederzeit die Maschinen schnellstens startklar zu machen, wartete auf den Abend, um in die Unterkunft zu kommen. Das fliegende Personal gammelte so herum. Der Spieß hatte die Parole ausgegeben, nach einem Schlitten für das Pferd des Chefs Ausschau zu halten. Als mein Hauptbeauftragter kam dann auch der Spieß mit der Meldung, im Nachbargehöft stünde einer. Prima! Mit der Versicherung dem Eigentümer gegenüber, den Schlitten nach Beendigung des Winters in einem ordentlichen Zustand wieder zurückzubringen, wurde derselbe abgeholt und überholt.

Hier an dieser Stelle darf ich nicht vergessen zu erwähnen, was wir damals unter „Gammeldienst" verstanden haben. Keiner sollte auf den Gedanken kommen, es würde nichts getan. Das Gegenteil ist der Fall. Im militärischen Sektor wurde nichts getan, das Wohngefühl, die Wohnlichkeitmachung der Unterkünfte stand auf dem Dienstplan. Der Tag war angefüllt mit ewigem Hämmern und Sägen im Unterkunftsbereich. Da eine beste Querverbindung zur Organisation Todt bestand, wurde die Staffel mit den nötigen Materialien laufend nach Bedarf versorgt, in der Hauptsache mit dem benötigten Holz. Während die Staffel das Bauernhaus, in dem wir Unterkunft bezogen hatten, in eine einzige Puppenstube verwandelte, wobei natürlich der Bauer auch seinen Vorteil hatte, beschäftigte sich der Chef mit dem geliehenen Schlitten. Es handelte sich hierbei um den üblichen Schlitten, wie er für den Osten üblich und so auf Bildern zu sehen ist: schmale Bauart und zwei Sitze hintereinander. Zwei Stangen, fest mit dem Schlitten verbunden, gehen nach vorn. An ihnen wurde das Gefährt gezogen und gelenkt. Das Pferd hatte nun ein Kummet um die Brust gebunden, welches wiederum mit Lederriemen an einem Rundholz in Bügelform befestigt war. Weiter wurde dieser Bügel nun auch mit Lederriemen an den zwei Zugstangen des Schlittens befestigt. Heute noch staune ich über diese äußerst einfache und sichere Zugverbindung.

Wie jeder weiß, sind Flieger schnelle Leute. Nicht nur in der Luft, nein, auch im Ausbau ihrer Unterkünfte. Nicht wiederzuerkennen war unser Bauerngehöft von innen, so gemütlich sah es nun aus. Ungeahnte Talente traten zu Tage: Während die einen noch letzte Hand anlegten, waren die anderen bereits dabei, für die benötigte Wärme zu sorgen. Birkenholz in großer Menge wurde beschafft, da dieses auch im feuchten Zustand brennt. Die Öfen waren große, runde, hohe Eisenrohre und mit energiespeichernden Materialien ausgefüllt. Stunden wurden gebraucht, um diese Ungetüme anzuheizen, doch sie gaben dann auch stundenlang Strahlungshitze ab. Auch nach heutigen Erkenntnissen war das die gesündeste Wärme.

Zurückblickend war es eigentlich eine schöne Zeit, bis eben auf die wenigen Stunden der Angst. Mein Oberleutnant Naumann, schon damals Bauingenieur, hatte für die Gruppe eine original finnische Sauna gebaut, welche sich fortan großer Beliebtheit erfreuen sollte. Draußen noch eisiger Winter, drinnen die Hitze der Sauna, danach der Schnee zum Abreiben – ein Gesundbrunnen für die sich wenig bewegenden Soldaten. Abends in gemütlicher Runde wurde einer zur Brust genommen, solange der Vorrat reichte, oder man spielte Karten, Schach oder sonstige Unterhaltungsspiele. Mit einem Wort: Gemütlich war es!

Endlich stand mein Schlittengespann mit dem Letten im Kummet zur Jungfernfahrt bereit. Mit einem gewissen Stolz stieg ich in meinen Schlitten, und schon zog mein Lette an. Sein Fell glänzte, und man merkte, dass er mir zeigen wollte, was er kann. Der Schnee knirschte unter den Kufen, als wir mit einem flotten Tempo fuhren. Der Himmel noch verhangen, dafür ein prächtiger Schnee, zumindest auf den nicht stark befahrenen Wegen. Es war eine Lust, dem Letten zuzuschauen. Den Liegeplatz schon in Sicht, wollte ich doch den Kameraden vorführen, was so ein etwas größeres Pony alles kann! Einmal das Pony angerufen, und schon begann es zu galoppieren. Jetzt noch die letzte Kurve, und der Liegeplatz musste vor uns liegen. Hoppla, was war denn das? Mein Schlitten kippte, und im hohen Bogen stand ich nicht vor der Einheit, sondern lag vor ihr! Verflixt, da musste ich wohl einiges verkehrt gemacht haben. Ich lag noch am Boden, als mein Flugzeugoberfeldwebel Ilgenfritz die Meldung machte. Eine militärische war es bestimmt nicht, denn die gesamte auf dem Platz versammelte Einheit bog sich vor Lachen. So endete die erste Schlittenpartie eines mit dem Ritterkreuz ausgezeichneten Hauptmanns und Staffelkapitäns im winterlichen Kurland. Es will eben alles gelernt sein.

Wieder in der Unterkunft, erhielt ich ein Telefonat vom General der Waffen-SS Krüger. Da es zurzeit ruhig an der Front war, lud er mich zu einem Besuch seiner SS-Division ein. Auch wollte er die „Kurlandfeuerwehr" kennenlernen. Die Einladung nahm ich natürlich an. Wer schlägt schon einem General einen Besuchswunsch aus? Wie ich sofort feststellen ließ, war der General SS-Obergruppenführer und kommandierender General des 6. lettischen SS-Freiwilligen-Armeekorps.

Der Gefechtsstand mag rund zwanzig Kilometer von meiner Unterkunft entfernt gelegen haben. Das Auto blieb zu Hause, ich hatte ja ein Pferd. Sicherheitshalber nahm ich unseren Adjutanten mit. Natürlich mit einem gesonderten mit einem Pony bespannten Gefährt. Man konnte nie wissen: Auch ein Pferd ist ein Verkehrsmittel und auch vielleicht „Pannen" unterworfen.

Mein Besuch fiel in die ersten Tage des Februar 1945. An diesem Tage hatte der Wettergott ein Einsehen, denn er ließ es nicht gar so kalt sein. Der Adjutant Leutnant Telge folgte in Kiellinie. Wie lange die Fahrt dauerte, kann ich heute nicht mehr sagen. Aber es war eine schöne Fahrt. Ab und zu begegneten wir Fahrradpatrouillen der SS, welche die Straßen sicherten. Sie wiesen uns auch den Weg zum Gefechtsstand der Division bzw. Armee. Das Nachrichtensystem funktionierte anscheinend bestens, denn als ich ankam, wurde ich schon von einem Obersten erwartet. Wie sich schnell herausstellte, handelte es sich um den Adjutanten des Generals.

Die Uhr zeigte die Mittagsstunde. Man wollte sich gerade zum Essen begeben. Im Kasino der Armee wurden ich und mein Begleiter dann vom General Krüger persönlich begrüßt und den Herren vorgestellt. Ein kurzer Begrüßungstrunk, und die Herren nahmen ihre Plätze zum Essen ein. Mein Platz war neben dem General. Etwa dreißig Offiziere saßen am gedeckten Tisch. Strenge Sitten herrschten hier. Mit dem Niederlegen von Messer und Gabel durch den General war das Essen beendet, das heißt, wir zwei von der Luftwaffe aßen noch. Nachgefasst haben wir nicht mehr, denn in Anbetracht der hier herrschenden strengen Sitten aßen wir unseren Teller leer, um dann auch schnell Messer und Gabel wegzulegen. Der General, Träger des Ritterkreuzes mit Eichenlaub, hob nun die Tafel auf und lud mich ein, mit ihm in einem gemütlichen Sessel Platz zu nehmen.

Dann wollte er von mir über meine Erfahrungen mit der Panzerschreckrakete vom Flugzeug aus eingehend informiert werden. In gemütlicher Runde, beim Gläschen Schnaps, wurde das Für und Wider erörtert bzw. die Frage, was noch anders zu machen wäre. Bei dieser ganzen Unterhaltung sprach nur der General oder eben ich. Die Herren Offiziere der SS lachten nur, sofern der General lachte. Da waren wir von der Luftwaffe doch einen viel legereren Ton gewöhnt. Jedenfalls lachte ich auch ohne den General. Auf manche Herren der SS wirkte mein Lachen vielleicht doch etwas befreiend, denn jetzt sah ich auch bei den anderen Herren einmal ein Lächeln.

Eine Geschichte hat sich mir noch besonders nachhaltig ins Gedächtnis gebrannt. Da wurde die Frage erörtert, wie eine Panzerbesatzung noch moralisch zu beeinflussen sei. Ohne eine entsprechende Bewaffnung war ein Abschuss unmöglich, aber der Beschuss mit einem Maschinengewehr sollte eine ungeheuere demoralisierende Wirkung auf die Besatzung haben. Dies konnte ich mir auch vorstellen, da der Resonanzboden Panzer den Aufschlagknall um ein Vielfaches verstärkte. Bei der Besatzung breitete sich die Angst aus, jeden Moment in die Luft fliegen zu können. Der General vertrat nun die Meinung, die Flieger sollten von dieser demoralisierenden, nervlichen Belastung der Panzerbesatzung mehr Gebrauch machen. In meiner Begeisterung den Vorschlag aufgreifend, versprach ich dem General, gleich beim nächsten Einsatz den Iwan das Fürchten zu lehren. (Hätte ich es mal lieber nicht getan!)

Jetzt bat mich der General noch, mit ihm einen kurzen Besuch der Front abzustatten. „Es ist nicht weit", meinte er so nebenbei. Verflixt, auf so einen Besuch war ich aber nun gar nicht vorbereitet. Was sollte ich machen? Der General stand auf, na, und ich folgte ihm. Ein halbe Stunde dauerte in etwa der Anmarsch. So einen Kilometer vor der HKL hörte ich plötzlich ein Pfeifen in der Luft. Sofort dachte ich: „Feindbeschuss!", und schon lag ich auf dem Bauch, um Deckung zu suchen. Aber alles ging ruhig weiter, nur ich Trottel hatte mich hingeschmissen. Verschämt stand ich auf, und da kam mir der Gedanke, den der Adjutant aussprach: „Das Geschoss, das Sie pfeifen hören, trifft nicht. Das, welches Sie nicht hören, hat schon getroffen!"

Noch mehrfach hörte ich es rauschen, irgendwo müssen die Kameraden ja eingeschlagen sein, aber tapfer ging ich in aufrechter Haltung weiter mit nach vorn. Noch war Winter, und von einer HKL sah ich nichts. Plötzlich war aber mein General nach unten weggetaucht, in ein dunkles Loch. Ich nun aber ganz schnell dem General hinterher, und schon stand ich mit im Unterstand eines lettischen Obersten. Einer herzlichen Begrüßung folgte meine Vorstellung. Den Obersten stellte mir General Krüger als seinen guten Freund vor. Gleich stand auch selbst gebrannter Korn auf dem Tisch. Der Oberst: „Wie heißt du?" Sein Name ist mir entfallen. „Prost, Erhard!" Ja, und da der Mensch auf einem Bein nicht laufen kann, blieb es auch nicht bei einem Gläschen. Etwa 30 Minuten hielten wir uns in diesem Unterstand auf, um danach einem von hier abgehenden Graben zu folgen. Meines Erachtens folgten wir dem Graben 150 Meter, wobei mir jetzt auch mein guter Freund, der Lette, erklärte: „Da in dieser Richtung in 50 Meter Entfernung liegt der Russe. Gestern kam er bei einem Angriff bis etwa zehn Meter heran. Mit blutigen Köpfen haben meine Männer ihn nach Hause geschickt. In den letzten zwei Tagen war nichts los, aber wir müssen höllisch aufpassen!" Dies erzählte der Oberst alles so ganz nebenbei, es war für ihn eine Alltäglichkeit. Wie froh war ich, als der Rückweg angetreten wurde. Richtig aufgeatmet habe ich aber erst wieder im Armeehauptquartier.

Einem kurzen Kaffeetrinken folgte meine Verabschiedung. Der Adjutant drückte mir zum Abschied noch zwei Flaschen selbst gebrannten Lettischen in die Hand. In strammer Haltung bedanke ich mich bei dem General für die Einladung. Grüßte noch zackig, und ab in meinen Dogcart. Die Pferde waren ausgeruht und gut versorgt worden, sodass ich gleich ein flottes Tempo einschlagen konnte. Das Pferd des Leutnants Telge fiel sofort in den Galopp. Sein Wagen befand sich etwa fünfzig Meter vor mir. Eine nicht einsehbare Kurve, und das Pferd meines Adjutanten lag auf der Straße. Gerade wollte ich losdonnern, über zu schnelles Fahren schimpfen, da sagte Telge, der neben dem Pferd stand: „Sagen Sie nichts, Herr Hauptmann, mein Pferd steht gleich wieder auf. Es läuft, bis es hinfällt, nach wenigen Minuten steht es aber wieder auf und galoppiert weiter." Und mein Adju hatte recht!

Noch standen wir beide aber da und warteten auf das Aufstehen, da kamen uns zwei SS-Leute mit dem Fahrrad entgegen, eine Fahrradstreife.

Kurze Begrüßung, Rede und Antwort hin und her, da stellte sich doch heraus, dass der eine Oberfeldwebel aus Jever stammte, der Heimat meiner Frau, und der Bruder des Stabszahlmeisters Dudden war. Dudden war in meiner Gruppe der Chef der IVa-Abteilung. Mein Adjutant Leutnant Telge sofort: „Herr Hauptmann, das muss begossen werden!" Und es wurde begossen, nicht eine Flasche wurde geleert, nein, alle zwei mussten dran glauben. So wurde auf offener Straße im Winter 1945 fernab der Heimat, 1000 Kilometer Luftlinie von ihr entfernt, ein Wiedersehen gefeiert.

Die Flaschen waren geleert, und der Inhalt hatte vier Soldaten in eine gelöste Stimmung versetzt. Beim Abfahren sah ich noch die Kameraden der SS auf der einen Seite aufsteigen, um auf der anderen gleich wieder abzusteigen. Ein Glück, sie hatten es nicht weit zur Unterkunft, und ihre Streife war schon beendet.

Ehe wir unseren Unterkunftsbereich erreicht hatten, war die Nacht hereingebrochen. Eine eingehende Berichterstattung beendete den Abend. An ein Einschlafen war bei mir noch nicht zu denken, mir gingen die Panzerbesatzungen, deren Nerven durch MG-Beschuss strapaziert werden sollten, nicht aus dem Kopf.

Noch kein Einsatz in Sicht. Gesellige Abende folgten. Man besuchte sich gegenseitig. Mit der 7. Staffel verband uns ein besonderes Band; woran es gelegen hat, weiß ich nicht. Die Leistung des Staffelkapitäns kann ein Grund gewesen sein, denn dieser war ein exzellenter Flieger. Nur leider war seine Staffel nicht mehr gefragt. So hatte die Staffel des Ritterkreuzträgers Oberleutnant Meyn keine Vorrichtungen zum Raketenabschuss unter ihren Flächen, und dann herrschte chronischer Spritmangel.

Noch bin ich aber bei den geselligen Abenden. Es wurde nur geblödelt. Noch stand für uns das Siegen fest! Was sollten wir danach machen? Wir dachten uns einen lustigen Jungenstreich aus. Als einfache Flieger wollten wir uns nach dem Krieg auf eine Flugzeugführerschule zur Ausbildung zum Piloten versetzen. Eine fantastische Beurteilung sollte die Schule anweisen, uns sofort in die Schulung zu nehmen. Und jetzt sollte der Augenblick kommen. Blöd und dämlich wollten wir uns anstellen. Den Knüppel festhalten und Angst vortäuschen. Die Lehrer würden Blut schwitzen und uns sofort zur Einheit zurückschicken. Wenige Tage später dann, wenn man im Kasino über uns noch lästerte, aber schon lachte, da wollten wir mit den neuesten Kampfmaschinen im vollen Ordensornat über dem Platz erscheinen, unsere Kunststückchen machen und landen. Auf die Gesichter nun der Fluglehrer und sonstigen Leute freuten wir uns schon im Voraus. Noch waren wir zwar in Kurland, doch der besagte Tag würde kommen. Wir dachten uns, als hoch dekorierte Männer des gewonnenen Krieges müsste uns das möglich sein.

Mitte Februar 1945 war es dann so weit. Die Panzer nahmen überhand und wurden frecher. Die Kurlandfeuerwehr sollte wieder helfend eingreifen. Was sie, wie immer, auch tat. Der Befehl zum Angriff kam am 16. Februar 1945. Mit sechs Maschinen startete die 8. Staffel um 14.45 Uhr gegen den Feind. Die Panzer fanden wir wie uns angegeben. Gekonnt erfolgten die Angriffe meiner Maschinen. Sechs Panzer brannten schon, die Raketen waren verschossen, da fiel mir auf einmal der Vorschlag des Generals Krüger ein. Ich machte also die rückwärts flüchtenden Panzer zu meinem Ziel. Die Leuchtspurgeschosse sah ich auf der Panzerung aufschlagen, sah aber gleichzeitig die Kameraden der anderen Feldpostnummer auf dem Rücken liegend auf mich schießen. „Erhard, das geht schief“, war mein Gedanke, und da war es schon passiert. Zweimal knallte es in meiner Maschine. Abdrehen und Heimatkurs nehmen. Da – der Kompass zeigte nicht mehr richtig an, und Öl lief über meine Frontscheibe. Noch hatte ich einen Katschmarek als Begleiter, aber plötzlich war er verschwunden. Dach weg, um Sicht nach vorne zu haben. Mist, die Patrone für den Dachabschuss zündete nicht. Jetzt saß ich aber wie in einem geschlossenen Sarg. Fleißig floss das heiße Öl weiter über die Scheibe. Nicht mehr lange, und der Motor musste streiken. Erst langsam, dann immer schneller stieg die Öltemperatur. Für mich der Zeitpunkt zu landen. Noch lief der Motor und riss mich vorwärts. Aber wo landen?

Die Scheibenspülung, vielleicht konnte die helfen. Bei Betätigung lief Benzin über die Frontscheibe, doch leider erreichte ich dadurch keine klare Sicht. Verschwommen sah ich nur hell oder dunkel. Hell bedeutete Schnee, dunkel Wald. Irgendwelche Hindernisse waren nicht auszumachen. Mit einem Minimum der Gashebelstellung flog ich. Scheibenspülung – dunkel, Wald. Weiter. Spülung – hell, Schnee. Gas raus, Zündung aus, Benzinhahn zu, Landeklappen raus. Keine Änderung war nun mehr möglich, es ging nur noch runter. Um die Höhe zu schätzen, blickte ich nach hinten, denn nach vorne hatte ich keinerlei Sicht. Da ich sowieso nicht hoch flog, setzte ich schnell auf, wurde aber unmittelbar wieder hoch geschleudert, wieder runter, nochmals weniger hoch, rutschte – und stand. Haube aufkurbeln, nun funktionierte es wieder, und raus aus dem Bomber. In einer Entfernung von etwa zehn Metern hatte ich einen Bauernhof rechts und in 30 bis 50 Metern links von mir eine Hochspannungsleitung passiert. Mein Schutzengel hatte mich geleitet, sodass ich Glück im Unglück gehabt hatte. Nur, wo war ich gelandet? Keine Menschenseele konnte ich sehen. Da erkannte ich links hinter mir am Waldrand eine Bewegung. Zwei Leute kamen auf mich zu! Schnell wollte ich zur Pistole greifen, hatte aber gar kein Koppel um. Mist! Doch im Flugzeug war meine Leuchtpistole. Die Leute kamen näher. Leute in weißer Tarnkleidung! Jetzt konnte ich sie hören. Klingen aber nicht deutsch – doch, ein paar Brocken Deutsch waren auch dabei. Lettische Soldaten, auf deutscher Seite kämpfend. Genau auf der HKL hatte ich aufgesetzt, vom Iwan her kommend. Die Kameraden hatten mich noch beschossen, aber, Gott sei es gedankt, nicht getroffen.

Die Mutter Erde hatte mich wieder, und ich befand mich bei der eigenen Infanterie. Mit 240 km/h hatte meine Fw 190 nach einem Flug von nur 35 Minuten um 15.20 Uhr, zehn Kilometer südostwärts von Tuckum in Lettland, ohne Fahrwerk aufgesetzt und mich heil entsteigen lassen! Wenn da kein Schutzengel dabei gewesen war, brauchte man nichts mehr zu glauben! Ich sah Monate vorher eine gleiche Maschine landen, einen deutschen Jäger, nur hatte der keinen Engel, er setzte etwa 500 Meter vor einem Wald auf und rauschte mit noch enormer Geschwindigkeit in das Waldstück, um dort zu explodieren. Auf meinem Flug hatte ich noch das Glück gehabt, einige Panzer abzuschießen. Das Heer hatte mir sechs Stück bestätigt.

Jetzt fühlte ich mich erst richtig geborgen. Die Kameraden aus vorderster Front führten mich zu ihrem Bataillonsgefechtsstand. Etwa eine Stunde blieb ich hier, um danach zum Divisionsgefechtsstand zu marschieren. So freundlich wurde ich hier allerdings nicht begrüßt. Zuerst verlangte man meinen Ausweis. Leider konnte ich den nicht vorzeigen, ich hatte ihn vergessen. Als Gefangener sollte ich mich vorerst betrachten, bis meine Identität festgestellt worden sei.

Allerorten klingelte jetzt das Telefon, ein Feldtelefon. „Jawohl, einen Hauptmann Jähnert hat es hier gegeben, der ist aber bei einem Feindflug heute brennend abgeschossen worden, mit aller Wahrscheinlichkeit aber tot!" Bis man mich sprechen ließ. Nicht ich war brennend abgeschossen worden, sondern ein Flugzeugführer meines zweiten Schwarms. Der Irrtum war aufgeklärt und die Behandlung wurde gleich freundlicher. Der Divisionär hatte seine eigenen Sorgen. Die Front rückte näher und näher, und es gab nichts, was man dem Feind entgegensetzen konnte. Dazu noch der Winter und immer in so einem engen Graben. Eine weitere Sorge waren die durch die Linien sickernden Spione und Saboteure in deutscher Uniform, zum Teil mit hohen und höchsten Auszeichnungen. Aus dieser Tatsache heraus erklärte sich das berechtigte Misstrauen mir gegenüber. Ein Wagen der Division brachte mich dann bis zu einer vereinbarten Wegegabel, wo ich so gegen 01.00 Uhr nachts in meinen eigenen Wagen umsteigen konnte. Zwei Stunden sollte es aber noch dauern, bis ich wieder auf dem eigenen Platz war.

Glückwünsche und Begrüßungstrinksprüche wechselten sich dort miteinander ab. Endlich, so gegen 05.00 Uhr am Morgen dieses 17. Februar 1945, fiel ich todmüde auf mein Bett mit Strohsackunterlage.

Einen Tag später machte ich meinen 600. Feindflug, einen Aufklärungsflug. Als zweite Maschine nahm ich meinen Oberfeldwebel Benedix mit. Etwa hundert Kilometer flogen wir ins Feindgebiet ein. Unsere abgeschossenen Panzer vom 16. Februar standen ausgebrannt noch da. Eigentlich gab es nichts Besonderes: Fahrzeuge auf einer Wegegabel griffen wir einmal mit einem Fächer von sechs Raketen an und machten das Wegekreuz zusätzlich mit einem anständigen Bombentrichter einer 250-kg-Bombe unpassierbar. Insgesamt ließen wir drei brennende Lastkraftwagen zurück. Im Tiefstflug ging es nach Hause. Aus Gründen der Spritersparnis musste ich von einer größeren Suchaktion nach Panzern absehen. Sechs Raketen, einen Fächer, nahmen wir wieder mit nach Hause.

Noch herrschte draußen eisige Kälte. Dick in ihre Winterkleidung eingehüllt, so mussten unsere fleißigen Warte ihren Dienst versehen. Jederzeit startbereit sein, war nach wie vor die Devise der Kurlandfeuerwehr, der 8. Staffel. Ein neuer Tag brach an, der 21. Februar 1945. Da kam ein Anruf der Flotte! Angriff auf russische Schnellboote im Hafen von Sventoji! Blitzschnell schaltete ich. Erhard, hast du richtig gehört? Angriff auf Schnellboote in einem zum Kriegshafen ausgebauten Hafen! Mensch, Mensch, wenn das mal gut geht! Wohl war mir bei diesem Gedanken gar nicht. So brachte ich im Rahmen meiner Möglichkeiten erst mal meine Bedenken vor. Normalerweise sei doch so ein Hafen mit einer gehörigen Anzahl von Flakgeschützen ausgestattet. Mit Jägern sei auf jeden Fall zu rechnen, trotz unserer mindestens gleichwertigen Maschinen waren sie ein erheblicher Störfaktor. Na, und so tapfer seien wir wiederum auch nicht, um als Selbstmordkommando zu starten, da ein Angriff mit einer entsprechenden Erfolgsaussicht nur im Tiefflug und mit unseren bewährten Panzerraketen die Möglichkeit der Vernichtung in sich berge. Ich bat die Flotte, den Einsatz noch einmal zu überdenken. Der Ia der Flotte, Oberst Hotzel, sagte nur: „Ich gebe Ihnen einmal den General."

„Hier General Flugbeil. Jähnert, mit Flak ist nicht zu rechnen. Eben wurden mir die Luftbildaufnahmen einer Me 109 vorgelegt. Darauf ist nur eine schwere Flakbatterie auszumachen." „Und die anderen nicht auszumachenden Geschütze, Herr General? So ein Hafen hat doch eine Menge leichter Flak, welche uns gefährlich werden kann. Viele Schnellboote liegen an der Mole, wobei jedes Boot doch mindestens eine Vierlingsflak an Bord hat, und wenn die nicht schlafen … oh oh!" Hin und her wurde debattiert. Der Flottenchef sprach dann noch mal mit dem

Oberbefehlshaber Schörner. Und nun kam seine Antwort: Der Einsatz muss geflogen werden, die Boote müssen vernichtet werden, die Armee hier in Kurland braucht dringend Nachschub. Wie dringend, wussten wir Flieger am besten. Der General: „Jähnert, haben Sie alles mitbekommen? Eine Aufklärungsmaschine ist nochmals unterwegs. Sobald Bildmaterial vorliegt, geht es Ihnen per Storch sofort zu. Entscheiden Sie selbst, wie viele Jäger Sie mitnehmen wollen. Sprechen Sie sich mit denen ab! Danke." Ja, und damit war Schluss der Debatte.

Unterdessen ließ ich schon vier Fw klarmachen und mit je zwölf Raketen bestücken. „Die Flugzeugführer sind Hauptmann Jähnert, Oberleutnant Naumann. Die zweite Rotte Oberfeldwebel Benedix und Unteroffizier Houbé. Angriff im Tiefflug auf vier Schnellboote im Hafen von Sventoji. Luftbilder kommen gleich mit einem Storch, sobald die vorliegen, starten wir. Ihr braucht weiter nichts zu wissen, müsst mir nur folgen. Jeder nimmt sich ein Boot vor. Näheres per Funk eine Sekunde vor dem Angriff. Zwei Jäger werden uns begleiten, beobachten den Luftraum, sind mit auf unsere Frequenz geschaltet."

Ich blickte in die nachdenklichen Gesichter meiner Piloten. Die, die nicht mit von der Partie waren, schauten schon vergnüglicher drein. Um unsere Raketen richtig an den Mann zu bringen, mussten wir mindestens 50 bis 60 Meter an das Objekt heran. Der Angriffswinkel von etwa 30 Grad bedeutete bei dieser Entfernung eine Höhe von rund 20 bis 30 Metern. Bedacht werden musste auch die Geschwindigkeit, sie bestimmte eigentlich alles. In diesem Spiel war sie überhaupt die bestimmende Komponente. Nach dieser Komponente musste sich alles richten: Anflugwinkel, Abschussentfernung. Dabei blieb doch wiederum alles eine Gefühlssache in diesem Tiefstangriffsbereich. Das Anflugsziel war das Wichtigste, die Umgebung aber auch ein wichtiger Faktor. Wie leicht kann ein Mast, ein höheres Gebäude oder ein Schornstein dem Flieger zum Verhängnis werden. Manche Maschinen habe ich in meinem Fliegerleben in den Boden rasen sehen, weil die Abfanghöhe falsch eingeschätzt wurde. Und hier war eine falsche Schätzung immer tödlich, sofern ich das gesteckte Ziel erreichen wollte.

Zäh krochen die Minuten dahin, so ist es wohl immer, wenn man auf etwas Bestimmtes wartet, und wir warteten. Da kam von Nordwesten der anfliegende Storch. Unser Schicksal! Das Flugzeug, der Storch, landete. Vom Gefechtsstandschreiber wurde er eingewinkt. Das Kuvert mit den Bildern wurde mir sofort übergeben. Ab zum Staffelliegeplatz. Gemeinsam mit meinen Piloten studierte ich die Bilder. Der Angriffsplan war ganz schnell besprochen: „Ich nehme das Boot, du dieses Boot, du jenes Boot, und du, Houbé, das letzte hier am Pier. Über den Anflug brauchen wir nicht reden, ihr folgt mir einfach. Der Rest per Funk eine Sekunde vor dem Angriff!" Die Wetterlage am Platz: blauer Himmel und gute Sicht. Also würde es am Ziel gleich sein. Das Ziel Sventoji lag in etwa auf halber Strecke zwischen Libau und Memel.

Meinen Anflugkurs legte ich mir in Gedanken schon zurecht. Nach dem Start genau mit Westkurs bis ans Meer, dann Kurs Richtung Samland Ostpreußen. Der Iwan sollte denken, wir wollten nach Ostpreußen. Mein Ziel Sventoji würde ich weit im Osten liegen lassen, mit der Sonne im Rücken dann auf das Ziel einschwenken. 4000 Meter wären dann meine Höhe, Geschwindigkeit 450 km/h. Danach Fahrt im gedrückten Gleitflug aufnehmen, um mit enormer Fahrt dann zum eigentlichen Angriff überzugehen. Die Boote lägen dann alle quer zu meiner Angriffsrichtung. Klappte alles so, konnte eigentlich nichts schiefgehen. So war jedenfalls mein Plan.

Punkt 15.10 Uhr erfolgte unser Start. Fahrwerk einfahren und mit Kurs West auf 4000 Meter Höhe. Meinen Begleitschutz, zwei Jäger, bekam ich nur kurz nach dem Start zu Gesicht. Die gewünschte Höhe von 4000 Metern war schnell erreicht. Schon lag die Küste unter uns. Jetzt ließ ich die Kompassnadel auf 215 Grad einlaufen. Den strahlend blauen Himmel über meinem Schwarm – ein herrlicher Flug könnte dies sein, wäre nicht dieser verflixte Auftrag gewesen.

Mit jeder Minute Flugzeit ließen wir 7,5 Kilometer hinter uns. Die Motoren liefen ruhig, kein falscher Ton überraschte den einzelnen Piloten. Was mich überraschte und womit ich nicht im Entferntesten gerechnet hätte, war eine Wolkenbank, die sich von der Küste her genau über das Zielgebiet schob, die Untergrenze etwa bei 2000 Meter liegend. Das warf mir meinen schönen Plan vollkommen durcheinander. Da halblinks vor mir das Ziel. Durch die Wolken anfliegen konnte ich mir nicht leisten, das Ziel musste ich in Sicht behalten. Die Köpfe meiner Piloten waren jetzt auf mich gerichtet, fragend waren ihre Blicke. In diesem Moment entschied ich mich zum direkten Anflug und Angriff.

Noch hatte ich 4000 Meter. Den Gashebel auf Vollgas, schwenkte ich links auf das Ziel zu. Noch war der Zielort auszumachen. Im gedrückten Gleitflug mit zunehmender Geschwindigkeit steuerte ich den unteren Rand der Bewölkung an. Meine Männer folgten in Reihe rechts. Die Tachonadel kletterte auf 600 und ging schon darüber. Schon unter der unteren Wolkengrenze fliegend, waren die Schnellboote gut am Pier auszumachen. Da, der erste Flakschuss musste sein Rohr schon verlassen haben, das erste Wölkchen, als Alarmsignal, zierte den Himmel. „Entsichern, Angriff!", so ging mein Ruf durch das Kehlkopfmikrofon raus.

Durch den Flakschutz waren die Kameraden alarmiert, Flugabwehrgeschütze in nicht auszumachender Zahl mischten mit. Leuchtspurgeschosse flogen links und rechts an mir vorbei. Auch ich, und mit mir meine Männer, setzten unsere Bordkanonen in Tätigkeit. Treffen konnten wir zwar nicht, aber es beruhigte. 800 km/h las ich noch schnell am Tacho ab. Jetzt aufs Ziel konzentrieren. Die Geschwindigkeit nahm noch zu, das Boot wurde größer und kam rasend schnell näher.

Der Daumen meiner rechten Hand lag schon längst auf dem Auslöser der Raketen. Jetzt Schuss! Noch im Flug überholte ich meine Geschosse, um mit über 800 km/h wohl nur Zentimeter über dem Boot hinwegzurasen. Die Vierlingsrohre hatten ihr Feuer eingestellt, die Kameraden sich hingeschmissen, sie rechneten bestimmt mit dem Aufprall unserer Maschinen, aber sie konnten nicht mit dem Können ihrer Piloten rechnen.

Noch den Gashebel ganz vorn, flog ich gedrückt die Mitte des Hafenbeckens an, um jetzt die Nase meiner Fw 190 senkrecht in den Himmel zu richten. Kein Blick zurück aufs Ziel war möglich, nur nach vorn waren meine Augen gerichtet. Weiter begleiteten mich Flakwolken, schwarze und weiße, welche sich vor mir zu Wolken formierten. Im Senkrechtflug gen Himmel durchstieß ich die Wolkendecke, froh, die eisenbestückten Wölkchen endlich hinter mir gelassen zu haben. Mein starker Sternmotor brachte mich schnell auf 3000 Meter.[5] In den waagerechten Flug übergehend, konnte ich nun einen Blick rückwärts werfen. Da kamen auch meine anderen drei Maschinen mit nach oben gerichteter Nase durch die Wolkendecke. Anscheinend waren keine ernsthaften Beschädigungen an den Maschinen aufgetreten, denn sonst hätte sich der Pilot gemeldet.

In der erreichten Höhe von 3000 Metern ging es mit anliegenden 35 Grad auf Heimatkurs. Noch über Feindgebiet ließ ich meine Augen den Horizont absuchen. Nichts war zu sehen, auch meine Begleitjäger nicht. Sie müssten sich nun aber zeigen! Einen Funkspruch schickte ich jetzt in den Äther, keine Antwort! Doch, da eine Stimme: „Feindliche Jäger!“ Wo? Ja, wo? Irgendwo! Noch konnte ich meinen Begleitschutz nicht ausmachen. Jetzt mussten sie sich spätestens melden, da wir auch den gleichen Maschinentyp flogen, nur mit verschiedener Ausrüstung.

Die Kameraden der anderen Feldpostnummer konnte ich jetzt gar nicht gebrauchen, denn die Bordwaffen meiner Maschinen hatten keinen Schuss mehr im Magazin. Ein kleiner Abschuss so ganz nebenbei wäre sonst nicht zu verachten gewesen. Ohne jegliche Kurve flog ich dem Heimathafen entgegen. Die Wolken wurden lichter und lösten sich bald ganz auf. Die Erde in ihrer weißen Pracht lag wieder sichtbar vor mir, so als wäre überall tiefster Frieden. Wie man sich doch täuschen lassen kann!

Nach genau 70 Minuten Flugzeit, um 16.20 Uhr, setzten die Räder meiner Fw auf dem Boden auf. Die Ersten Warte winkten uns in die Abstellboxen ein. Ihre fragenden Blicke sah ich, konnte sie aber nicht beantworten. Zündung aus, Kabinenhaube auf und raus aus dem Bomber. Zu melden hatte ich nichts, denn jede Sekunde des Fluges erforderte die ganze Aufmerksamkeit; der kleinste Fehler bei diesem waghalsigen Flug hätte den Absturz und damit den Tod bedeutet. Weit abgestürzt wären wir allerdings nicht, da unsere Flughöhe im Hafenbecken höchstens drei bis fünf Meter betragen hatte.

Die Trefferlage muss voll im Ziel gelegen haben, ein Vorbeifliegen unserer Raketen war praktisch unmöglich, so nah am Objekt wurden unsere Panzerschreckraketen erst gezündet. Alle zwölf mitgeführten Raketen waren auf einmal gezündet worden.

Den Abschuss meiner Raketen konnte ich nur kurz sehen, denn dann hatte ich die Geschosse schon überholt. Der Luftwiderstand ließ die Flugkörper sofort an Geschwindigkeit verlieren. Meine Maschine hatte etwa 800 bis 850 km/h drauf. Kein Wunder, dass man als Pilot den Treffer nicht verfolgen konnte.

Die Zurückmeldung beim General, welcher direkt persönlich an den Apparat kam, war kurz und bündig: „Angriff durchgeführt, vor lauter Flak hat sich keiner umgedreht!“ Ohne Kommentar legte mein oberster Chef den Hörer auf. Er hätte sich eine andere Meldung gewünscht, ich aber auch! Richtig sauer war ich in diesem Moment auf den General. Der nach dem Angriff gestartete Aufklärer würde mehr melden können.

Zur Staffel zurückgekehrt, herrschte hier eitel Freude und Sonnenschein. Alle Maschinen waren gut und heil gelandet, nur eine Fw hatte es erwischt. Glück im Unglück hatte mein Oberfeldwebel Benedix gehabt. Die rechte Fläche seiner Maschine zeigte einen glatten Durchschuss einer mindestens acht bis zehn Zentimeter großen Flakgranate, die nicht explodiert war. Wäre das der Fall gewesen, hätte sein Flug im Hafenbecken geendet. Das Nichtexplodieren der Granate zeigte, wie tief wir geflogen waren. (Zur Erklärung sei gesagt: ein Flakgeschoss dieser Größenordnung war mit Verlassen des Rohres noch nicht scharf, sondern erst wenige Meter später.) Glück musste ein Flieger haben, und unser Benedix hatte es damals.

Viel wurde hin und her erzählt, in einem waren sich die Männer aber einig: Es war ein verflixter Einsatz! Keiner meiner Piloten wollte ihn noch einmal fliegen. Glück und ein wenig Können hatten uns vor Schaden bewahrt. In einem weiteren Punkt waren sich meine Piloten auch noch einig: Erfolg musste der Einsatz gehabt haben, einen Vorbeischuss hätte nur ein Ochse fabrizieren können, aus der Entfernung des Abschusses war ein Vorbeischuss nämlich einfach unmöglich. Und wie sich auch bald herausstellen sollte, waren wir keine Ochsen gewesen.

Das Mittagsmahl am folgenden Tage, dem 22. Februar 1945, hatte ich gerade eingenommen, als ein Anruf vom Flottenchef persönlich für Hauptmann Jähnert kam. Ich ran ans Telefon, um gleich anzufangen: „Hauptmann Jähnert, Herr General!“ „Jähnert, meinen herzlichsten Glückwunsch zu Ihrem gestrigen Erfolg. Zwei Schnellboote sind sofort brennend gesunken, eines wurde so schwer beschädigt, dass es nicht mehr repariert werden kann, und das vierte sollte in die Werft nach Memel geschleppt werden. Eines unserer eigenen U-Boote hat einen Russen aufgebracht, welcher das noch reparaturfähige Boot in die Werft nach Memel schleppen sollte. Die russischen Matrosen sagten nach der mir vorliegenden Meldung Folgendes aus: Da wären vier Focke gekommen, welche sich mit einer unheimlichen Geschwindigkeit auf die Boote gestürzt hätten, dann hätte es an den Flächen aufgeglüht und die Focke wären senkrecht nach oben in den Wolken verschwunden. Nochmals meinen herzlichen Glückwunsch. Eine Labekiste ist mit dem Storch unterwegs.“ Ich aber schnell zum

Platz raus, und da kommt auch schon der Storch an. Der Pilot des Storches kannte unterdessen schon die 8. Staffel und landete entsprechend. Meine Mannen waren schon beim Ausladen einer Kiste. Oben auf einem Zettel stand vermerkt: „An meine Kurlandfeuerwehr, z. Hd. Hauptmann Jähnert." Hurra! Was hatten wir verbrochen, dass es uns so gut ging? Nur unsere Pflicht hatten wir getan.

In der Kiste war so viel, dass die ganze Staffel sich einen gemütlichen Abend machen konnte. Da man zu dieser Zeit nichts anbrennen lassen durfte, wurde die Feier noch am gleichen Abend veranstaltet. Flieger feiern eben die Feste, wie sie fallen.

Schon zeigte der Kalender den 23. Februar 1945. Der Himmel wolkenverhangen, verbunden mit einer äußerst schlechten Sicht. Ein Tag, um die Einheit, das heißt die Staffel, einmal so richtig gammeln zu lassen. Ich blieb erst einmal im Bett liegen. Da erreichte uns ein Anruf vom Gefechtsstand: Die Kurlandfeuerwehr muss mit einem Einsatz rechnen. Sauerei. Ergo alles raus aus den Betten, die ach wie viele Mal schon geübte Einsatzbereitschaft war herzustellen! Ich ab zum Gefechtsstand.

Bevor ich weiter erzähle bzw. berichte, darf ich nochmals auf die Eigenarten dieser Angriffe mit den Panzerschreckraketen näher eingehen. Soweit mir bekannt geworden ist, hat es an allen Frontabschnitten keine zweite Staffel mit dieser Abschussvorrichtung gegeben. Nur an der Kurlandfront war eine Staffel eingesetzt und konnte beste Erfolge erzielen, bessere Ergebnisse waren eigentlich auch gar nicht zu erwarten. Aber eben diese Ergebnisse wurden erwartet. Dieser Erfolg paarte sich aber nur mit etwas Glück. Die Devise, auf welche ich meine Männer eingeschworen hatte, hieß ganz einfach: „Dem Mutigen gehört die Welt. Der Angriff ist die beste Verteidigung!" Dort, wo kein Feind einen Flieger als Angreifer vermutete, dort tauchte die Kurlandfeuerwehr auf und griff an.

Gegen 11.00 Uhr kam dann der Einsatzbefehl. Wie immer waren Panzer das Ziel. Bei Priekuln bewegte sich so einiges auf die Front zu. Anscheinend wollte der Russe hier wieder einmal einen Durchbruch versuchen. Und unsere Aufgabe war es nun, diesen Aufmarsch zu zerschlagen.

Start 11.40 Uhr. Die Wetterlage hatte sich unmaßgeblich gebessert. Die tiefe Bewölkung mit der beschissenen Sicht blieb. Da mein Haufen an schlechte Sichtverhältnisse gewöhnt war, zogen wir den Nutzen aus dieser Wetterlage. Es konnte uns kein feindlicher Jäger stören.

Der Zielraum war erreicht, nur wo waren die Panzer? Auf breiter Front ging es auf Suche. Ohne einen Panzerabschuss, also ohne einen brennenden Panzer, wollte ich eigentlich nicht nach Hause zurückkehren. Leider konnte die Gegend nur im Tiefflug abgesucht werden. Da, vor mir ein Waldstreifen, welcher von einer Straße durchschnitten wird, und was sahen meine Augen? Auf dieser Straße kamen in Richtung eigene Front und in einer noch nicht gekannten Formation: Panzer – Mannschaftslastkraftwagen – ein Flakpanzer – Mannschaftswagen – Panzer – Mannschaftswagen und wieder ein Panzer. Sofort ließ ich angreifen, denn noch war das Überraschungsmoment auf unserer Seite, wenn auch die tief liegende Wolkendecke meinen Angriffsspielraum stark einschränkte. Hin und her brauchte nicht palavert werden, alle Piloten der Kurlandfeuerwehr waren bestens aufeinander eingespielt.

Tief kamen meine zwei Schwärme an. Ich persönlich konnte im ersten Anflug keine Raketen einsetzen, ich war schon zu nah an der Kolonne. Die Bordwaffen mussten sprechen, und sie sprachen auf die vollbesetzten Mannschafts-Lkw an. Noch heute sehe ich, wie die Ladeflächen leergefegt wurden. Die Soldaten wollten noch herunterspringen, einzelne werden es geschafft haben, andere blieben schwer angeschlagen liegen. In diesem Moment habe ich die Kameraden bedauert, denn sie hatten keine Chance. Die meisten werden ihr Leben dort gelassen haben.

Hier habe ich mich selbst gefragt: Erhard, was kannst du daran ändern? Nichts, denn vielleicht nur Stunden später hätten vielleicht die eigenen Kameraden unter dem Feuer dieser russischen Soldaten ihr Leben lassen müssen! „C'est la guerre!“, wie der Franzose sagen würde. Bei uns stellte sich nur die Frage: „Du oder ich?“ Die Antwort blieb immer dieselbe: „Dann lieber du.“

So lief der Angriff ab wie auf dem Übungsplatz, ohne sichtbare Gegenwehr. Als zweites Objekt musste der Flakpanzer ausgeschaltet werden. Er wurde mit unseren Raketen in Brand geschossen. Nur hatte ein Angriff auf einen Flakpanzer auch seine Tücken. Die aufmontierte Vierlingsflak schlief meistens nicht und schoss auch nicht nur mit Knallpatronen. Meist war so ein gefährliches Monstrum nur durch eine Täuschung zu besiegen. Ein Angriff auf einen solchen Panzer musste von zwei Seiten gleichzeitig erfolgen. Schoss die Flak auf den einen Angreifer, drehte dieser ab und der andere schoss, oder umgekehrt. Wir erwischten ihn jedenfalls! Nur war so ein eiserner Kamerad nicht ganz so einfach auszuschalten, wie die Beschreibung klingt. Die tiefen Wolken gereichten uns diesmal zum Vorteil. Kein Jäger konnte uns beim Angriff behindern. Unsere Bordwaffen und unsere Raketen kamen hier voll zur Geltung. Drei Lkw und vier Panzer ließen wir brennend zurück, um nach genau 60 Minuten wieder wohlbehalten in Zabeln zu landen. Alle Fw waren flugklar geblieben, um sofort wieder betankt und neu munitioniert zu werden.

Da der Erfolg der Kurlandfeuerwehr schon vorprogrammiert zu sein schien, wurde vom Heer gleich noch ein zweiter Angriff verlangt. Wieder Angriff auf Panzer im Raum Priekuln. Diesmal flog ich nur mit einem Schwarm, und die Panzer fand ich etwas nördlicher, also die noch intakten. Das Glück war uns nicht mehr so hold, auch schienen die Russen vorgewarnt zu sein. Die Kameraden lagen alle bei unserem Überflug auf dem Rücken und hatten ihr Gewehr nach oben gerichtet. Einen Panzer konnten wir brennend zurücklassen, einen zweiten Panzer mussten wir getroffen haben, aber leider brannte er nicht, sodass ich ihn nicht als abgeschossen melden konnte. Drei Panzer wurden bei diesem Einsatz überhaupt nur gesehen. An eigenen

Verlusten waren Treffer an zwei Maschinen festzustellen. Keine bedeutenden, aber es hätte auch anders ausgehen können, da wir zum Teil wolkenbedingt so tief flogen, dass auch der dämlichste Gewehrschütze nicht vorbeischießen durfte.

Für die nächsten zwölf Tage sollte dies unser letzter Feindflug gewesen sein. Der Durchbruch bei Priekuln fand nicht statt. Die Führung war mit uns zufrieden. Leider sind unsere Kriegstagebücher alle in Kurland verbrannt worden, denn sie hätten im Einzelnen alles noch genauer belegen können, als ich es jetzt aus dem Gedächtnis kann. Doch immerhin kann ich auf die Aufzeichnungen meines Flugbuches zurückgreifen. Der immer noch vorherrschende Benzinmangel dürfte auch ein weiterer Grund für die wenigen Feindflüge sein, denn nur in dringendsten Fällen wurde geflogen. Da im Allgemeinen die Flugplätze doch einige Kilometer hinter der Front lagen, hatte der Flieger, sobald der Einsatz vorbei war, ein verhältnismäßig gutes Leben. Die Einsätze waren hart, Verwundete gab es nur wenige unter dem fliegenden Personal, ein Abschuss bedeutete meistens den Tod. Alles dies trug wohl mit dazu bei, dass der Flieger gerne einen zur Brust nahm, da er nie wusste, ob er das am nächsten Tag noch könnte. So machte auch in meiner Staffel der Wunsch zu feiern keine Ausnahme. Meine Gedanken gingen aber auch in ähnliche Richtung. Nur zum Feiern gehörte eben auch etwas Alkohol. Wie war aber an diese Rarität heranzukommen?

Da gab es bei mir in der Einheit einen Mann, Lienhard war sein Name. Von seiner Tätigkeit in der Einheit her Bombenwart, aber sonst, wie bereits zuvor beschrieben, ein Organisations- und Sprachtalent, wie kaum ein zweites zu finden sein dürfte. Wo kein anderer etwas zu Wege brachte, war der Einsatz von Lienhard zu 99 Prozent mit Erfolg gekrönt. Er war der Mann zur Beschaffung von Alkoholitäten, zumal wir wussten, dass die Letten ihren Alkohol selbst brannten. Ergo wurde Lienhard mit dieser heiklen Aufgabe bedacht. Schon in Polen war er unser Mann für diese Sachen gewesen. Dort hatte er einmal eine Gans beschaffen sollen. Fünf Gänse brachte er an, die eine lieferte er ab, die anderen verzehrte er selbst.

Lienhard kam und nahm freudestrahlend den Auftrag an. „Jawohl, Herr Hauptmann, mach ich!“ Wie er das aber bewerkstelligen wollte, blieb mir ein Rätsel. Als Transportmittel bekam er ein Pferdefuhrwerk lettischer Bauart mit sowie einen Mann Verstärkung. Meine weitere Order: Partisanengebiet war zu meiden und am Abend sollte er wieder zurück sein. „Kommando Lienhard meldet sich zum Einkauf ab.“ Ja, so zogen sie los, gut bewaffnet, langsam und geruhsam. Nur nicht hetzen, hat wahrscheinlich auch das Pferd gemeint. Die besten Wünsche aller Staffelangehörigen begleiteten ihn.

Der Abend kam, jeder schielte schon nach dem Kommando Lienhard. Träge flossen die Stunden dahin, nur vom Kommando Lienhard war keine Spur zu sehen. Der Morgen des nächsten Tages war schon angebrochen, nur das Kommando Hauptgefreiter Lienhard ließ sich immer noch nicht blicken. Der Abend kam, nur mein Lienhard nicht. Der Spieß, Hauptfeldwebel Kühn, ließ sich dafür bei mir des Öfteren blicken. Seine Mahnungen klangen heute noch in meinen Ohren nach: „Herr Hauptmann, wir müssen das Fehlen melden!“ So ganz wohl war mir ja auch nicht, da fuhr der Spieß schon fort: „Herr Hauptmann, Lienhard und der Mann sind schon einen Tag und eine Nacht überfällig.“ „Warten wir noch bis morgen“, gab ich dem Spieß zur Antwort.

Der dritte Tag war angebrochen und wieder stand der Spieß da: „Herr Hauptmann, jetzt muss die Meldung aber gemacht werden!“ Langsam bekam ich Magenschmerzen, sollte ich mich denn in Lienhard getäuscht haben? Der Stern Lienhard begann bei mir zu sinken, und der Spieß stand immer noch da. Er bekam meinen Unmut zu spüren: „Sie machen eine Meldung, wenn ich es Ihnen sage, und jetzt lassen Sie sich bei mir erst wieder sehen, wenn ich Sie rufen lasse, oder wenn Lienhard da ist. Verstanden?“ Im Grunde genommen hatte der Spieß vollkommen recht. Was blieb ihm übrig? Hacken zusammen und abhauen.

Die erste Hälfte des Tages war schon vorbei. Die Einheit hatte gerade das Mittagessen verzehrt, da fuhr doch ein Wagen in den Hof, mit prallen Säcken bis zum geht nicht mehr vollgeladen. Oben drauf, sozusagen als Krönung, thronte mein Lienhard, sein Begleiter hinter ihm. Wie auf einem Kamelrücken, so saßen die beiden auf dem Wagen. Die gesamte Einheit lachte, ich natürlich auch, so konnte ich vor Lachen dem Kommando Lienhard nicht mehr böse sein. Dann noch seine Meldung: „Herr Hauptmann, der ganze Wagen voller Getreide, braucht nur noch gemahlen und gebrannt zu werden.“

Strafe musste aber trotzdem sein. Er hatte die Zeit ja gewaltig überschritten, weshalb ich zwei Nächte schlecht geschlafen hatte. „Lienhard, du fährst sofort zur nächsten Windmühle und lässt das Korn mahlen! Weshalb, weißt du schon.“ Lienhard antwortete sofort: „Herr Hauptmann, da war ich schon, die Mühle ist verplombt, der Müller darf nicht mahlen.“ Diese Mühle sollte aber den wenigsten Ärger bereiten. Einen Oberleutnant schickte ich mit auf die Reise, welcher die Plombe lösen sollte, um sie später wieder einigermaßen zu befestigen. Die Flügel drehten sich, und mit jedem gewonnen Pfund Mehl vermehrte sich auch unsere Schnapsausbeute. Die Verarbeitung übernahm gleich der Müller, denn die Letten hatten unserer Erfahrung nach die beste Erfahrung in der Herstellung köstlichen Alkohols.

Die nächsten heiteren Abende waren gesichert. Es gab keine Besäufnisse, aber die Abende waren lustig und gemütlich. Alles, was zur Kurlandfeuerwehr gehörte, feierte mit. Eine kleine Reserve verblieb natürlich beim Käpt'n, und der war ja ich.

Die Tage wurden wohl länger, aber die Nächte waren trotzdem noch zu lang. Die Zeit für Tagesfeindflüge war immer noch stark begrenzt. Der Winter führte weiter sein Regiment. Tag für Tag mussten die Warte jeden Morgen raus, um die Maschinen jederzeit startklar zu haben. Winterlich bedingt, war die Tätigkeit an der Front nicht allzu stark. Der chronische Benzinmangel beschränkte die fliegerischen Einsätze auf ein Mindestmaß. Gammeldienst war die tägliche Parole.

So kam ich dann auch eines Tages gegen 18.00 Uhr, es war schon dunkel, in die Unterkunft. Außer den Wachen war kein Mensch zu sehen. Sie wussten von nichts. Da konnte ich endlich meinen Leutnant Birk treffen, und der wusste, wo sich die Kameraden aufhielten: im Nachbargehöft, 150 Meter von der Unterkunft entfernt, mit den Damen der ganzen Umgegend beim Tanz. „Ja, Leutnant Birk, da wollen wir uns das Fest doch einmal ansehen!"

Da huschte doch eine Gestalt um eine Ecke des Nachbargehöfts! Wie sich sofort herausstellte, war es die Wache. Ja, so schlau waren die Kameraden auch! Eine Wache wurde aufgestellt, na, und die hatte mein Kommen natürlich sofort gemeldet. Kaum hatte ich die niedere Bauernstube betreten, standen sie alle da, meine Mannen und die Kapelle.

Sehr anheimelnd fand ich es in der gemütlichen Bauernstube. Ja, und was sollte ich als Chef sagen: „Warum wird denn nicht weiter gespielt? Schließlich möchte ich auch einmal tanzen." Ja, da waren verflixt hübsche Mädchen dabei!

Das Aufatmen meiner Leute konnte ich so richtig hören. Jeder hatte wahrscheinlich eine andere Antwort erwartet. Aber an eine andere Antwort hatte ich gar nicht gedacht. Freude und ab und zu etwas Vergnügen heben und stärken die Kampfmoral. Gerade wir hier im Nordosten, im Kessel Kurland, konnten eine moralische Stütze gut gebrauchen. Meine Bedenken schwanden auch etwas, denn mein Lienhard war mit von dieser Partie – er, mit den besten Verbindungen in der Organisation von Alkohol und sonstigen Spezialitäten der Küche, wie Eier und Geflügel. Außerdem sah ich auch sofort, dass Flaschen mit Alkohol die Runde machten, na, und die hatte doch bestimmt der Lienhard besorgt. Natürlich auf Versorgungspfaden, welche nur ihm bekannt waren. Trotzdem bat ich bei meinem freundlichen Rückzug, Doppelposten aufzustellen.

Der März 1945 war schon angebrochen. Die Strahlen der Sonne wurden kräftiger; der Schnee fing an, sich zu verabschieden, besonders an sehr geschützten Stellen. Frühling lag in der Luft. Auch unser Gegner, der Iwan, begann sich zu regen. In den Räumen Priekuln und Frauenburg bereitete man sich anscheinend auf einen Vorstoß in Richtung Ostsee, das heißt Windau, vor. Auf dieser Linie lag nun dummerweise auch unser Platz Zabeln.

Mit unseren Einsätzen, immer nur in Schwarmstärke, konnten wir am 5. und 6. März dieses Jahres 1945 dem Iwan nochmals Paroli bieten. Mit dreizehn seiner Panzer konnte er nicht mehr rechnen, denn die ließen wir bei den vier Einsätzen brennend auf seiner Seite zurück. Es hätten mehr sein können, wäre die leidige Frage des Flugbenzins nicht gewesen. Der 7. März 1945 brachte keinen Einsatz, aber – man höre und staune – einen Anruf des Kriegsgerichts aus Cirava. Am 8. März, also einen Tag später, bat man mich, dort zu einer Verhandlung zu erscheinen in Sachen meines Fallschirmabsprunges vom 30. Juni 1944 in Deutsch-Brod. Das Urteil lautete damals in Prag: acht Tage Stubenarrest. Es wurde ja aber nicht bestätigt, da die Strafe zu gering war. Jetzt nach neun Monaten meldeten sich die Kameraden wieder. Dabei hatte ich den Vorfall schon längst vergessen.

Da kein Einsatz für diesen Tag vorlag, schnappte ich mir den Storch, um schnell die wenigen Flugkilometer zum Jägerplatz Cirava zurückzulegen. Die Verhandlung begann sofort. Vor mir der berufliche Richter, als Beisitzer, ein Dienstgrad höher, ein Major, ein zweiter Beisitzer im gleichen Rang, der schon mir bekannte Ritterkreuzträger Hauptmann Findeisen (Gutenfeld/Ostpreußen).

Eigentlich war das eine ganz lustige Verhandlung. Der beamtete Richter schilderte nochmals mein mir angelastetes Vergehen. Hier will ich nur eine Kurzwiederholung geben: Meine 87 stand mit laufendem Motor am Start, für eine Übung mit einer SS-Einheit. Ein Katschmarek links und einer rechts von mir. Beladung: eine scharfe 250-kg-Bombe. Der Start erfolgte. Beim Abheben merkte ich, meine Querruder lassen sich nicht bewegen. Ein Blick zu den Flächen zeigte, die Feststellvorrichtungen flatterten lustig mit im Fahrtstrom des Windes. Das Flugzeug drehte nach rechts. Mit dem Höhenruder war es mir möglich, die Maschine noch etwas aufzurichten und noch wenige Meter an Höhe zu gewinnen. Na, und dann ging es mit meinem Bordfunker Oberfeldwebel Kleinert ins balkenlose Element Luft. Besatzung heil, Flugzeug Totalschaden.

Der Richter: „Ja, Hauptmann Jähnert, mit acht Tagen Stubenarrest ist nichts mehr! Sie hätten damals vor dem Start alles genauestens überprüfen müssen. Normal würde ich die Sache streichen. Geht aber nicht mehr. Wären Sie mit vierzehn Tagen Stubenarrest einverstanden? Sie beantragen Frontbewährung, damit Sie die Strafe nicht abzusitzen brauchen. Wie aus den Akten hervorgeht, sind Sie zur Verleihung des Eichenlaubs zum Ritterkreuz vorgeschlagen. Erfahrungsgemäß wird nach der Verleihung die Strafe gestrichen. Natürlich muss noch der Flottenchef, hier als oberster Richter, zustimmen. Einverstanden?" „Ich bin einverstanden, nur eine Frontbewährung beantrage ich nicht. Ich sitze die Strafe ab."

Was sollte mir schon in den vierzehn Tagen passieren? Nichts! Eine gemütliche Stube, und dank der Organisation Todt war alles vorhanden. Für jegliche Abwechslung war also gesorgt. Na, und wer wollte mich denn kontrollieren? Doch nur ich selber, denn mein Bauernhof lag weitab vom Schuss. Das waren meine Gedanken, als ich die Frontbewährung ablehnte.

So flog ich denn guten Mutes, nach einem kleinen Umtrunk mit dem Richter und seinen Beisitzern, mit meinem Storch wieder nach Zabeln zurück.

Der 9. März 1945 war angebrochen. Noch war es draußen dunkel und ich noch hundemüde vom Umtrunk am Vorabend, da klingelte doch das Telefon.

Oberst Hotzel, der Ia der Flotte, war am Apparat. „Jähnert, ein Einsatz, Panzer im Planquadrat RD6A!“ (So steht es jedenfalls in meinem Flugbuch.) „Verzeihung, Herr Oberst, leider kann ich den Einsatz nicht fliegen, da ich gestern vom Kriegsgericht in Cirava zu vierzehn Tagen Stubenarrest verurteilt worden bin!“ „Was? Davon wissen wir hier noch gar nichts. Bleiben Sie am Apparat, ich übergebe an Herrn General Flugbeil!“ „Hier Flugbeil, was gibt es denn, Jähnert?“ Ich schilderte ihm die Angelegenheit. Darauf entgegnete der General als mein oberster Richter in diesem Fall (und die Antwort werde ich mein Leben lang nicht vergessen): „Die Blutrichter haben den Arsch offen, die Strafe ist gestrichen und Sie fliegen! Ist das klar?“ „Jawohl, Herr General!“ So erging es mir also, dabei hatte ich mich schon auf die vierzehn Tage gefreut. Wäre das ein Leben gewesen!

Der erste Einsatz in den Raum RD6A und noch ein zweiter am gleichen Tag in den Raum RD3A-B brachten für uns beste Erfolge. Etliche Panzer fielen uns zum Opfer, plus einige Kraftfahrzeuge, welche noch in Brand geschossen werden konnten. Gerade drehte ich nach dem letzten Einsatz Richtung Heimat ab, da tauchten doch noch einige Airacobras auf. Hier darf ich nun den Kameraden von der anderen Seite einen hervorragenden Kampfstil bescheinigen, nur waren sie an die Verkehrten geraten, wir waren etwas besser. Außer einigen Kratzern an den Maschinen hatte mein Schwarm nichts abbekommen.

Die nächsten Einsätze auf Panzer in die Räume Eglites sowie Dziernieke am 10. und 11. März 1945 zeigten für uns Ergebnisse, die besser nicht sein konnten. Der Russe musste gewaltige Verluste hinnehmen. Wir hatten Glück, kein Jäger ließ sich blicken. Sie hatten offenbar die Nase voll! Oder ahnten sie schon etwas?

Dies sollten die letzten Einsätze der Kurlandfeuerwehr sein. Nur wusste es noch keiner. Das gewaltige Ringen des kleinen Deutschlands gegen die ganze andere Welt neigte sich rasend schnell dem Ende zu. Der Iwan drückte und drückte. Material, das wir nicht hatten, spielte bei ihm anscheinend keine Rolle. Der Kessel wurde enger und enger. Die ersten Vorbereitungen für eine Flugplatzrundumverteidigung wurden getroffen. Jeder der Gruppe bekam seinen Platz im eventuellen Erdkampf zugeteilt. Oh je, dachte ich, sagte es aber nicht laut. Wir im Erdkampf? Davon hatten wir doch nicht den blassesten Schimmer.

Diese Vorbereitungen schlugen natürlich auf die Stimmung der Truppe. Noch waren wir Schlachtflieger aber frohen Mutes. Mit Lienhard an der Spitze eines Versorgungsteams ließ ich weiter Alkohol produzieren.

Der Frühling kam, und mit ihm die Sonne. Uns hat er nichts gebracht außer den Kameraden, die uns in die Mangel nahmen. Näher und näher rückte die Front. Mehr und mehr tauchten in den ersten Nachtstunden die kleinen Flugzeuge des Feindes auf. Kleine Splitterbomben wurden hier noch mit der Hand über Bord geworfen. Schaden richteten sie kaum an, nur die Nachtruhe ging mehr und mehr dahin. Die

Kameraden wurden nervöser und nervöser. Splittergräben wurden ausgehoben und Panzersperren vorbereitet. Jeder der Gruppe bekam seine Funktion zugeteilt.

Besprechung beim Horstkommandanten, denn die Flotte verlangte eine Vollzugsmeldung. An einen tatsächlichen Kampf dachte aber noch keiner, noch glaubten wir an ein Wunder. Die Wunderwaffe war im Gespräch – nur kam sie nicht! Aufklärungsflugzeuge vom Typ Ju 188 tauchten ab und zu auf, um bei uns aufzutanken. Diese Besatzungen erzählten von dieser Wunderwaffe. Die Einzelteile waren schon alle vorhanden, sie müssten nur noch zusammengesetzt werden. (Es handelte sich um die später bekannt gewordene Atombombe. Die laufenden Bombardierungen des Reichsgebietes verhinderten – zum Glück – eine Zusammensetzung.) Die Anwendung dieser Wunderwaffe sollte dem Amerikaner vorbehalten bleiben. Ob der Einsatz dieser Wunderwaffe, besser gesagt „Massenvernichtungssuperbombe“, noch nötig gewesen wäre? Das zu beurteilen, soll einmal der Geschichtsschreibung vorbehalten bleiben.

Auf diese letzte Landung einer Aufklärungsmaschine vom Typ Ju 188 komme ich in einem späteren Absatz noch zu sprechen.

Treu und brav erfüllten wir Fliegersoldaten unsere Aufgaben nun auch im Bodendienst. Ein Bein rissen wir uns dabei zwar nicht aus, denn noch war es für uns nur ein Zeitvertreib.

Wie vorher schon erwähnt, pflegten wir einen guten Kontakt zur Organisation Todt, kurz OT genannt. Besuch des örtlichen Bauleiters dieser Organisation hatte ich jede Woche einmal. Noch heute sehe ich diesen Herrn im Schlitten oder Panjewagen in mein Unterkunftsgehöft einfahren. Er, mittelgroß, etwas zur Fülle neigend, kleiner Bierbauch, saß immer auf dem Rücksitz seines Gefährtes. Seine Fahrerin oder Schlittenführerin war eine dickliche Lettin, die rührend für ihren Fahrgast sorgte. Sie verstand bestimmt alles, sagte aber nie ein Wort, sondern wartete treu und brav in einem Raum des Gehöftes, bis ihr Fahrgast zum Abtransport mit Alkohol gefüllt war.

Der Herr Bauleiter der OT, welcher in allem für meine Staffel sorgte, sofern es in seinen Rahmen passte, wurde dementsprechend auch von mir und meiner Einheit versorgt. Die Trinkfreudigkeit sah man seiner Statur schon von Weitem an. Ein Liter Rum – sein gewöhnlicher Konsum – dann war es so weit. Musste ich einmal zum Einsatz, dann wartete er mein Zurückkommen in meinem Zimmer ab. Gewöhnlich war der Liter Rum ausgetrunken, und seine Fahrerin konnte gerufen werden. Sie kannte das anstehende Problem. Halb trug sie ihn, halb zog sie ihn, bis er auf seinem angestammten Platz im Fahrzeug saß. Ein Schnalzen mit der Zunge, und ab ging die Fuhre. Eines darf ich zu diesen Besuchen noch sagen: Damit er sich verabschieden konnte, fuhr er nie weg, ohne dass ich anwesend war, und wäre es späte Nacht gewesen.

Es war im ersten Drittel des April 1945, als ein Bote der Organisation Todt zu mir kam, um mir eine Bitte des Bauleiters zu überbringen: eine Einladung zu einer lettischen Familienfeier. Mein Erscheinen wäre für diese Leute eine große Ehre. Ohne meine Zusage könne er sich dort nicht sehen lassen. Also was blieb mir übrig, ich sagte zu.

Da ich wusste, dass die Letten viel und gerne tranken, besonders scharfe Schnäpse, ich aber nicht so trinkfest war, nahm ich meinen Oberleutnant Naumann mit. Gegen 16.00 Uhr erschienen wir auf dem Gehöft der lettischen Familie. Pferdewagen standen in großer Anzahl herum. Eine gute Stimmung herrschte, die Töne schallten bis weit nach draußen.

Unser Kommen war beobachtet worden, denn kaum hielt ich, kam mein OT-Bauleiter zur Begrüßung. Der guten Stimmung gemäß dauerte die Begrüßung lange. Jetzt aber rein ins Haus.

Wir kamen in einen großen Raum mit einer langen, langen Tafel. Es waren kaum noch zwei Plätze für uns frei. So schnell kam ich gar nicht mit, schon saß ich neben dem Hausherrn. Die Tafel war gedeckt wie zu einer Hochzeit. Überreichlich war das Angebot an Fleisch und Wurst. Kaum saßen wir Flieger, stand schon ein Gläschen Selbstgebrannter vor uns. Der Hausherr stand auf und sagte auf Deutsch: „Ein Prost auf die deutsche Luftwaffe, ein Prost auf die deutschen Flieger!" Der selbst gebrannte Kornschnaps hatte mindestens 60 Prozent Alkohol. Mir blieb richtig die Luft weg. Ein Blick zu meinem Oberleutnant zeigte mir, dass es bei ihm schon besser ging. Anscheinend hatte er schon länger ein besseres Training! Ich hatte aus meinem Glas nur ein wenig getrunken, da wurde gleich wieder nachgeschenkt, und zwar randvoll. Nur die Oberflächenspannung der Flüssigkeit verhinderte ein Überlaufen. Jedenfalls musste ich über die Einschenktechnik sehr staunen. Bei mir hätte das nie geklappt.

Noch kannte ich aber den Grund der Feier nicht. Nur langsam kam ich dahinter. Man höre und staune: Die Familie hatte einen neunzehnjährigen Sohn, und der hatte sich freiwillig zur 6. lettischen SS-Division, die unter Führung des Generals Krüger stand, gemeldet. Der nächste Tag war der Tag der Gestellung. Erwähnen muss ich hierbei, dass es sich um eine deutschstämmige Familie handelte. Das Deutschtum stand bei dieser Familie an erster Stelle, und die Gäste waren entsprechend eingestellt.

Längst war die Nacht hereingebrochen, ehe wir den Marsch bzw. die Fahrt zur eigenen Unterkunft antreten konnten. Es war eine klare Sternennacht, denn ohne deren Leuchtkraft hätten wir bestimmt Schwierigkeiten gehabt.

Der Kalender zeigte Mitte April 1945. Kurland, der Kessel, wurde täglich kleiner und kleiner. Kaum noch ein Bewegungsspielraum für den Kurlandkämpfer. Für uns bedeutete es den Aushub von Splittergräben für die Platzverteidigung.

Provisorische Unterkünfte wurden in der Erde errichtet. Allmählich fing auch der größte Optimist an, die Lage als brenzlig einzustufen. Nachrichten aus dem Reich versprachen keine Besserung, und tägliche Rückfragen bei der Flotte brachten bzw. ergaben nichts Neues. Die letzten Tage des Aprils kamen näher. Wie sollte und wie würde es weitergehen? Fragen ohne eine Antwort! Die Karte lag jetzt ständig auf meinem Tisch. Tag für Tag maß ich die Entfernungen von Kurland zum nächsten Flugplatz im Heimatgebiet. Täglich wurde auch dort der Raum enger. Ohne Zusatzbehälter war jetzt kein Platz mehr zu erreichen.

Fragen über Fragen beschäftigten mich. Ich konnte noch in meine Maschine steigen, aber wie brachte ich meine Männer mit zurück? Was konnte ich in der 190 mitnehmen? Was war auszubauen, um Raum für Leute zu schaffen? Wie weit war die Schwerpunktverschiebung zu berücksichtigen? Diese Fragen wollte ich beantwortet haben. Alle Kameraden der Staffel sollten also mit überlegen. Fast täglich gab ich einen Lagebericht an meine Männer durch. Aber eine Antwort für den Fall der Fälle musste gefunden werden.

Was blieb mir übrig? Erhard, schwing dich in den Storch, und ab zur Flotte. Die Kameraden in der oberen Führung mussten doch mehr wissen, nahm ich an. Nur ernste Gesichter bekam ich zu sehen. Ein paar makabre Witze über eine Gefangenschaft machten die Runde. Bei einer Tasse Kaffee und allem Hin und Her stahl sich auch noch ein kleines Lächeln in die Gesichter.

Mit den tröstlichen Worten meines Generals Flugbeil: „Jähnert, irgendwie bekommen wir schon alle Männer mit in die Heimat. Bereiten Sie schon einmal eine Verlegung nach Nikas vor", war ich entlassen. Nikas war ein winziger Ort südlich von Windau, ein Feldflugplatz genau westlich von Zabeln an der Küste gelegen, nur wenige Flugminuten von Zabeln. Wie eng war bloß unser Raum geworden!

Der Mai war gekommen. Die Wetterlage war, vornehm ausgedrückt, beschissen! An einen Start war bei dieser Witterung im Verband nicht zu denken. Na, dachte ich, so schnell wird der Iwan wohl hier nicht aufkreuzen! Mein Versuch, mit dem Horstkommandanten von Nikas eine telefonische Verbindung zu bekommen, scheiterte an der dortigen Vermittlung. Die Kameraden da waren anscheinend total besoffen. Über meinen Anruf lachten sie sich kaputt. Meine Mitteilung, in fünfzehn Minuten dort zu sein, bekundeten sie mit einem noch lauteren Lachen in den Hörer.

Mit einem Zorn im Bauch ließ ich den Storch klarmachen. Meinen Oberwerkmeister Oberfeldwebel Ilgenfritz nahm ich gleich mit. Keine fünfzehn Minuten später landete ich in Nikas. Mit meinem plötzlichen Erscheinen hatten die Männer der Vermittlung aber nicht gerechnet. Plötzlich waren sie nüchtern! In Anbetracht der Lage ließ ich die Leute mit einem gewaltigen Donnerwetter davonkommen. Jeder Mann wurde gebraucht. Eine Bestrafung hätte die ohnehin schon brenzlige Lage nur noch verschärft.

Der Horstkommandant, ein Major, versprach, mir alle Wünsche zu erfüllen. Da waren die Liegeplätze für die einzelnen Staffeln zu markieren. Da waren Bomben bereitzulegen. Tankwagen mussten da sein. Die Unterkünfte waren herzurichten, und was sonst noch alles so eine Verlegung von 36 Flugzeugen mit einem Personalaufwand von 350 bis 400 Männern verlangte. Nicht zu vergessen die Einweiser bei der Landung. Am 2. Mai 1945 wollte ich mit der Gruppe einfliegen. Doch es sollte anders kommen. Es blieb vorläufig beim Wollen. Die Wetterlage ließ keinen Start zu, und unsere Flugzeuge waren unser Rettungsapparat, ohne dieses Gerät keine Aussicht auf Heimat.

Da – ein Brummen in der Luft. Eine deutscher Fernaufklärer, eine Ju 188, setzte zur Landung an. Wo mochte der bloß herkommen? Vielleicht wusste er ja Neues? Inzwischen zeigte der Kalender schon den 6. Mai 1945 an. Na, der Fernaufklärer würde uns ja das Neueste mitteilen. Nur Auftanken wollte die Besatzung. Der Pilot, ein Oberleutnant, sprach auch noch von der Wunderwaffe, welche alles mit einem Schlage ändern würde. „Dann ist der Sieg unser“, so seine letzten Worte. „Ja, und was, wenn die Wunderwaffe nicht kommt?“, war unsere Frage. „Dann fliegen wir nach Spanien. Sprit haben wir genug an Bord. Flughöhe 10 000 Meter mit einer Geschwindigkeit von 520 km/h, da kann uns auch kein Jäger folgen. Schon gar nicht in dieser Höhe.“ Der hatte es gut, war mein Gedanke. Noch aber war die Wetterlage seit Anfang Mai sehr, sehr bescheiden, um nicht zu sagen beschissen. Wir saßen da und warteten auf besseres Wetter, mit uns auch die Besatzung des Fernaufklärers.

Der 7. Mai war da. Wie immer Fliegerwetter, nur kein Flugwetter. Gegen Mittag wurde es etwas heller, aber es war noch längst kein Wetter, um mit einer größeren Anzahl von Flugzeugen in die Luft zu gehen. Wir saßen noch alle beim Mittagessen, da beschlich mich ein ungutes Gefühl. Erhard, du musst abhauen, jetzt oder nie! Während des gesamten Krieges hatte ich genügend Gelegenheit gehabt festzustellen, dass es zwischen Himmel und Erde noch mehr geben muss, was wir aber noch nicht verstehen. Heute weiß ich es. Es gibt Ahnungen, auf die der Mensch manchmal hören sollte.

Die Vorkommandos der einzelnen Einheiten waren schon seit Tagen weg. Nikas war vorbereitet. Das Wetter fing an, sich etwas zu bessern. Die Baumwipfel wurden frei, natürlich lagen noch eine Unmenge von Nebelschwaden über den Wäldern und lagen zum Teil noch streckenweise auf. Flüge in engster Formation hatte ich mit meinen Piloten schon genügend erprobt. Haarscharf wollte ich über die Bäume fliegen, und rechts gestaffelt meine Maschinen höhenversetzt hinter mir her. Der Erste musste genau die Flugbedingungen einhalten, die anderen sollten eng gestaffelt folgen, nur den Vordermann sehend. Ein reiner Blindflug, der Vordermann wäre der künstliche Horizont oder der Wendezeiger und die Libelle.

Nach meinem Vorschlag abzuhauen sah ich die anderen Staffelkapitäne fragend an. Keine Antwort, nur nachdenkliche Mienen! Sie waren noch für ein Warten. Mein ungutes Gefühl blieb aber!

Da beschloss ich es: Meine Staffel startete nach Nikas, und zwar schnellstmöglich. Ein vorheriger Anruf in Cirava, dem Platz der Jäger, wurde nicht beantwortet, denn die Kameraden waren schon einige Tage vorher ins Reich abgeflogen. Wir waren somit noch die einzigen Flieger im Raum Kurland.

Mein Vertreter, Oberleutnant Naumann, war schon am Liegeplatz, um die letzten Vorbereitungen zu treffen. Die Kapitäne sollten für ihre Staffeln selbst entscheiden.

Einband des letzten Flugbuches von Hauptmann Jähnert.
Das Hakenkreuz hat er nach dem Kriege entfernt.

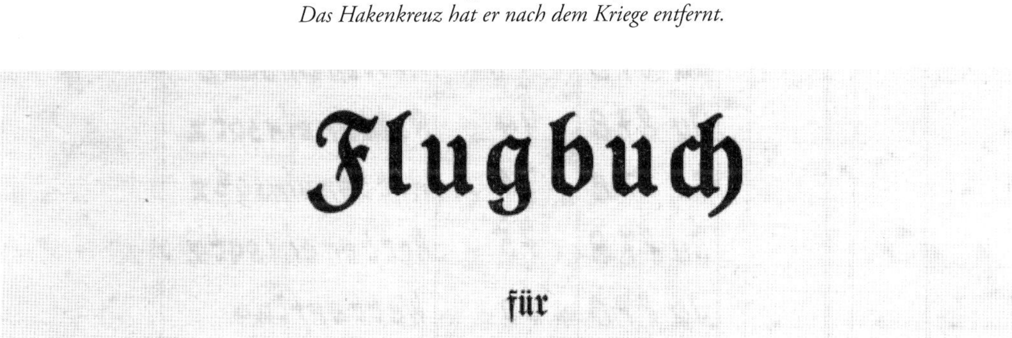

Flugbuch

für

Hauptmann Jähnert

begonnen am: 1.7.1944

beendet am:

Das Deckblatt
mit Personenangaben.

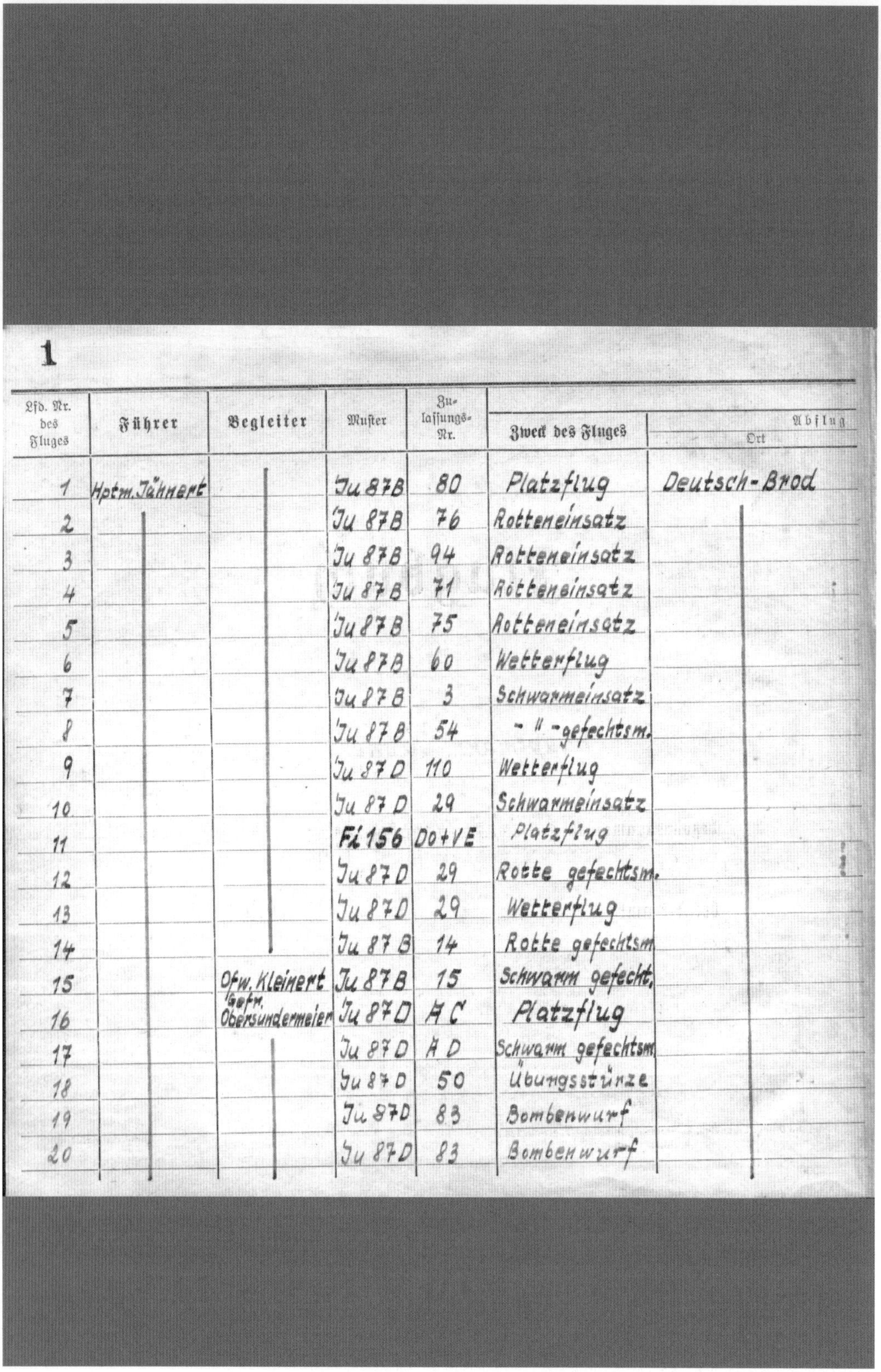

1

Lfd. Nr. des Fluges	Führer	Begleiter	Muster	Zulassungs-Nr.	Zweck des Fluges	Abflug Ort
1	Hptm. Jähnert		Ju 87 B	80	Platzflug	Deutsch-Brod
2			Ju 87 B	76	Rotteneinsatz	
3			Ju 87 B	94	Rotteneinsatz	
4			Ju 87 B	71	Rotteneinsatz	
5			Ju 87 B	75	Rotteneinsatz	
6			Ju 87 B	60	Wetterflug	
7			Ju 87 B	3	Schwarmeinsatz	
8			Ju 87 B	54	– " – gefechtsm.	
9			Ju 87 D	110	Wetterflug	
10			Ju 87 D	29	Schwarmeinsatz	
11			Fi 156	DO+VE	Platzflug	
12			Ju 87 D	29	Rotte gefechtsm.	
13			Ju 87 D	29	Wetterflug	
14			Ju 87 B	14	Rotte gefechtsm.	
15		Ofw. Kleinert	Ju 87 B	15	Schwarm gefecht.	
16		Gefr. Obersundermeier	Ju 87 D	A C	Platzflug	
17			Ju 87 D	A D	Schwarm gefechtsm.	
18			Ju 87 D	50	Übungsstürze	
19			Ju 87 D	83	Bombenwurf	
20			Ju 87 D	83	Bombenwurf	

Seite aus dem Flugbuch, auf der die Flüge mit Ju 87 in Deutsch-Brod ab Juli 1944 aufgelistet sind.

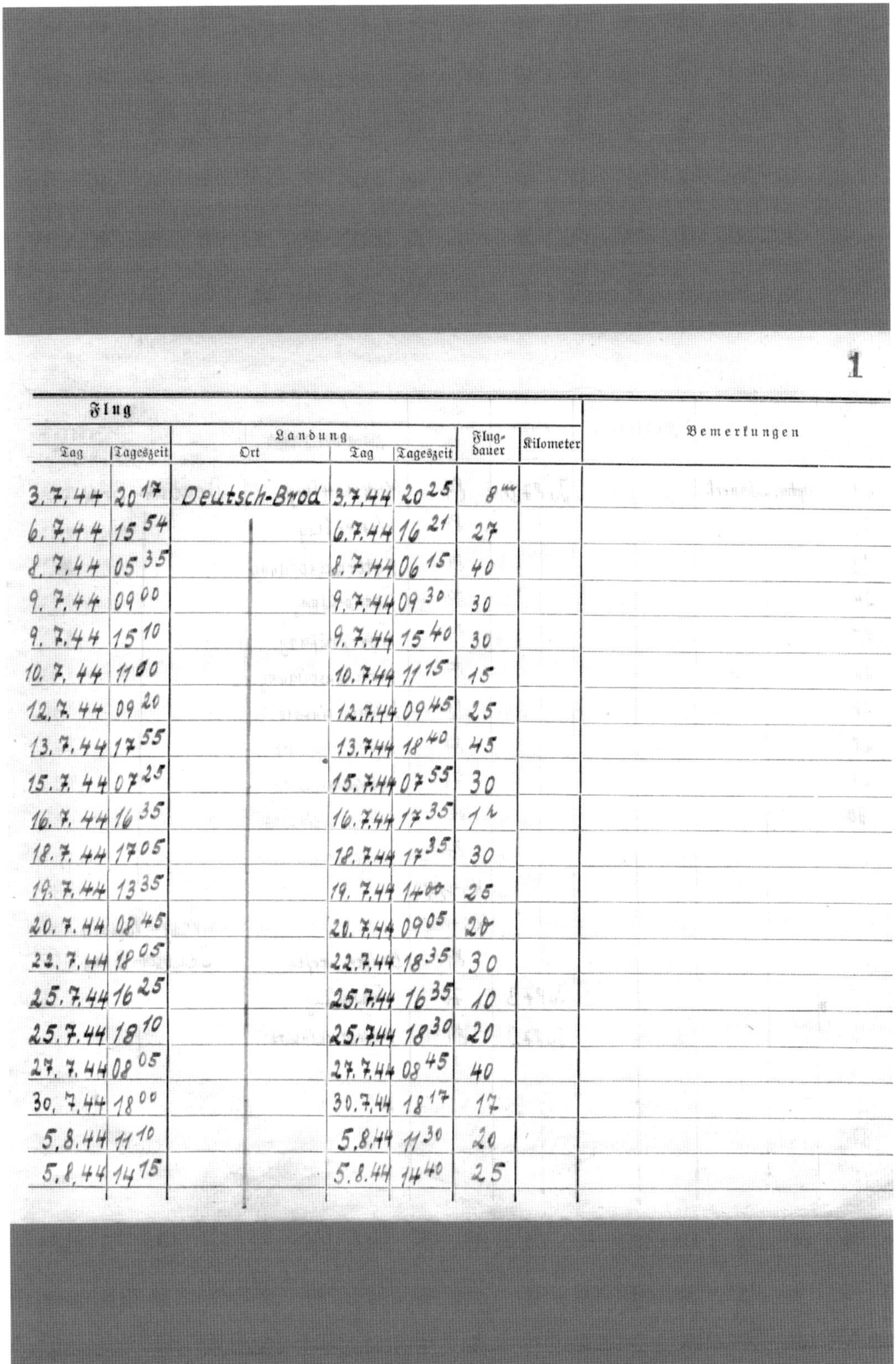

1

Flug							
		Landung			Flugdauer	Kilometer	Bemerkungen
Tag	Tageszeit	Ort	Tag	Tageszeit			
3.7.44	20^{17}	Deutsch-Brod	3.7.44	20^{25}	8^{min}		
6.7.44	15^{54}		6.7.44	16^{21}	27		
8.7.44	05^{35}		8.7.44	06^{15}	40		
9.7.44	09^{00}		9.7.44	09^{30}	30		
9.7.44	15^{10}		9.7.44	15^{40}	30		
10.7.44	11^{00}		10.7.44	11^{15}	15		
12.7.44	09^{20}		12.7.44	09^{45}	25		
13.7.44	17^{55}		13.7.44	18^{40}	45		
15.7.44	07^{25}		15.7.44	07^{55}	30		
16.7.44	16^{35}		16.7.44	17^{35}	1^{h}		
18.7.44	17^{05}		18.7.44	17^{35}	30		
19.7.44	13^{35}		19.7.44	14^{00}	25		
20.7.44	08^{45}		20.7.44	09^{05}	20		
22.7.44	18^{05}		22.7.44	18^{35}	30		
25.7.44	16^{25}		25.7.44	16^{35}	10		
25.7.44	18^{10}		25.7.44	18^{30}	20		
27.7.44	08^{05}		27.7.44	08^{45}	40		
30.7.44	18^{00}		30.7.44	18^{17}	17		
5.8.44	11^{10}		5.8.44	11^{30}	20		
5.8.44	14^{15}		5.8.44	14^{40}	25		

Hier die zweite Seite,
die die weiteren Flüge mit Ju 87 angibt.

2

Lfd. Nr. des Fluges	Führer	Begleiter	Muster	Zulassungs-Nr.	Zweck des Fluges	Abflug Ort
21	Hptm. Jähnert		Ju 87 D	89	Werkstattflug	Deutsch-Brod
22				89	Wetterflug	
23				89	Rottenausbildung	
24				89	Überprüfung	
25				89	Überprüfung	
26				89	Rottenausbildung	
27				88	Schwarmeinsatz	
28				84	Schwarmeinsatz	
29				74	Schwarmeinsatz	
30				84	Schwarmeinsatz	
31				84	Schwarmeinsatz	
32				KS-WW		
33				KS-WW		Prag-Rusin
34				89	Bomben werfen	Deutsch-Brod
35			Ju 87 B	70	Schiessflug	
36			Ju 87 D	89	Schwarmeinsatz	
37						
38						
39						
40						

Flüge mit Ju 87 in Deutsch-Brod ab August 1944.

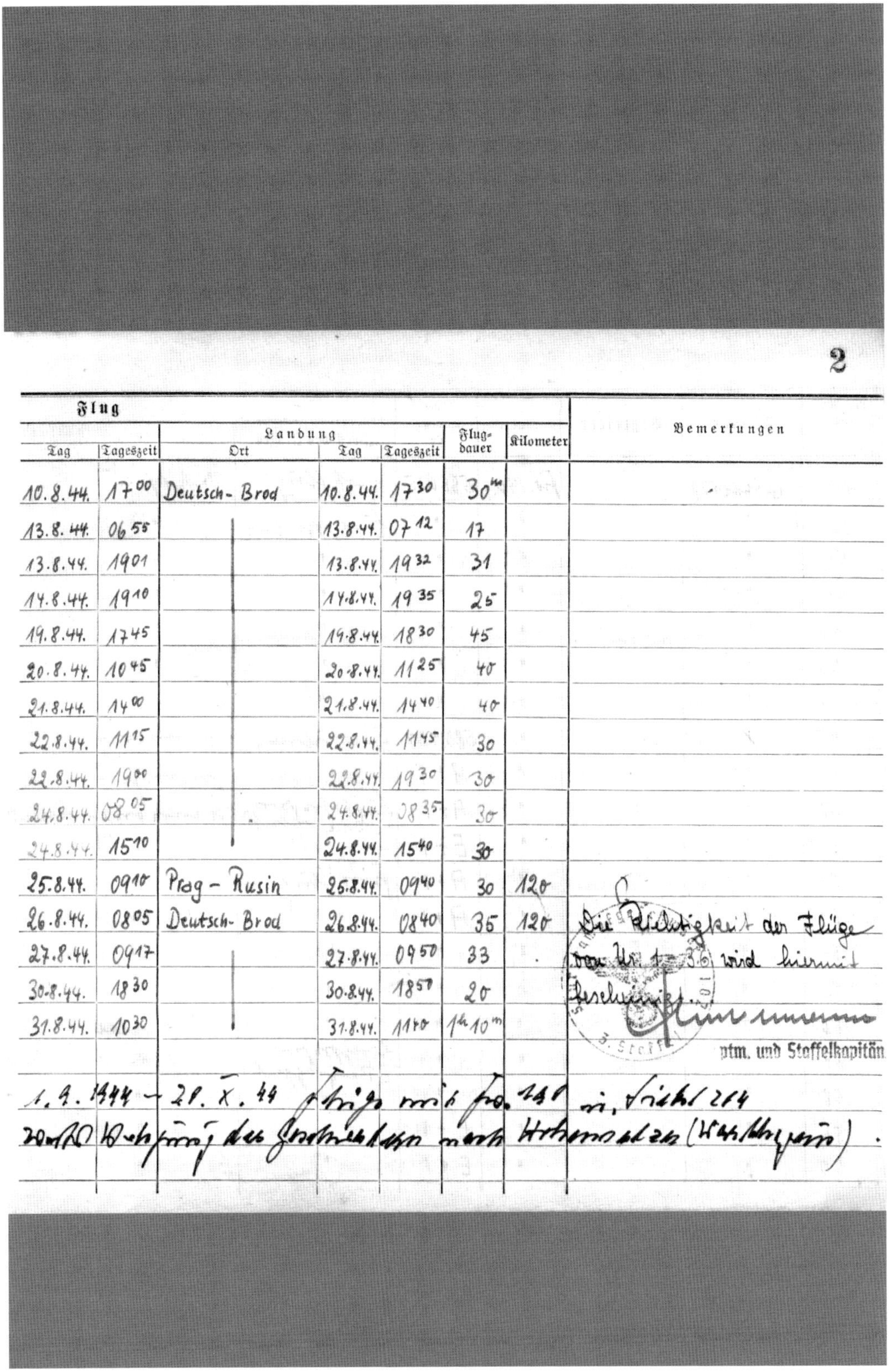

Flug		Landung			Flug-dauer	Kilometer	Bemerkungen
Tag	Tageszeit	Ort	Tag	Tageszeit			
10.8.44.	17^{00}	Deutsch-Brod	10.8.44.	17^{30}	30^{m}		
13.8.44.	06^{55}			13.8.44.	07^{12}	17		
13.8.44.	19^{01}			13.8.44.	19^{32}	31		
14.8.44.	19^{10}			14.8.44.	19^{35}	25		
19.8.44.	17^{45}			19.8.44.	18^{30}	45		
20.8.44.	10^{45}			20.8.44.	11^{25}	40		
21.8.44.	14^{00}			21.8.44.	14^{40}	40		
22.8.44.	11^{15}			22.8.44.	11^{45}	30		
22.8.44.	19^{00}			22.8.44.	19^{30}	30		
24.8.44.	08^{05}			24.8.44.	08^{35}	30		
24.8.44.	15^{10}			24.8.44.	15^{40}	30		
25.8.44.	09^{10}	Prag-Rusin	25.8.44.	09^{40}	30	120	
26.8.44.	08^{05}	Deutsch-Brod	26.8.44.	08^{40}	35	120	Die Richtigkeit der Flüge
27.8.44.	09^{17}			27.8.44.	09^{50}	33		von Nr. 1 – 36 wird hiermit
30.8.44.	18^{30}			30.8.44.	18^{50}	20		bescheinigt.
31.8.44.	10^{30}			31.8.44.	11^{40}	$1^{h} 10^{m}$		[illegible]
							ptm. und Staffelkapitän

1.9.1944 – 21. X. 44 Flüge mit Fw. 190 [illegible] Liste 214
[illegible] Verlegung des Geschwaders nach Hohensalza (Warthegau).

Hier die folgende Seite dazu.

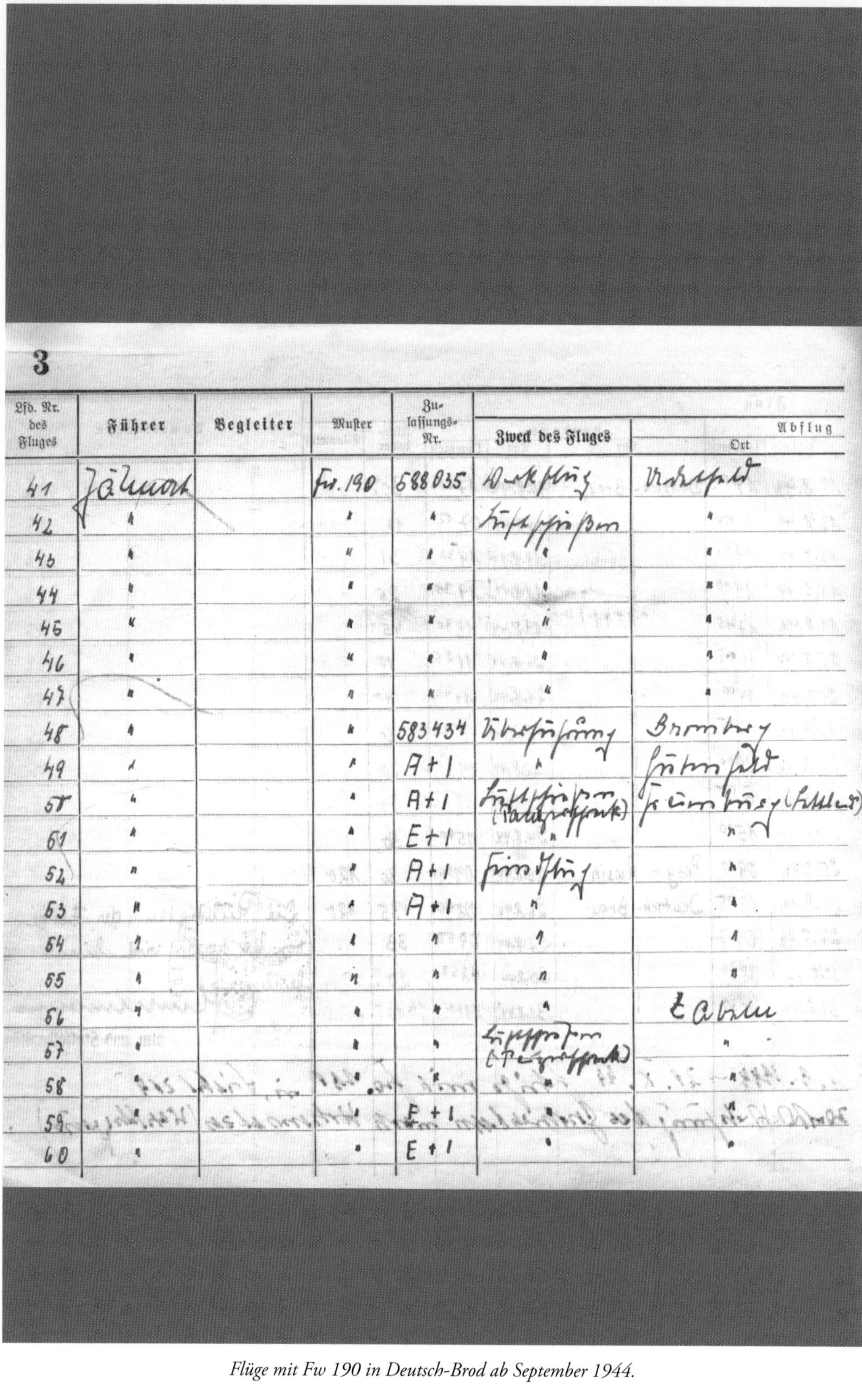

3

Lfd. Nr. des Fluges	Führer	Begleiter	Muster	Zulassungs-Nr.	Zweck des Fluges	Abflug Ort
41	[illegible]		Fw. 190	588035	Werkflug	[illegible]
42	"		"	"	Luftschießen	"
43	"		"	"	"	"
44	"		"	"	"	"
45	"		"	"	"	"
46	"		"	"	"	"
47	"		"	"	"	"
48	"		"	583434	Überführung	Bromberg
49	"		"	A+1	"	[illegible]
50	"		"	A+1	Luftschießen ([illegible])	[illegible] ([illegible])
51	"		"	E+1	"	"
52	"		"	A+1	[illegible]	"
53	"		"	A+1	"	"
54	"		"	"	"	"
55	"		"	"	"	"
56	"		"	"	"	[illegible]
57	"		"	"	[illegible] ([illegible])	"
58	"		"		"	"
59	"		"	E+1	"	"
60	"		"	E+1	"	"

Flüge mit Fw 190 in Deutsch-Brod ab September 1944.

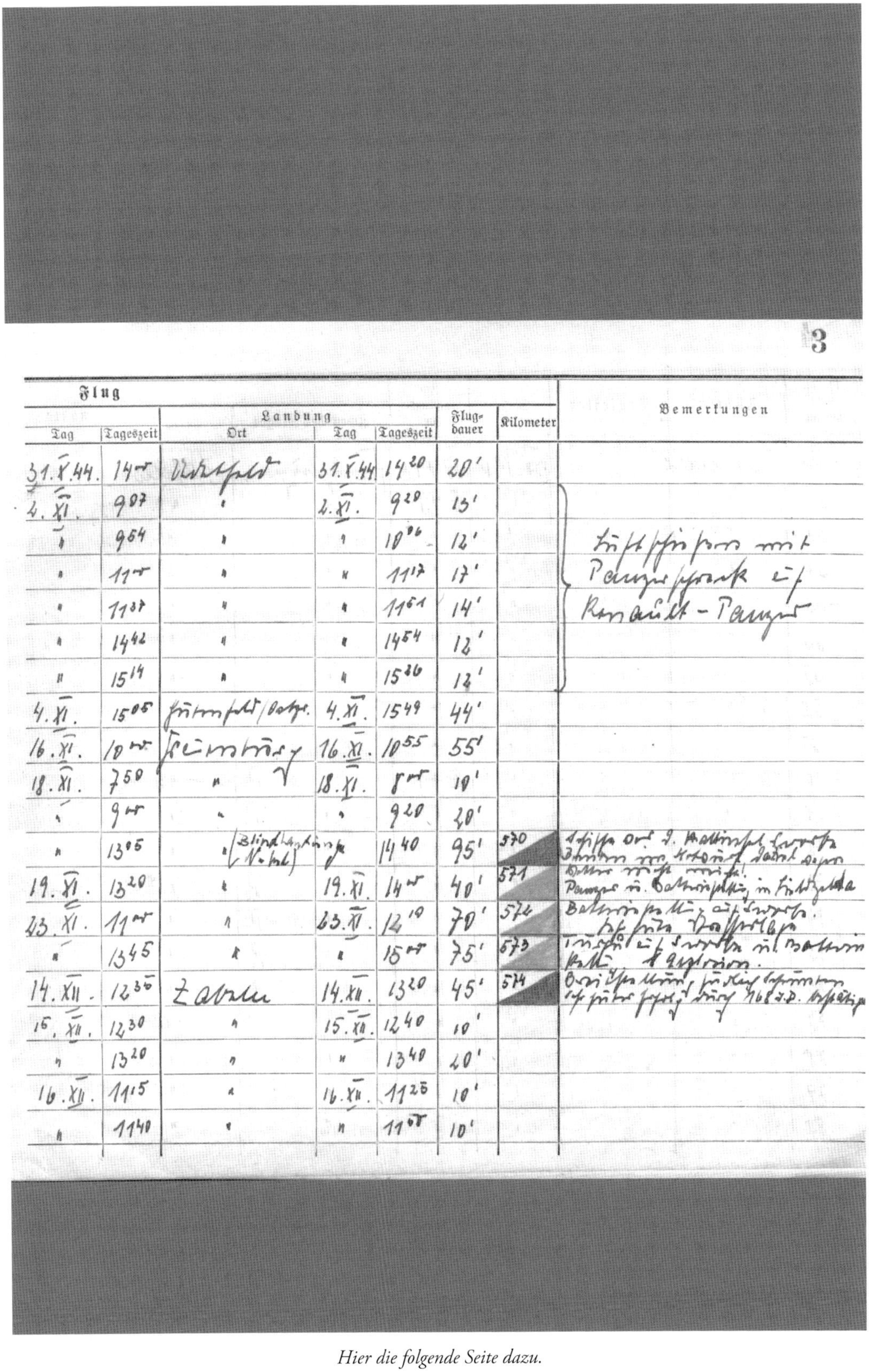

3

Flug: Tag	Tageszeit	Landung: Ort	Tag	Tageszeit	Flugdauer	Kilometer	Bemerkungen
31.X.44.	14^{00}	[illegible]	31.X.44	14^{20}	20'		
2.XI.	9^{07}	"	2.XI.	9^{20}	13'		Luftschießen mit Panzerspreng auf Renault-Panzer
"	9^{54}	"	"	10^{06}	12'		
"	11^{00}	"	"	11^{17}	17'		
"	11^{37}	"	"	11^{51}	14'		
"	14^{42}	"	"	14^{54}	12'		
"	15^{14}	"	"	15^{26}	12'		
4.XI.	15^{05}	[illegible]	4.XI.	15^{49}	44'		
16.XI.	10^{00}	[illegible]	16.XI.	10^{55}	55'		
18.XI.	7^{50}	"	18.XI.	8^{00}	10'		
"	9^{00}	"	"	9^{20}	20'		
"	13^{05}	" (Blindlandung Nebel)	"	14^{40}	95'	570	[illegible]
19.XI.	13^{20}	"	19.XI.	14^{00}	40'	571	[illegible]
23.XI.	11^{00}	"	23.XI.	12^{10}	70'	572	[illegible]
"	13^{45}	"	"	15^{00}	75'	573	[illegible]
14.XII.	12^{35}	Zabeln	14.XII.	13^{20}	45'	574	[illegible]
15.XII.	12^{30}	"	15.XII.	12^{40}	10'		
"	13^{20}	"	"	13^{40}	20'		
16.XII.	11^{15}	"	16.XII.	11^{25}	10'		
"	11^{40}	"	"	11^{50}	10'		

Hier die folgende Seite dazu.

4

Lfd. Nr. des Fluges	Führer	Begleiter	Muster	Zulassungs-Nr.	Zweck des Fluges	Abflug Ort
61	Jähnert		Fw. 190	A+1	Feindflug	Zabeln
62	"		"	E+1	"	"
63	"		"	"	"	"
64	"		"	"	"	"
65	"		"	"	"	"
66	"		"	"	"	"
67	"		"	"	"	"
68	"		"	"	"	"
69	"		"	"	"	"
70	"		"	B+1	" P.	"
71	"		"	"	" P.	"
72	"		"	"	" P.	"
73	"		"	"	" P.	"
74	"		"	"	" P.	"
75	"		"	"	" P.	"
76	"		"	"	" P.	"
77	"		"	"	"	"
78	"		"	"	"	"
79	"		"	"	"	"
80	"		"	"	"	"

Ab hier sind bereits Feindflüge mit Fw 190 in Kurland im Dezember 1944 eingetragen.

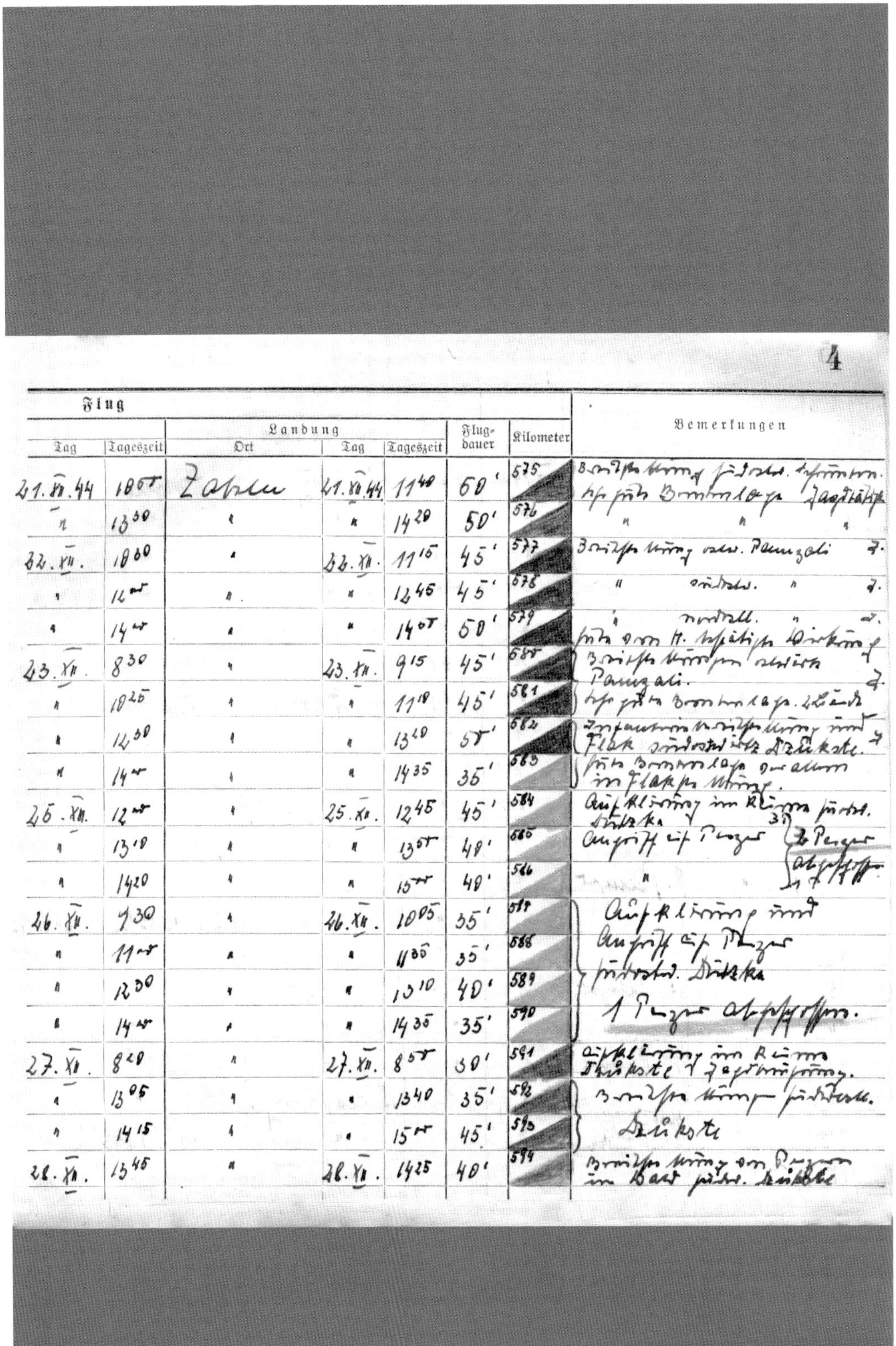

4

Flug		Landung			Flugdauer	Kilometer	Bemerkungen
Tag	Tageszeit	Ort	Tag	Tageszeit			
21.XII.44	10^{50}	Zableu	21.XII.44	11^{40}	50'	575	Bewaffnete Aufklärung südöstl. [illegible]. Angriff auf Bombenlager [illegible]
"	13^{30}	"	"	14^{20}	50'	576	" " "
22.XII.	10^{30}	"	22.XII.	11^{15}	45'	577	Bewaffnete Aufklärung ostw. Pamzali 7.
"	12^{00}	"	"	12^{45}	45'	578	" südostw. " 7.
"	14^{00}	"	"	14^{50}	50'	579	" nordostw. " 7. [illegible] Wirkung
23.XII.	8^{30}	"	23.XII.	9^{15}	45'	580	Bewaffnete Aufklärung ostwärts Pamzali. 7.
"	10^{25}	"	"	11^{10}	45'	581	Angriff auf Bombenlager. [illegible]
"	12^{30}	"	"	13^{20}	50'	582	Infanterieaufklärung und Flak südostw. Drukste. 7
"	14^{00}	"	"	14^{35}	35'	583	Angriff auf Bombenlager [illegible] in Flak[illegible]
25.XII.	12^{00}	"	25.XII.	12^{45}	45'	584	Aufklärung im Raum südostw. Drukste 3 [illegible]
"	13^{10}	"	"	13^{50}	40'	585	Angriff auf Panzer; 2 Panzer abgeschossen
"	14^{20}	"	"	15^{00}	40'	586	"
26.XII.	9^{30}	"	26.XII.	10^{05}	35'	587	Aufklärung und Angriff auf Panzer südostw. Drukste. 1 Panzer abgeschossen.
"	11^{00}	"	"	11^{35}	35'	588	
"	12^{30}	"	"	13^{10}	40'	589	
"	14^{00}	"	"	14^{35}	35'	590	
27.XII.	8^{20}	"	27.XII.	8^{50}	30'	591	Aufklärung im Raum Drukste, [illegible]
"	13^{05}	"	"	13^{40}	35'	592	Bewaffnete Aufklärung südostw. Drukste
"	14^{15}	"	"	15^{00}	45'	593	
28.XII.	13^{45}	"	28.XII.	14^{25}	40'	594	Bewaffnete Aufklärung von Panzer im Raum südw. Drukste

Hier die folgende Seite dazu.

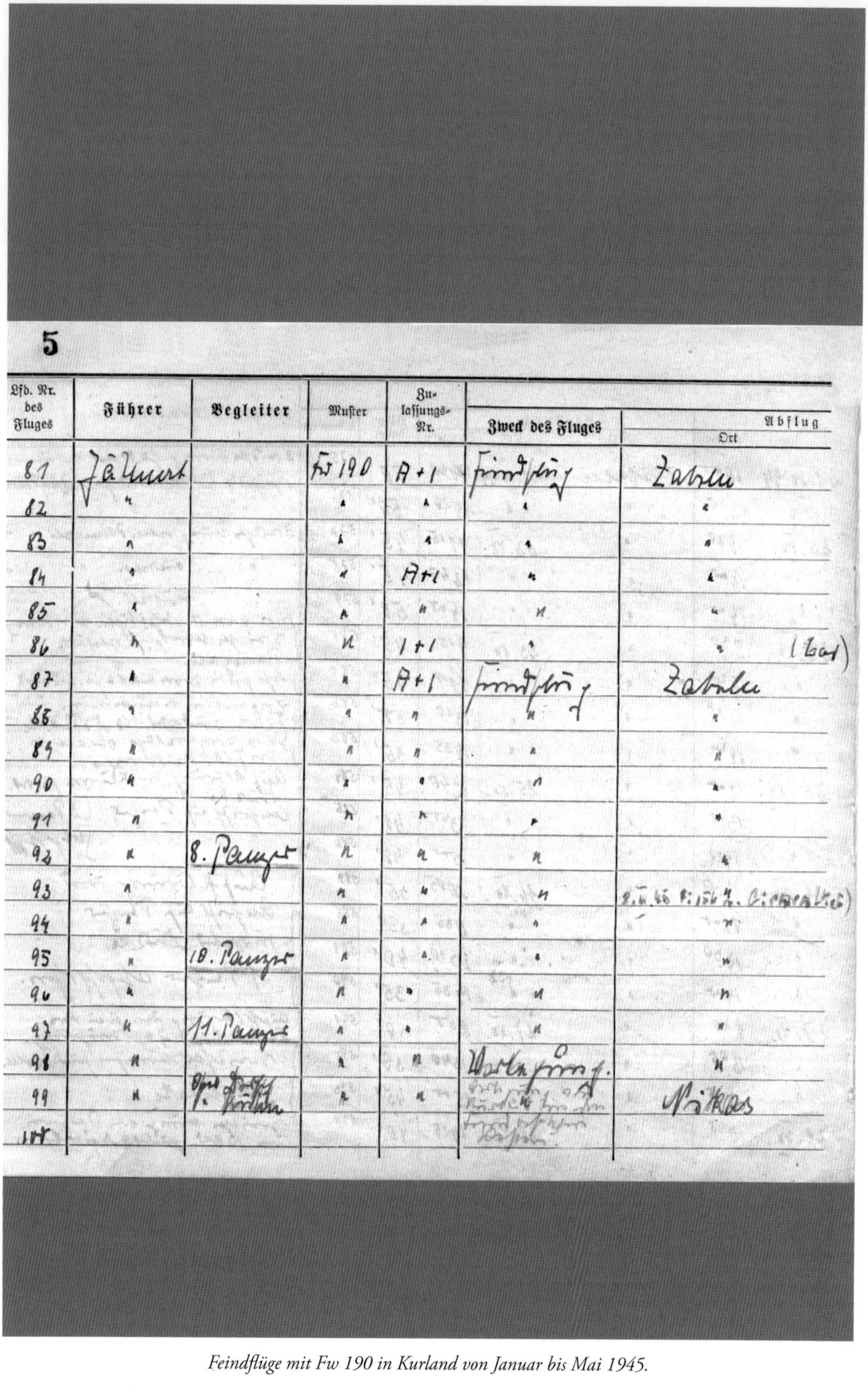

5

Lfd. Nr. des Fluges	Führer	Begleiter	Muster	Zu-lassungs-Nr.	Zweck des Fluges	Abflug Ort
81	Jähnert		Fw 190	A+1	Feindflug	Zabeln
82	"		"	"	"	"
83	"		"	"	"	"
84	"		"	A+1	"	"
85	"		"	"	"	"
86	"		"	1+1	"	" ([illegible])
87	"		"	A+1	Feindflug	Zabeln
88	"		"	"	"	"
89	"		"	"	"	"
90	"		"	"	"	"
91	"		"	"	"	"
92	"	8. Panzer	"	"	"	"
93	"		"	"	"	[illegible]
94	"		"	"	"	"
95	"	10. Panzer	"	"	"	"
96	"		"	"	"	"
97	"	11. Panzer	"	"	"	"
98	"		"	"	Werkstattflug.	"
99	"	[illegible]	"	"	[illegible]	[illegible]
100						

Feindflüge mit Fw 190 in Kurland von Januar bis Mai 1945.

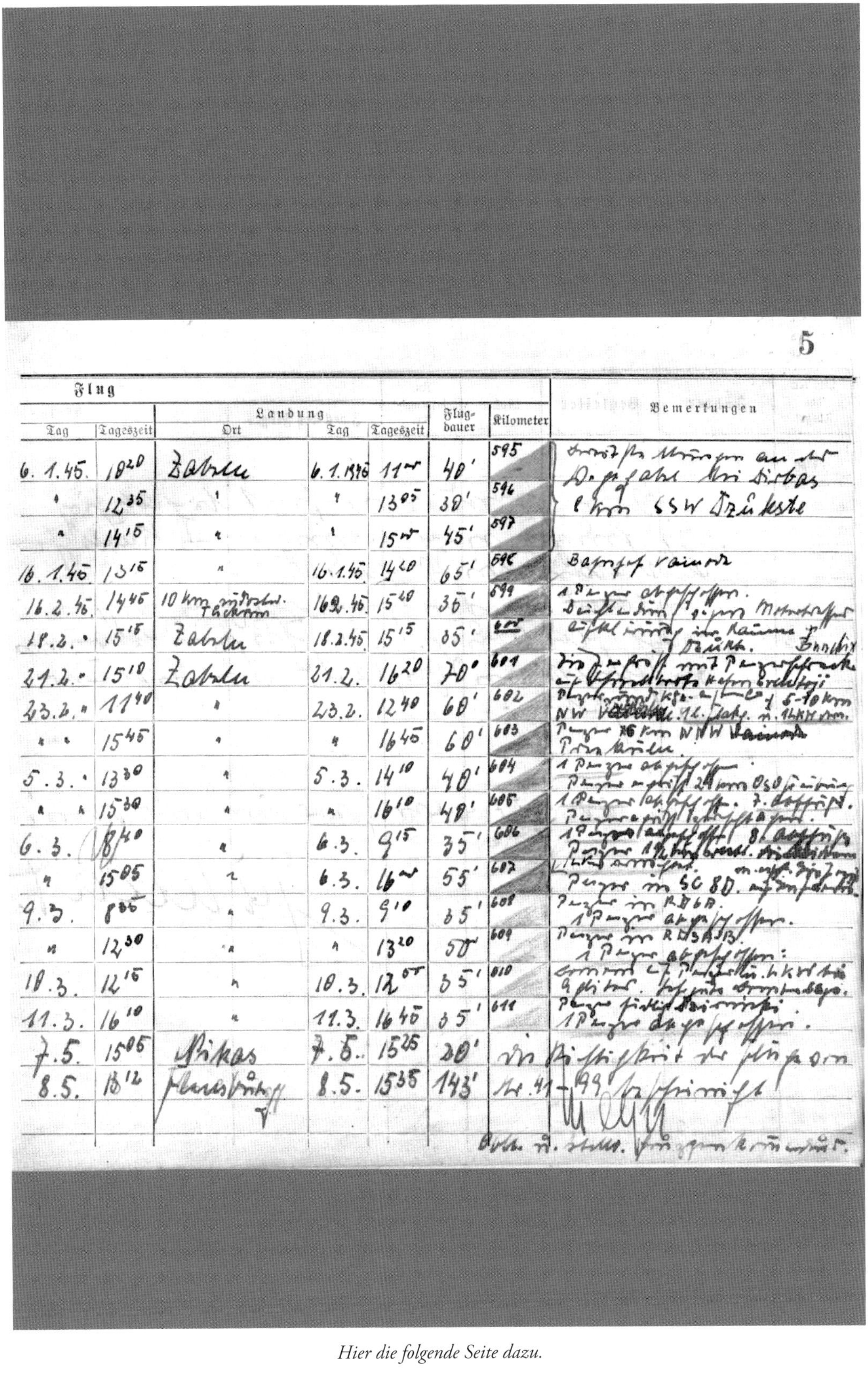

5

Flug		Landung					
Tag	Tageszeit	Ort	Tag	Tageszeit	Flugdauer	Kilometer	Bemerkungen
6. 1. 45.	10^{20}	Zabeln	6. 1. 1945	11^{00}	40'	595	[illegible]
"	12^{35}	"	"	13^{05}	30'	596	[illegible]
"	14^{15}	"	"	15^{00}	45'	597	
16. 1. 45.	13^{15}	"	16. 1. 45.	14^{20}	65'	598	Bahnhof [illegible]
16. 2. 45.	14^{45}	10 km südostw. Tuckum	16. 2. 45.	15^{20}	35'	599	1 Panzer abgeschossen. [illegible]
18. 2. "	15^{15}	Zabeln	18. 2. 45.	15^{15}	35'	600	[illegible]
21. 2. "	15^{10}	Zabeln	21. 2.	16^{20}	70'	601	[illegible]
23. 2. "	11^{40}	"	23. 2.	12^{40}	60'	602	[illegible] 5–10 km NW [illegible]
" "	15^{45}	"	"	16^{45}	60'	603	Panzer [illegible]
5. 3. "	13^{30}	"	5. 3.	14^{10}	40'	604	1 Panzer abgeschossen. [illegible]
" "	15^{30}	"	"	16^{10}	40'	605	1 Panzer [illegible]
6. 3.	8^{40}	"	6. 3.	9^{15}	35'	606	[illegible]
"	15^{05}	"	6. 3.	16^{00}	55'	607	Panzer im SC 80. [illegible]
9. 3.	8^{35}	"	9. 3.	9^{10}	35'	608	Panzer im [illegible] 1 Panzer abgeschossen.
"	12^{30}	"	"	13^{20}	50'	609	Panzer im [illegible] 1 Panzer abgeschossen:
10. 3.	12^{15}	"	10. 3.	12^{50}	35'	610	[illegible]
11. 3.	16^{10}	"	11. 3.	16^{45}	35'	611	[illegible] 1 Panzer abgeschossen.
7. 5.	15^{05}	[illegible]	7. 5.	15^{25}	20'		[illegible]
8. 5.	13^{12}	Flensburg	8. 5.	15^{35}	143'		Nr. 41–99 [illegible]

Hier die folgende Seite dazu.

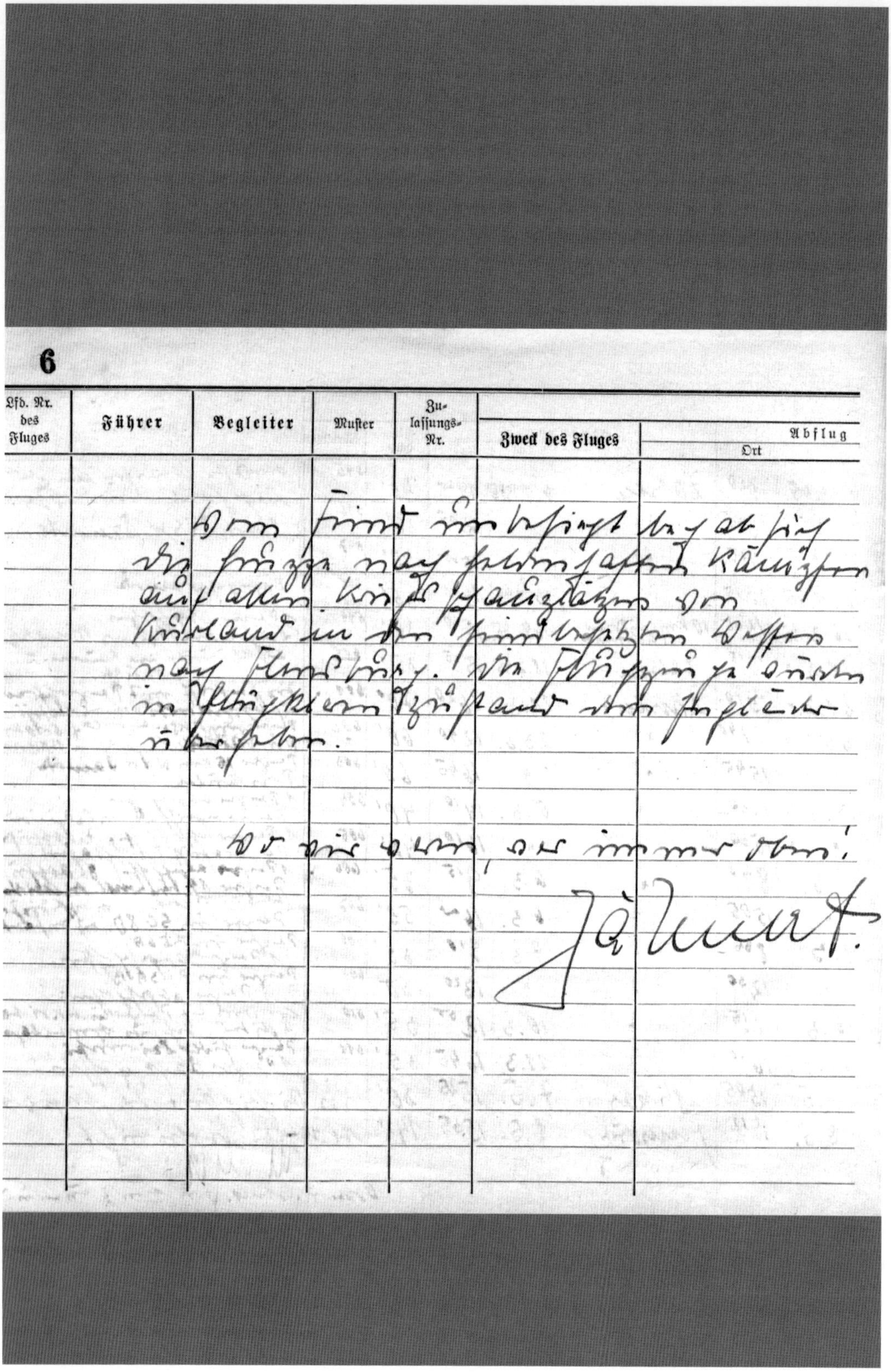

6

Lfd. Nr. des Fluges	Führer	Begleiter	Muster	Zulassungs-Nr.	Zweck des Fluges	Abflug Ort

Vom Feind unbesiegt begab sich die Gruppe nach heldenhaften Kämpfen auf allen Kriegsschauplätzen von Kurland in den feindbesetzten Westen nach Flensburg. Die Flugzeuge wurden in flugklarem Zustand dem Engländer übergeben.

Wo wir waren, war immer oben!

Jähnert.

Anmerkungen von Jähnert bei Kriegsende: „Vom Feind unbesiegt begab sich die Gruppe nach heldenhaften Kämpfen auf allen Kriegsschauplätzen von Kurland in den feindbesetzten Westen nach Flensburg. Die Flugzeuge wurden in flug(sicherem?) Zustand dem Engländer übergeben. Wo wir waren, war immer (oben?). Jähnert.

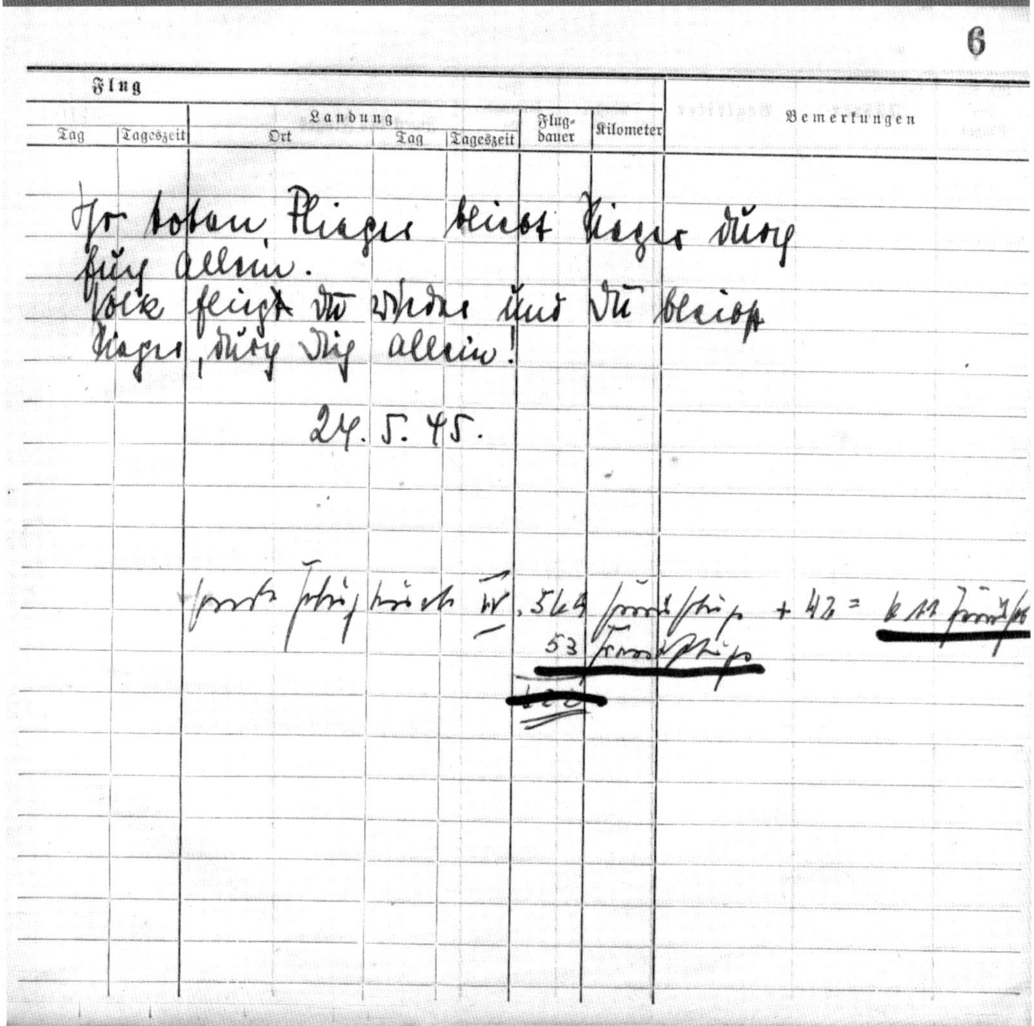

6

Flug		Landung			Flug-dauer	Kilometer	Bemerkungen
Tag	Tageszeit	Ort	Tag	Tageszeit			

Ihr toten Flieger bleibt Sieger durch
euch allein.
Volk fliegt du wieder und du bleibst
Sieger, durch dich allein!

24. 5. 45.

[illegible] IV. 564 Feindflüge + 42 = [illegible] Feindflüge
53 Feindflüge

Erhard Jähnert brachte es auf
über 600 Feindflüge.

Als einfacher Unteroffizier war Erhard Jähnert im September 1939 in den Krieg gegangen.

Durch viel Fliegerglück überlebte er alles und kam als hochdekorierter Hauptmann zurück.

Erhard Jähnert gibt an, bei Kriegsende noch das Eichenlaub verliehen bekommen zu haben. Er hat auch dieses Foto verteilt, in das ein Eichenlaub nachträglich einmontiert wurde. Es ist durchaus möglich, dass er zum Eichenlaub eingereicht war, es finden sich jedoch in den Archiven keinerlei schriftliche Unterlagen darüber, weshalb er in einschlägiger Ritterkreuzträger-Literatur (Fellgiebel, Obermeier, Scherzer) nicht als Eichenlaubträger gelistet ist.

Die Stuka-Legende
endete im Mai 1945.

Verlegung nach Nikas
Zeitraum: 7. Mai bis 8. Mai 1945

Kurze Flugvorbesprechung: „Geschlossene Reihe rechts nach oben gestaffelt." Die beste Flugformation, um durch geschlossene, aufliegende Wolken zu fliegen. Gute Piloten und eine eiserne Disziplin waren allerdings die Voraussetzung.

Um 15.05 Uhr startet die Staffel. Kleiner Sammelkreis noch um den Platz, und schon wurde die Nase der Maschine nach Westen gerichtet. Ein großer Teil der tiefsten Wolken fing an sich aufzulösen, nur über den Waldgebieten waren noch aufliegende Fetzen. Im Tiefstflug, nur wenige Meter über den Baumwipfeln, ging es der Küste zu. Nur der Führer flog immer am tiefsten, alle anderen Maschinen waren nach oben gestaffelt, somit konnte keiner Berührung mit einem Erdpunkt bekommen.

Die errechnete Flugzeit war um, bald müsste ein Markierungspunkt erscheinen. Eine von Nord nach Süd verlaufende Straße musste jetzt kommen, und gleich daneben lag der Platz Nikas. Da kam auch schon die Straße, und da war auch der Platz. Auflösen und landen. Eine Windrichtungsanzeige war nicht auszumachen. Über einem Wald einschweben und direkt dahinter aufsetzen. Kein Meter durfte verschenkt werden, denn das Landefeld wies nur eine Mindestlänge auf. Eine Warnung an meine Piloten konnte ich gerade per Funk noch durchgeben: „Hinter dem Wald ein Leergebiet. Achtung, Maschine sackt durch!" Ja, und da musste ich schon in die Bremsen, um nicht zu weit zu kommen. Alle Maschinen kamen glatt rein, nur ein Fähnrich hatte nicht aufgepasst und legte einen Bruch hin.

Kurze Flugnachbesprechung. Da schwebten doch noch mehr ein, die Staffel Oberleutnant Meyn war auch schon da. Eine halbe Stunde später kam auch die Staffel Hauptmann Bunge. Eine kurze Meldung an die Flotte, und ab zur Unterkunft. Vorher gab es noch eine kurze Begrüßung des Horstkommandanten, ein Major.

Ehe auch das Bodenpersonal zur Unterkunft kam, mussten erst alle Flugzeuge wieder einsatzbereit sein. Die Wachen hatte der Spieß schon eingeteilt. Für mich blieb im Augenblick nichts zu tun übrig.

Die Nacht war vorbei und der Morgen des 8. Mai 1945 angebrochen. Da wurde ich ans Telefon gerufen. General Flugbeil war gleich selbst am Apparat. Seine Worte werde ich wohl nie im Leben vergessen, inhaltsreich und bedeutungsschwer wie sie waren: „Jähnert, der Krieg ist aus. Um 14.00 werden die Fronten geöffnet. Alle Waffen ruhen. Machen Sie alle Maschinen klar und fliegen Sie nach Flensburg, Schleswig oder Kiel. Der Engländer ist unterrichtet und erwartet Sie. Meine mir zur Verfügung stehenden Transportmaschinen stelle ich unter Ihren Befehl. Sie tun mir einen letzten Gefallen und nehmen Oberst Kolb mit. Oberst Kolb ist der NSFO der Flotte und auch Ritterkreuzträger. Ich bleibe mit meinem Stab hier und gehe in russische Gefangenschaft." „Alles Gute und viel Glück, Herr General", konnte ich gerade noch sagen, ehe er den Hörer aufgelegt hatte. Diese Worte fielen unserem General bestimmt nicht leicht.

Alle Kapitäne wurden von mir verständigt und angewiesen, Fremden gegenüber Stillschweigen zu bewahren. Ein hektisches Treiben unseres Bodenpersonals setzte damit ein. Sie waren diejenigen, die nun die Hauptarbeit leisten mussten. Der Russe stand schon etwa 15 Kilometer vor dem Platz. Eine gute Stunde, und er konnte am Platzrand von Nikas stehen.

Alle Fw 190 waren mit Zusatzbehältern für Langstreckenflüge auszurüsten. Alle nicht benötigten sonstigen Geräte und Ausrüstungen ließ ich ausbauen. Vor allem musste die Panzerplatte weg. Der Oberwerkmeister Oberfeldwebel Ilgenfritz prüfte, wie viele Leute in der Fw hinter dem Pilotensitz Platz finden können, ob ein, zwei oder drei Personen, ob diese klein oder groß sein durften. Alles war erlaubt, nur durfte die Maschine nicht schwanzlastig werden, sie musste flugstabil bleiben. Fragen, die keiner so richtig beantworten konnte. Erst musste eine Maschine mit den Leuten im Rumpf einmal gestartet sein. Dann wüssten die Nachfolgenden Bescheid. Das Problem dabei war nur die Zeit. Um 14.00 Uhr plus einer Stunde musste alles in der Luft sein. Vor dieser Zeit war aber alles nochmals genauestens zu überprüfen, denn wir wollten heil im Reich ankommen. Das Betanken war die nächste Beschäftigung. Diese 110 Oktan lagerten aber nicht auf dem Platz, sondern mussten mittels dreier Tankwagen erst herangebracht werden. Endlich, nach einer Ewigkeit, kam der erste Tankwagen an. Da musste ich anfangen zu rechnen. Wenn das so weiterginge, wären wir am Abend erst mit der letzten Maschine fertig. Es musste also schneller gehen. Aber wie die Fahrer in Schwung bringen? Ein Feldwebel musste als Beifahrer mit auf jeden Tankwagen!

Noch wurde das mit meinem Oberwerkmeister diskutiert, da wurde ich ans Telefon gerufen. Wieder der General persönlich: „Jähnert, Sie müssen noch einige Maschinen nach Libau schicken. Die Russen stören mit ihren Jägern die Einschiffung unserer Soldaten." „Jawohl, Herr General, werde ich sofort veranlassen", gab ich zur Antwort. Da noch mal der General: „Dann muss ich Ihnen noch sagen, die Russen haben heute in aller Frühe den Platz Zabeln angegriffen und restlos umgepflügt. Keine Maschine kann den Platz mehr verlassen. Sie haben nochmals Glück gehabt. Sehen Sie zu, was Sie noch für Libau machen können."

Da fiel mir die Frage ein, ob unser Oberleutnant mit seiner 188 wohl noch gestartet war. Lange konnte ich diesem Gedanken nicht mehr nachhängen, mindestens ein Schwarm musste noch einen Einsatz fliegen.

Jetzt muss ich ehrlich bleiben: Ich wollte den Einsatz nicht mehr fliegen. Eine Stunde vor dem Waffenstillstand und dem Abflug ins Reichsgebiet – da hatte ich beim besten Willen keine Lust mehr für einen Flug ins Ungewisse. Denn man wusste ja nie, ob man wieder nach Hause käme. Ja, da war aber noch die Staffel des Oberleutnant Meyn, die verkörperte stets mit leichterer Beladung den Jagdschutz der Gruppe. Also mein Anruf bei Oberleutnant Meyn, auch Träger des Ritterkreuzes: „Willi, gerade habe ich mit dem General gesprochen. Die russischen Flieger stören nachhaltig die Einschiffung unserer Soldaten in Libau. Ein Einsatz muss dahin noch geflogen werden, ja, und da dachte ich an deinen bewährten Jagdschutz! Wann kannst du starten?" „Erhard, tu mir das bitte nicht an! Genügt da nicht auch ein Schwarm?" „Gut, schicke einen Schwarm, bitte aber nur gute Piloten, ich möchte keinen mehr verlieren!"

Der Schwarm startete und kam nach einer Dreiviertelstunde wieder zurück. Der Iwan war in die Flucht geschlagen worden, wobei ein Unteroffizier noch einen Russen abgeschossen hatte. Doch leider hatten aber auch wir noch einen Verlust zu beklagen. Wie so mancher in diesem gewaltigen Ringen, so musste auch dieser Pilot getreu seinem Fahneneid sein Leben geben. Meine kleine Anerkennung für den Unteroffizier, welcher den Russen abschoss, war seine Beförderung zum Feldwebel.

Mit diesem Einsatz verabschiedete sich die III. Gruppe im Schlachtgeschwader 3 vom offiziellen Kriegsgeschehen des Zweiten Weltkrieges, der vom 1. September 1939 bis zum 8. Mai 1945 gedauert hatte.

Noch waren wir in Nikas und die Maschinen nicht betankt. Wo blieben die Tankwagen? 14.00 Uhr rückte schneller heran, als wir dachten.

Die Transportmaschinen der Luftflotte trafen auf dem Platz ein. An den eigenen Flugzeugen waren noch die Warte mit den Vorbereitungen beschäftigt. Wenn das mit den Tankwagen nicht ab sofort schneller ginge, dann konnte die letzte Maschine erst am nächsten Tag starten. Na, dann konnten wir es uns gleich gemütlich machen und auf den Kameraden Iwan warten. Endlich, da kamen die Tankwagen um ein Wäldchen herum, um auf den Platz einzufahren.

Jetzt auf jeden Wagen einen Leutnant, vielleicht ging es dann schneller, denn die wussten, worum es ging. Die Zeit habe ich stoppen lassen: Etwas schneller ging es wohl, aber noch lange nicht schnell genug.

Da rief ich die drei Tankwagenfahrer zu mir. Die Leutnante blieben auf den Wagen und sollten mitfahren, bis die letzte Maschine ihre Tanks voll hatte. Die Fahrer, drei Obergefreite älteren Datums, nahm ich nun beiseite: „Könnt ihr nicht schneller fahren? Ihr seid mir vielleicht Pfeifen! Passt jetzt einmal ganz genau auf: Der Krieg ist aus! Um 14.00 werden die Fronten geöffnet. Dann wird nicht mehr geschossen. Der Iwan rückt in unser Gebiet. Ja, und wir gehen alle in russische Gefangenschaft, wenn ihr nicht schneller seid. Um 14.00 Uhr müssen alle Flugzeuge betankt und startklar sein. Ich verspreche euch, ich nehme euch mit. Dort in der Ju 52 fliegt ihr mit. Diese Maschine wird zum Schluss betankt. Die Wagen lasst ihr dort stehen, wo die Maschine betankt wird. Mitgenommen wird nichts, auch ich fliege so, wie ich bin. Ihr redet mit keinem darüber. Der Leutnant, der Euch hier schon begleitet, fliegt mit euch in der letzten Ju 52. Je schneller ihr fahrt, desto schneller seid ihr auch in der Heimat. Dann los! Wir sehen uns in Flensburg wieder. Ab!“ Und die drei Obergefreiten fuhren, wie sie noch nie gefahren sind. Pünktlich, wie vorgesehen, waren die Maschinen betankt und kamen in die Luft. Die letzte Transportmaschine startete gegen 15.50 Uhr. Darauf komme ich aber gleich noch zurück. Noch ging das Zittern weiter, ob auch alles nach Plan klappen würde. Ob keiner der eigenen Truppe, das heißt von den Soldaten des Horstes, den Start sabotieren würde, wenn er merkte, dass er in russische Gefangenschaft muss.

Da kam der Horstkommandant mit seinem Adjutanten in Sicht. Ach du Scheiße, dachte ich, der hat mir gerade noch gefehlt. Da war er auch schon da und fragte: „Was ist los, Herr Jähnert, Ihre Leute bauen ja alles aus?“ Mit fiel im Moment gar keine Antwort ein. Da sprang aber mein Oberleutnant Naumann ein, der zum Glück neben mir stand. Ich konnte nur noch sagen: „Ich habe keine Zeit, Herr Major.“ Da sagte Naumann schon: „Herr Major, die 6. Kurlandschlacht steht bevor. Einsatz auf Einsatz muss geflogen werden. Die Flugzeuge sollen ganz schnell werden, wozu alle nicht benötigten Geräte ausgebaut werden.“

Der Major schluckte die Antwort und ging kopfschüttelnd weiter. Seinen Adjutanten hörte ich noch sagen: „Ich glaube, die wollen abhauen!“ Wie recht er doch hatte.

Die Warte bzw. das technische Personal legten letzte Hand an. Jetzt begann das Probesitzen. Durch eine hintere Klappe im Rumpf musste man sich zwängen, um überhaupt hineinzukommen. Ganz zum Schwanz hin musste ein Kleiner sitzen, dann konnte der zweite Mann größer sein. Die Kameraden saßen mit dem Rücken zum Piloten, schauten also in den enger werdenden Rumpf. Außer der Uniform, die jeder trug, durfte nichts mitgenommen werden. Eine schmale Aktentasche, die hatte ich erlaubt. Mehr Platz war auch nicht vorhanden. Die Flugfähigkeit der Fw musste ja erhalten bleiben.

In den Staffeln lief die Technik bestens. Wie stand es aber auf dem Sektor der Transportmaschinen? Lief hier die Betankung? Wie viele Männer konnten hier transportiert werden? Kamen auch alle mit? Keiner sollte und durfte zurückbleiben. Fragen über Fragen, jede Frage musste ihre Antwort finden. Alles zu befehlen war in diesen Minuten gar nicht mehr so angebracht. Einsicht sollte bis zum niedrigsten Dienstgrad herrschen. Und soweit mir bekannt wurde, war diese Einsicht auch vorhanden. Sie vereinfachte und erleichterte die Verlegung der III./Schlachtgeschwader 3 bedeutend. Durch die zur Verfügung stehenden Transportmittel, sei es eine Ju 52, eine 188 oder eine Siebel 204, war die Verlegung der Gruppe per Luft gewährleistet. Mit den Kapitänen konnte ich nochmals den Flug von Nikas nach Flensburg über eine Strecke von 850 Kilometern See durchsprechen. Sollten während des Fluges technische Mängel auftreten, so empfahl ich erstens eine Landung im neutralen Schweden oder zweitens eine Landung auf Bornholm, wo die Dänen noch sein sollten. (Wie sich im Nachhinein herausstellte, wären beide Orte für eine Landung doch nicht geeignet gewesen: Die Insel Bornholm hielt der Russe besetzt und Schweden hat als neutrales Land entgegen der Genfer Konvention die deutschen Soldaten an die Russen ausgeliefert.) Weiter wurde vereinbart, dass die erste Staffel, die startet, zwei Personen zusätzlich im Rumpf mitnahm, da noch keiner wusste, wie die Gewichtsverlagerung im Rumpf sich auf den Flug auswirken würde. Ging alles gut, startete die nächste Staffel mit drei Personen im Rumpfteil der 190.

Zur Staffel zurückgekehrt, sprach mich ein Sanitätsgefreiter an, Rolf Schocke. Sofort wusste ich Bescheid, es war ein Schulkamerad von mir aus meiner Pennälerzeit in Waldenburg in Sachsen. Leider konnte ich ihn nicht mitnehmen. Seinen traurigen Blick habe ich noch heute vor Augen, aber zum Glück hatte er Verständnis für die Lage. Mein einziges Angebot, was ihm zu diesem Zeitpunkt noch machen konnte, war: „Rolf, such Dir aus, was du gebrauchen kannst. Wir nehmen nichts, absolut nichts mit."

Da kamen zu guter Letzt noch unsere im Küchenbereich der Gruppe beschäftigten russischen und lettischen Mädchen. „Hauptmann, kannst du uns nicht mitnehmen? Die Russen machen uns kaputt!" So fragten sie zaghaft. Auch ihre großen Augen waren mit einem traurigen Ausdruck auf mich gerichtet. Mein Nein mag hart geklungen haben, nur was sollte ich anderes machen? „Viel Glück und versteckt euch!", waren meine letzten Worte an diese fleißigen Mädchen.

Endlich war es so weit, in wenigen Minuten sollte der Start erfolgen. Mein Oberfeldwebel Ilgenfritz meldete mir alle Maschinen flugklar. Die für die einzelnen Maschinen vorgesehenen Männer saßen schon in den Rümpfen der Maschinen. Meine Frage: „Hermann, ist alles klar? Weiß jeder, wo und in welcher Maschine er mitfliegt?" „Alles geregelt, Herr Hauptmann." „Dann bis später in Flensburg!"

Jeder Pilot war auf dem Weg zu seiner Maschine, manche waren schon an ihrer Maschine dran und warteten nur noch ungeduldig auf mein Zeichen zum Anlassen und Abrollen zum Start. Da näherte sich ein Brummen in der Luft – Flugzeuge kamen von See her auf den Platz zu! Fünf russische zweimotorige Bomber befanden sich im Anflug. Die Nordkante des Platzes streifend, zogen sie ruhig ihre Bahn. Hörbar habe ich in diesem Moment aufgeatmet. Wieso griffen die Kameraden unseren Platz nicht an? Entweder dachten die Piloten, in einer Stunde gehöre sowieso alles ihnen, oder sie hatten keine Bomben mehr an Bord, oder sie haben uns gar nicht gesehen.

Endlich war es so weit. Der letzte Flug heim ins Reich.

Vom Feinde unbesiegt begibt sich die Gruppe in den feindbesetzten Westen
8. Mai 1945

Wer wo und mit wem mitflog, diese Einteilung hatte ich meinen Mannen überlassen. Nun stand ich an der Maschine und schnallte den Fallschirm um. Saß er ordentlich? Ja, das tat er. Benutzen würde ich ihn nicht können, denn meine zwei Kameraden im dunklen Rumpf hatten nichts dergleichen. Also rein in den Sitz. Kaum hatte ich mich auch hier angeschnallt, rief ich nach hinten: „Alles klar, ihr beiden?" „Jawohl, Herr Hauptmann", rief mir der Spieß zu, denn er saß mit hinten im Rumpf. Langsam schob ich den Gashebel nach vorn, meine A+I rollte jetzt dem Startpunkt zu. Ein Blick in die Runde. Liefen alle Motoren? Ja, alle Maschinen rollten dem Startpunkt zu! Eine vom Feind unbesiegte Schlachtfliegergruppe, die III./Schlachtgeschwader 3, würde sich gleich in die Luft erheben, um freiwillig den Flug in die britische Kriegsgefangenschaft anzutreten.

Den Gashebel auf Vollgas wurde meine A+I schneller und schneller, ein kleiner Zug am Steuerknüppel, und genau um 13.12 Uhr am 8. Mai 1945 erhob sich die erste Maschine der Gruppe in die Luft. Eine letzte Schleife über den Platz, um zu sammeln. Jetzt verließ die Staffel, die Nasen nach Westen gerichtet, den lettischen Luftraum. Die Küste wurde überflogen. Noch flog ich verhalten, um auch den letzten Flugzeugen Zeit zu geben, ihre Positionen einzunehmen.

Die Einheit lag geschlossen auf Westkurs. Jetzt den Gashebel soweit einregulieren, dass ich mit dem geringsten Spritverbrauch die höchstmögliche Marschgeschwindigkeit erreichen konnte. Diese lag bei etwa 450 km/h. Ich wollte zum Funksprechknopf greifen, aber im gleichen Moment fiel es mir noch ein, dass ich ja alle Geräte hatte ausbauen lassen, um Platz zu schaffen.

Langsam verblasste der Küstenstreifen hinter mir, die Weite des Meeres nahm mich und meine Kameraden in den anderen Maschinen gefangen. So weit das Auge reichte: Wasser und nur Wasser. Die Ohren lauschten dem Klang der Motoren und stellten sich auf dieses Geräusch ein. Jede Unruhe im Lauf des Motors würde sofort auffallen und höchste Aufmerksamkeit signalisieren. Monoton und gleichmäßig sangen unsere Motoren ihr ewig gleiches Lied. Mit jeder Minute kamen wir um 7,5 Kilometer dem Ziel näher, abzüglich bzw. zuzüglich einer Versetzung durch den am Ort herrschenden Wind.

Auf die Südspitze der schwedischen Insel Gotland war mein Kurs gerichtet, nach 25 Minuten Flugzeit müsste sie in Sicht kommen. Noch war nichts zu sehen, trotzdem ließ ich die Kompassnadel auf Südwest einlaufen. Die schwedische Küste dieser

Insel konnte nicht mehr allzu weit entfernt sein. Auf einmal gab es ein kurzes Stottern meines Motors! Schon sang er aber sein monotones Lied weiter. Was konnte das gewesen sein? Ein winziges Wassertröpfchen als Kleinstformat im Sprit? Jawohl, das musste es gewesen sein, denn der Motor hatte sich sofort wieder beruhigt. Die Musik des Motors – sie blieb!

Da! Genau im Westen von mir ein verschwommener Strich am Horizont. Die Südspitze von Gotland. Zeitmäßig von mir mitgekoppelt hieß das, wir hatten Westwind. Länger als berechnet würde ich mit dem Verband in der Luft sein. Schnell den Spritverbrauch überschlagen. Zeitlich gesehen sollte es kein Problem geben. Öland kam näher, außerhalb der Dreimeilenzone zogen meine Maschinen ihre Bahn. Weiter ging der Flug. Da – Land voraus, links und rechts vom Kurs. Links ließ ich Bornholm liegen. Ich kam doch wieder etwas an die schwedische Küste heran. Das Land war gut auszumachen, Einzelheiten schon zu erkennen. Erhard, sagte ich mir, halte mehr Abstand! Unbeirrbar hielt ich jetzt meinen Kurs bei. Der Berührungspunkt Schweden war schnell vorbei.

Was war denn da los? Da scherte eine Maschine aus dem Verband aus! War der Kerl denn verrückt? Wenige hundert Kilometer vor Erreichen heimatlichen Gebietes drehte doch einer durch, und auch noch ein Oberfähnrich. Per Funk konnte ich ihn nicht erreichen, musste ihn seinem Schicksal überlassen. Mit meinen Augen konnte ich ihn noch verfolgen. Dieser Kerl machte doch tatsächlich einen Schießanflug auf irgendein Ziel an Land. Gerade noch konnte ich wahrnehmen, wie zurückgeschossen wurde. Das war das Letzte, was ich vom meinem Oberfähnrich und seiner Focke-Wulf einschließlich der zwei Mann Besatzung im Rumpf gesehen und gehört habe.

Weiter verfolgte ich den eingeschlagenen Kurs Richtung Flensburg. Noch hatte ich die schwedische Südküste in Sicht, da kamen die ersten Inseln des dänischen Mutterlandes ins Blickfeld. Was erwartete mich und meinen Verband hier? Eine Frage, die in der Luft stehen blieb. Sicherheitshalber schoss ich eine rote Leuchtkugel ab, um zu dokumentieren: Kameraden, wir kommen in friedlicher Absicht.

Gleichmäßig zogen wir unsere Bahnen in Richtung Flensburg. Die Reiseflughöhe von 3000 Meter hatte ich verlassen, um in 1000 Metern Höhe weiterzufliegen. Die Inseln Mön, Falster und Lolland hatten wir passiert. Noch etwa 100 Kilometer bis zum Landeplatz. Noch 15 Minuten Flugzeit, ja und dann? Dann müsste ich landen. Die neue alte Frage: Was erwartete uns hier? Bald würde diese Frage ihre Beantwortung finden.

Die Flensburger Förde, das Festland kam ins Blickfeld. Den Gashebel weiter zurücknehmend verließ ich die Flughöhe von 1000 Metern und ging auf 500 Meter runter. In dieser Höhe wollte ich einmal im geschlossenen Verband den Platz überfliegen, um danach zur Landung anzusetzen. Jetzt aber schnell noch das Fahrwerk einmal aus- und eingefahren und eine rote Leuchtkugel abgeschossen. Durch einen Bodenbeschuss wollte ich nicht zum Schluss noch eine Maschine verlieren. So überflog ich den Platz. Da unten dachte keiner daran zu schießen, im Gegenteil, die Kameraden der anderen Feldpostnummer waren gerade beim Reinigen ihrer Geschütze. Jetzt noch einen sauberen Überflug im geschlossenen Verband und dann die Auflösung mit anschließender Landung.

Nach einer Flugzeit von 143 Minuten, Punkt 15.35 Uhr, berührten meine Räder wieder deutschen Boden. Der gesamte Verband hatte sauber aufgesetzt. Einweiser standen mit ihren Fahnen da und wiesen uns zu den Abstellplätzen ein. Zündung aus. Der Motor stand. Die letzte Landung war erfolgt!

Raus aus dem Sitz. Der Hintern tat weh. Rumpfklappe auf. Zuerst kam mein Flugzeugoberfeldwebel Dorsch herausgekrochen und reckte sich. Dann kam mein Spieß Hauptfeldwebel Kühn im wahrsten Sinne des Wortes angekrochen, er reckte sich nicht, sonder krümmte sich vor Schmerzen, hielt die Hände vor seine Männlichkeit und jammerte. „Was hast du denn, Kühn?“, lautete meine sofortige Frage. Durch einen Hebel war auf dem Flug seine Männlichkeit stark ramponiert worden. Da fiel es mir auch gleich ein: Auf der Höhe von Bornholm waren wir gerade, als ich meinen Zusatztank abwerfen wollte. Der Sprit war in die Hauptbehälter umgepumpt, und der Abwurf sollte für alle Piloten das Zeichen sein, auch ihren Behälter zu überprüfen und abzuwerfen. Ich hatte an der Ausklinkvorrichtung gezogen, nur ließ sich diese kaum bewegen. Jetzt wusste ich auch warum: Der Spieß saß mit seiner Männlichkeit vor dem Hebel und blockierte ihn. Ich – zu diesem Zeitpunkt davon nicht in Kenntnis – wollte es wissen. Mein Knie hatte ich gegen das Armaturenbrett gestemmt, um mit einem Ruck das Hindernis zu beseitigen. Ganz sollte es nicht klappen, an einer Stelle klemmte der Bowdenzug. Die Ursache: des Spießes Männlichkeit! Die Besichtigung durch den Arzt ergab: In vier Wochen sei alles wieder im Lot, und für den Spieß sei es ein großer Vorteil, da er die nächsten vier Wochen auf keine abwegigen Gedanken kommen konnte! Na, und die Kameraden hatten ihren Spaß!

Mittlerweile waren weitere Maschinen der Gruppe gelandet, insbesondere meine Transportmaschinen. So konnte ich mich gegen 17.30 Uhr zur ansässigen Fliegerhorstverwaltung begeben, um herauszufinden, wie alles hier so ablief. Auf dem Weg dorthin kam mir Oberstleutnant Wölermann, den ich von früher her kannte, entgegen, um mir mitzuteilen, am nächsten Tag um 16.00 Uhr sei eine Besprechung beim kanadischen Commander für alle Kommandeure angesetzt. Wie es dann weitergehen solle, werde uns dann wohl mitgeteilt. Jetzt solle ich mir ein Fahrzeug schnappen, es stünden genug herum, und für meine Einheit ein Quartier suchen. Möglichst in einem Ort, wo noch keine Soldaten einquartiert seien. Damit war ich verabschiedet. Prima, dachte ich so für mich. Dann mal los!

Die Gefangenschaft
Zeitraum: 8. Mai bis Ende Juli 1945

Wieder zum Liegeplatz zurückgekehrt, dort wo sich alle Männer der III./Schlachtgeschwader 3, ob Offizier oder einfacher Soldat, versammelt hatten, gab ich die eben erfahrenen Neuigkeiten bekannt.

Da kam auch schon ein Kraftfahrer der Gruppe mit einem Lkw an. Wie dieser so schnell organisiert werden konnte, blieb das Geheimnis des Fahrers. Jedenfalls hatte ich schon einmal ein Fahrzeug. Den Adjutanten, unseren Leutnant Telge, nahm ich natürlich mit. Im Laufe der Zeit gewöhnte man sich ganz schnell an einen ausgezeichneten Laufburschen. War er einmal nicht zur Hand, vermisste man ihn an allen Ecken. Bevor wir uns nun auf Unterkunftssuche begaben, veranlasste ich noch, einige Fahrzeuge zu beschaffen, ansonsten wartete alles auf meine Rückkehr.

Mit Großenwiehe, einer kleinen Ortschaft etwa 20 Kilometer südwestlich von Flensburg, fand ich den Ort, wo noch keine Soldaten einquartiert waren. Somit wurde dieser Ort zum ersten Standquartier der III. Gruppe im Schlachtgeschwader 3. Den Adju und den Fahrer ließ ich jetzt im Ort zurück, damit diese die einzelnen Quartiere ausmachen und festlegen konnten. Hier konnte ich mich voll und ganz auf den Adjutanten verlassen. Persönlich schwang ich mich wieder auf den Lkw, um nach Flensburg zurückzufahren.

Die Kameraden warteten schon auf mich. Mittlerweile waren alle Flugzeuge der Gruppe aus Kurland kommend gelandet. Halt, die Ju 52 mit den Leuten vom Gruppenstab, die fehlte noch. Auch fehlte noch der Kapitän der 7. Staffel, Hauptmann Bunge. (Etwa zwei Monate später kam er zu Fuß abgerissen und k.o. an. Er war in Kopenhagen gelandet. Wie er nun, als einziger Flieger der Gruppe, dorthin gekommen war, ist sein Geheimnis geblieben. Von seiner Staffel hörte ich nur, dass er plötzlich weg gewesen wäre.)

Die Maschine mit den Stabsleuten landete noch einige Zeit später, nur die Leute des Gruppenstabes fehlten. Auch liefen nur zwei Motoren der Junkers 52. Was war da nun wieder passiert? Der Pilot, ein Oberfeldwebel, erzählte mir, nach dem Start wären sie beschossen worden. Der Mittelmotor fiel sofort aus, was ihn zur sofortigen Landung zwang. Mit nur zwei Motoren konnte die Ju unmöglich mit voller Beladung den weiten Flug über die Ostsee wagen und antreten. Die Kameraden mussten aussteigen und sollten jetzt versuchen, mit einem Lastkraftwagen den Hafen Libau zu erreichen. Dort sollte nach einer Rücksprache mit der Flotte noch ein Schnellboot liegen, welches sie dann noch mitnähmen. (Jahre später, mit der Rückkehr aus der russischen Gefangenschaft, erfuhr ich, dass der Versuch, nach Libau zu kommen, nicht mehr geklappt hatte. Der Iwan war schon nördlich von Libau zum Meer durchgestoßen. Der Neid oder die Missgunst eigener Kameraden hatte die sofortige Heimkehr dieser Soldaten verhindert.) Außer den 24 Mann vom Gruppenstab und einem Oberfähnrich sowie dem Hauptmann Bunge war die Gruppe wieder beisammen. Bis zu meinem Entlassungstag sollte sie noch als Einheit unter meinem Kommando stehen.

Einige Lkw waren in der Zwischenzeit noch beschafft worden. Es gab auf dem Fliegerhorst eine zentrale Sammelstelle für Kraftfahrzeuge, wo die Fahrzeuge einfach von unseren Fahrern weggefahren wurden. Hierbei darf ich noch erwähnen, dass der Engländer alle Fahrzeuge der Wehrmacht konfisziert hatte und hier auf dem Flugplatz sammeln ließ. Jedes Fahrzeug durfte nur in einem fahrbereiten Zustand abgeliefert werden. Wachen waren noch nicht da, also ab mit den benötigten Fahrzeugen.

In Großenwiehe angekommen, richtete sich ein jeder erst mal für eine Nacht, so gut es ging, ein. Mit dem Anbruch des neuen Tages würden wir weitersehen. Das Wichtigste war nun die Verpflegung, aber dafür hatten wir unseren Stabszahlmeister Dudden. Spät in der Nacht, besser gesagt in den frühen Stunden des 9. Mai 1945, kamen dann auch die Letzten zur Ruhe. Mit Gepäck hatten wir keine Sorgen, wir hatten ja nichts mit. Aber wir hatten 26 Fallschirme aus bester weißer Fallschirmseide. Zu damaliger Zeit ein Kapital!

Ein herrlicher Tag, der 9. Mai 1945, brach an. Die einen krochen aus einem Strohhaufen auf irgendeinem Boden eines Bauern, die anderen hatten ein ordentliches Bett erwischt. Jeder musste sich eine Waschgelegenheit suchen. Der eine fand diese unter einem Wasserhahn im Hof, der andere unter einer Pumpe, welche natürlich erst ein anderer Kamerad betätigen musste. Die Kameraden mit mehr Glück, und das gleich am ersten Tag, konnten sich in einem ordentlichen Waschbecken reinigen. Ich persönlich gehörte zu dieser Sorte.

Um 09.00 Uhr in der Frühe war die halbe Einheit schon unterwegs. Einer suchte sich ein besseres Quartier, ein anderer fing schon an, mit der Fallschirmseide zu handeln. Und meine Kraftfahrer waren auf dem Weg zum Flugplatz. Deren einzige Sorge war, wie sie an einen fahrbaren Untersatz kommen konnten. Ich wiederum machte mich mit einem Fahrer auf den Weg zum Platz Flensburg. Meinen fahrbaren Untersatz, den Lkw, galt es in einen Pkw umzutauschen.

In der Fliegerhorstkommandantur traf ich auf meinen Oberstleutnant Wölermann, der auch froh war, mich zu treffen. Laut Anordnung des Engländers sollten bei allen Kampfflugzeugen der Gruppe die Luftschrauben und die Seitenruder abgebaut werden. „Gut und schön, Herr Oberstleutnant, aber erst einmal brauche ich einen anständigen fahrbaren Untersatz!“ Wölermann daraufhin: „Jähnert, kein Problem, allen Kommandeuren steht laut Verfügung ein Pkw zu. Suchen Sie sich einen aus. Tanken können Sie hier im Fliegerhorst. Tanken in Kanistern ist nicht erlaubt. Sie können sich frei bewegen von der dänischen Grenze bis hinter zum Nord-Ostsee-

Kanal. Kontrollen werden in diesem Gebiet nicht durchgeführt. Der oberste Chef ist hier der kanadische Gruppenkommandeur, Sie werden ihn ja heute Nachmittag noch persönlich kennenlernen."

Fürs Erste wusste ich damit genug. Mit meinem Fahrer ging es nun gleich zur Kfz-Sammelstelle, um nach einem gangbaren Fahrzeug Ausschau zu halten.

Ein Unterfeldwebel des Gegners versah hier den Aufsichtsdienst. Noch hatte ich mein Sprüchlein für einen Pkw nicht aufgesagt, da sagte der Engländer schon: „Okay". Mein Fahrer suchte einen Opel Olympia aus, den wir nach etwa zehn Tagen aber gegen einen VW-Kübel umtauschten. Dieser war viel beweglicher auf den Straßen und besonders im Gelände.

Mein Mittagessen nahm ich im Kasino des Horstes ein. Ich traute meinen Augen nicht: Da saß doch ein russischer General. Er machte einen sehr ordentlichen Eindruck und sah auch sehr gut aus, außerdem sprach er ein gutes Deutsch. Als er mich sah, kam er auf mich zu und begrüßte mich sehr jovial. Erhard, wie kommst du zu dieser Ehre, fragte ich mich. Da ließ er auch schon die Katze aus dem Sack: „Haben Sie keine Lust, mit nach Russland zu kommen? Wir brauchen gute Flieger, um unsere Piloten entsprechend auszubilden. Wir wollen nur hoch dekorierte Offiziere haben. Sie werden es bei uns sehr gut haben. Alle Bequemlichkeiten stehen Ihnen zur Verfügung. Wie wär's? Denken Sie darüber nach! Vier Tage bleibe ich noch hier in Flensburg. Dann fliege ich wieder zurück. Haben Sie eine Familie? Kein Problem, die holen wir sofort nach!"

Schnell noch zurück nach Großenwiehe, um Techniker zum Platz abzukommandieren, um die Luftschrauben und Seitenleitwerke abzubauen. Das Technische lief. Am Abend war die Arbeit schon halb getan. Mit einem Lkw fuhren die Männer aus Großenwiehe ab, um am Abend mit dem Lkw und mehreren Krädern zurückzukommen. Ich wunderte mich nur. Wieso das? Die Fahrer hatten festgestellt, dass alle Fahrzeuge nur im einwandfreien fahrbaren Zustand abgeliefert werden durften. Also gingen sie zum Posten und bemerkten, dass da und dort noch dieses und jenes instand gesetzt werden musste. Eine Probefahrt zum Abschluss! Na – und von dieser Probefahrt kehrten sie nicht mehr zurück. Bei dem Durcheinander fiel das gar nicht auf.

In den folgenden Tagen durfte sich wohl keiner mit einem Fahrzeug sehen lassen, war aber auch nicht weiter schlimm, denn diese Fahrzeuge verschwanden schneller als gedacht in den Scheunen der umliegenden Bauerngehöfte. Sie dienten dem Eintausch von zusätzlichen, sonst nicht erhältlichen Lebensmitteln. Hunger kannte niemand in der Einheit, aufgrund unserer Tauschwaren war wirklich alles vorhanden.

Punkt 16.00 Uhr meldete ich mich beim kanadischen Gruppenkommandeur. Mit erhobener Hand begrüßte er uns, und zwar mit der gleichzeitigen Bemerkung, ab sofort wieder den alten militärischen Gruß zu gebrauchen. Eine kurze Ansprache in einem gut verständlichen Deutsch folgte. Ihre Pistolen brauchten die Kommandeure nicht abzugeben. Die Befehlsgewalten verblieben jedem wie vorher. Bestrafungen sollten, soweit erforderlich, ausgesprochen werden. Die Aufrechterhaltung der Manneszucht sollte und musste erhalten bleiben. Als Arrestzellen standen den Einheiten die Zellen der örtlichen Polizeidienststellen zur Verfügung. Im weiteren Verlauf seiner Rede sprach er noch seine besondere Anerkennung den Kurlandfliegern aus, die als letzte fliegerische Einheit auf den Platz Flensburg eingefallen waren. Mit seiner Unterstützung durfte jeder Flieger rechnen. Sollte es an Verpflegung mangeln, wollte er uns aus seiner Truppenverpflegung Zuschüsse zur Verfügung stellen. Damit waren die letzten Worte gesprochen und wir entlassen. Mit einem militärischen Gruß verabschiedete ich mich.

Noch ein kurzer Blick zu meinen Männern. Sie waren noch bei der Arbeit! „Überschlagt euch nicht, morgen und übermorgen sind auch noch Tage. Ihr habt Zeit. Viel Zeit sogar!“ Damit verabschiedete ich mich und fuhr zum Horstkasino. So ganz nebenbei erfuhr ich noch, dass sich ein Begleiter des russischen Generals, ein Oberleutnant, in der Nacht mit einem deutschen Krad zu Tode gefahren hatte. Ohne viel Aufheben hatte man diesen Oberleutnant in einen alten Holzschuppen gelegt, schön eingebettet zwischen leeren Benzin- und Ölfässern. Wie ein geschlachtetes Stück Vieh lag er da. Prima Behandlung, dachte ich mir so. So könnte es dir auch ergehen, wenn du das Angebot des russischen Generals annehmen würdest. Nein, danke.

Ins Kasino ging ich an diesem Tag nicht mehr, ich wollte nach Flensburg fahren, um einen Friseur aufzusuchen. Doch beim Verlassen des Horstes sagte mir ein Soldat, dass hinten im Barackenlager ein Friseur sei. Ja, da befand sich noch eine große Ansammlung von Holzbaracken. Ich also hin. Von Soldaten keine Spur, sondern Mädchen, nichts als Mädchen in der Uniform von Stabshelferinnen. Ganz flotte waren dabei, das musste ich schon sagen. Auf meine Frage nun, ob es hier einen Friseur gäbe, bekam ich sofort die richtige Antwort: „Mehrere, gehen Sie einmal da hinein!“ So platzte ich in ein Zimmer mit sechs Stabshelferinnen.

Gerade wollte ich mich entschuldigen, da kam schon die Antwort: „Hiergeblieben, Sie suchen bestimmt einen Friseur. Da ist sie, unser Friseur! Wir kochen gerade Kaffee. Sie trinken doch einen mit?“ Was sollte ich machen? Bei so viel weiblichem Charme konnte doch kein Mann Nein sagen, oder? Ich konnte es jedenfalls nicht und blieb natürlich.

Während des Haarschneidens und dem anschließenden Kaffeetrinken entspann sich eine nette Unterhaltung. Mit dem Versprechen, einmal wieder vorbeizuschauen, verließ ich den Friseursalon. Eine Bezahlung wurde nicht verlangt. Fazit: Die halbe Gruppe ließ sich in den nächsten Tagen hier wieder, zumindest was die Frisur betraf, zu einem ansehnlichen Menschen machen.

Wieder bei der Einheit in Großenwiehe. Die Abteilung IVa unter der Leitung des

Stabsintendanten hatte sich unterdessen in einem Zelt etabliert. Dudden, so hieß unser Intendant, hatte für alles gesorgt. Gleich neben dem Zelt stand auch eine Gulaschkanone, sodass es der Einheit im Hinblick auf die Verpflegung an nichts mangelte.

Dienst wurde nicht gemacht, sodass sich jeder nach seinem Belieben eine Beschäftigung suchen konnte. Mir persönlich hat es die Landschaft angetan. Diese galt es für mich in Augenschein zu nehmen. Da mir ein VW-Kübel zur Verfügung stand und es auf dem Flughafen genügend Brennstoff gab, waren die täglichen Rundfahrten zu den Dörfern und Städten der Umgebung eine wahre Freude.

Bei diesen Fahrten kam auch ein großes Verpflegungslager der dortigen Luftflotte in mein Blickfeld. Wie mir versichert wurde, war genügend Vorrat vorhanden. Als eben aus Kurland angekommene Einheit wurde mir eine ordentliche Menge bewilligt. Schnell zurück zur Einheit, um mit einem Lkw sowie den entsprechenden Leuten zurückzukehren. Die Anzahl meiner Männer hatte ich selbstverständlich auf Friedensstärke gebracht. Dementsprechend war auch die zu fassende Marketenderware ausgefallen.

Ein gewaltiges Hallo empfing den Wagen. „Wenn das so weitergeht“, so die Kameraden, „kann die Gefangenschaft ruhig noch etwas dauern.“

Der Alltag sollte aber schnell wieder einkehren. Jeder suchte sich eine Beschäftigung. Der eine war in Flensburg, der andere auf dem Platz oder sonstwo. Der größte Teil der Männer war aber immer auf dem Flugplatz zu finden. Denn hier gab es noch so manches mitzunehmen. Tauschobjekte waren eben sehr gefragte Artikel. Die Bevölkerung konnte aber auch alles gebrauchen. Wie die Kameraden die Sachen durch die Bewachung bekamen, das sollte mir ein Rätsel bleiben. Jedenfalls wechselten so ganze Autos den Besitzer, um in den Scheunen der Bauern zu verschwinden. Ob der Besitzwechsel nun von Dauer war, das entzog sich meiner Kenntnis.

Eines ist mir aber noch deutlich in Erinnerung und wird wohl auch für alle Zeiten in meinem Gedächtnis haften bleiben. Da stand doch tatsächlich in einer Scheune eines Bauern eine voll intakt aussehende Bücker 181 (eine zweisitzige Sportmaschine, die der Luftwaffe als Übungsflugzeug diente). Die nähere Inaugenscheinnahme durch meinen Oberwerkmeister Ilgenfritz ergab, dass diese Bü 181 vollkommen flugklar sein müsste. Das sollte aber sofort ausprobiert werden. Posten wurden aufgestellt, um fremde Augen fernzuhalten, und die Maschine mit viel Mühe aus der Scheune geschoben. Jetzt der Anlassversuch. Beim dritten Versuch lief der Vierzylinder, und wie er lief! Da kam mir der Gedanke, ob ich damit wohl meine Frau, die in Sachsen bei meinen Eltern weilte, abholen könnte?

Diese Gedanken spukten in den kommenden Tagen immer in meinem Kopfe herum. Flugstrecken und Flugzeiten bis nach Chemnitz wurden festgelegt und berechnet. Wo befanden sich in der Nähe große Felder, um eventuell da zu landen? Wie sollte ich aber eine Nachricht nach Sachsen bringen? Schwierigkeiten über Schwierigkeiten!

Was wäre, wenn etwas schief lief? Beim Überdenken aller Aspekte ließ ich diesen abenteuerlichen Plan dann doch fallen. Zudem kam noch eine Nachricht durch, dass der Russe in Sachsen weiter nach Westen vorrückte. Na, und dem Iwan wollte ich auf keinen Fall in die Hände fallen. Fazit? Der Erholungsurlaub unter der Aufsicht der Kanadier wurde fortgesetzt.

So war ich doch wieder einmal in Flensburg, um mit meinen eigenen Augen zu sehen, wie das deutsche Oberkommando der Wehrmacht verladen und abtransportiert wurde. Allen voran Generalfeldmarschall Keitel. Bekleidung: Unterwäsche! Keiner hatte eine Uniform an. Wie Vieh wurde unsere Generalität verladen. Fahrzeugfolge: Panzer – Lastkraftwagen – Panzer – Lastkraftwagen – Panzer usw. Was für eine Angst muss doch der Sieger gehabt haben! Meine feste Meinung war damals und auch heute noch: Bei einem Sieg der Deutschen wäre so etwas nicht vorgekommen! Der Geschichtsschreibung will ich aber nicht vorgreifen, sie soll einmal das letzte Urteil fällen. Dabei sollte auch der Zeit nach diesem Zweiten Weltkrieg gedacht werden, als nicht die Deutschen zur Waffe griffen, sondern andere Völker, die unter dem Mantel der Humanität anderen Völkern die sogenannte Freiheit bringen wollten.

Die Tage der Urlaubszeit in Großenwiehe gingen, wie alles einmal, zu Ende. Verlegung nach Odderade bei Tellingstedt wurde angesagt. Offiziere konnten sich nach der Verlegung ins Offiziersgefangenenlager Büsum verlegen lassen. Für mich persönlich stand dieser Gedanke nicht zur Debatte. Mein Platz blieb bei meinen Männern, mit denen ich seit Mitte 1938 Freud und Leid geteilt hatte. Nur die Entlassung aus der Gefangenschaft sollte uns trennen!

Die Verlegung erfolgte mit Lastkraftwagen bis Nindorf bei Meldorf. Ab hier ging es weiter auf Schusters Rappen über Meldorf nach Odderade. Zur Verfügung standen ab Nindorf der III./Schlachtgeschwader 3 ein Lastkraftwagen und mein VW-Kübel. Zu marschieren waren etwa 35 Kilometer.

Gerade hatte die Einheit ihren Fußmarsch angetreten, da kam doch ein der Einheit unbekannter Feldwebel und bat um Eingliederung in unsere Gruppe; er wüsste sonst nicht wohin. Auch bekäme er keine Verpflegung. Mit einem Seitenblick auf meine Feldwebel, die nickten, gab ich meine Einwilligung, unter der Bedingung, er müsse sich voll und ganz der Einheit unterordnen. Der Feldwebel sagte sofort zu und reihte sich am Schluss ein.

Die Kolonne hatte sich formiert und marschierte los. Auch ich marschierte. Kaum tauchte Meldorf auf, meldete sich schon der Erste mit Blasen an den Füßen. „Rauf auf den Lkw“, war meine Anordnung. Und wen sah ich schon da oben thronen? Meinen neu aufgenommenen Feldwebel! „So nicht, mein Freund“, dachte ich. Die Einheit ließ ich anhalten und forderte den Feldwebel der fremden Einheit auf, sofort den Lkw zu verlassen. Dieser Herr dachte aber gar nicht daran, meiner Aufforderung nachzukommen. Jetzt wurde ich aber ärgerlich und forderte ihn noch einmal eindringlicher auf abzusteigen. Der Herr dachte aber immer noch nicht daran zu gehorchen. Er blieb schön sitzen und stellte sich dumm. Jetzt hatten meine Feldwebel verstanden. Noch heute höre ich ihre Stimme: „Wenn du nicht sofort absteigst, dann holen wir dich, und dann lernst du einmal richtig fliegen!“ Ich glaube, der Oberfeldwebel Ilgenfritz hatte diese Worte gesprochen. Nun bemühte sich der Herr endlich, meinem Befehl nachzukommen. Wie es sich für ihn gehörte, der Krieg war vorbei, in aller Gemütsruhe. Was blieb mir übrig? Ich musste ihn bestrafen. Gemäß der mir vom kanadischen Gruppenkommandeur erteilten Vollmacht bestrafte ich den Feldwebel mit fünf Tagen verschärftem Arrest.

In Begleitung von zwei Männern meiner eigenen Einheit brachte ich daraufhin den Herrn mit meinem VW-Kübel zur Polizeistation Meldorf. Den dortigen Polizeibeamten bat ich, den Mann so lange festzusetzen, bis ich ihn nach fünf Tagen wieder abholen lassen würde. Viel Federlesen machte der Wachtmeister nicht mit diesem Mann. Alles musste er ablegen, was nicht zur Bekleidung gehörte. Die Hosen musste er festhalten, da sie ihm sonst abgerutscht wären. Dann führte er ihn in eine Zelle, ein kleiner vergitterter Raum mit einer Pritsche und einem Toiletteneimer. Meine zwei mitgenommenen Feldwebel passten schön auf, sonst wäre uns der komische Kamerad vielleicht noch abgehauen. In diesem Moment, als er die Zelle betreten musste und die wahrlich nicht feudale Einrichtung sah, überkam den Herrn die Reue. Mit tränenden Augen bat er mich um Zurücknahme der Strafe. Der Termin für eine Rücknahme war aber längst abgelaufen. Mein Versprechen war, ihn nach fünf Tagen abholen zu lassen. Und genau nach fünf vollen Tagen ließ ich ihn auch durch meinen Leutnant S. aus der Zelle abholen. Den Feldwebel setzte er auf die Straße und kam mit dem VW wieder zurück.

Wieder bei der Einheit, wurde sofort abmarschiert, um die letzten Kilometer bis Osterrade hinter uns zu bringen. Hier in diesem kleinen Ort richteten wir uns wieder, so gut es ging, häuslich ein. Das „Wie lange“ blieb aber als Fragezeichen in der Luft hängen. Mit mehr oder weniger Nichtstun verbrachte jeder seine Zeit. Jeder überlegte, wo und wie etwas gefeiert werden konnte. Aber es gab nichts. Auch die Bevölkerung hatte nur das Nötigste.

Mein VW-Kübel war meist unterwegs. Eine Tour führte mich an den Nord-Ostsee-Kanal. Für uns die Grenze zur Freiheit ins Reich. Schiffe in reicher Anzahl waren hier verankert. Gleich wurde eine Unterhaltung begonnen. Wie sah es im übrigen Deutschland aus? Keiner wusste Genaues! Aber nicht weit von hier lag ein Kahn mit Raketentreibstoff, und dieser Treibstoff war reiner Alkohol, vermischt mit einem anderen Stoff, damit der Alkohol ungenießbar wurde.

Wir sofort hin. Das Schiff lag da, aber wie konnten wir den Alkohol genießbar machen? Der Fremdstoff musste herausdestilliert werden, dann hätten wir genügend Alkohol! Ein Versuch könnte sich doch lohnen. Zurück zur Einheit und

Zwanzigliterkanister beschafft. Wieder hin zum Kanal und die Kanister gefüllt. Im Falle des Falles erhielt auch die Schiffsbesatzung ihren Anteil. Wer konnte nun so ein Destilliergerät haben? Ein Apotheker? Oder hatte vielleicht ein Bauer eine kleine geheime Brennerei? Mindestens hundert Mann machten sich auf die Suche. Nichts! Eine andere Idee kam auf: den Treibstoff kochen und wieder abkühlen. Klappte aber auch nicht. Da kam einer mit einem kleinen Destillierapparat an. Jetzt endlich musste es klappen! Aber wieder nichts. Alle Mühe war und blieb vergebens. Eines blieb uns – die Vorfreude! Wenigstens etwas. Aber die Versuche mit der Alkoholherstellung fanden bald ein Ende.

Die Umgebung hatte ich mit dem Pkw schon mehrfach abgegrast. Die Langeweile machte sich mehr und mehr bemerkbar. Langeweile zu haben war das Schlimmste, was mir passieren konnte. Dann brachte es der Zufall mit sich: Zwei Offiziere sollte ich zur Entlassungsstelle Tellingstedt abstellen. Einer dieser beiden Herren war namentlich in meinem Gedächtnis hängen geblieben: Oberleutnant Gail. Also sollte es wohl mit der endgültigen Entlassung ernst werden. Die Verbindung war durch meine beiden Herren bestens hergestellt. Wie funktioniert die Entlassung, und welche Bedingungen wurden gestellt? Das würde ich bald in Erfahrung bringen können.

Etwa zehn Tage waren meine beiden Oberleutnante schon weg. Zeit, um mich einmal um sie zu kümmern. Somit ging es rein in den Wagen und ab zum Entlassungslager Tellingstedt. Meine Fragen hatte ich mir schon zurechtgelegt. Wie ging die Entlassung vonstatten und nach welchen Kriterien wurde entlassen?

Da erzählte mir gleich mein Oberleutnant Gail: „Herr Hauptmann, zuerst kommt der Bergbau und die Landwirtschaft zur Entlassung!“ Na, und wie stand es mit denen, die keinen Beruf hatten, so wie ich? Keine Antwort auf diese Frage war auch eine Antwort. Die Kameraden ohne Beruf blieben halt bis zum Schluss. Ja, und das konnte noch dauern!

Nicht mit mir, dachte ich mir gleich. Erhard, du lässt dich jetzt auch entlassen. „Meine Herren, in den nächsten drei Tagen kreuze ich hier auf. Beruf: Student der Agrarwissenschaften.“ Zum letzten Mal grüßten meine Herren zackig und militärisch. Und damit fuhr ich zurück zur Einheit.

Der zweite Tag nach meiner Erkundungsfahrt sah mich fertig zur Entlassung. So gegen 10.00 Uhr morgens kam ich im Lager an. Soldaten ohne jegliche Abzeichen machten sich fertig zum Marsch durch die Entlassungsbaracke, um ihre entsprechenden Papiere zu empfangen. Offiziere liefen auch ohne jegliche Dienstgradabzeichen und sonstige Auszeichnungen herum. Für mich stand in diesem Moment fest: Erhard, du legst erst dann alles ab, wenn du dazu aufgefordert wirst. Nichts Schlechtes hatte ich ja im Krieg getan, nur meinem Fahneneid die Treue gehalten.

Meine Einstellung beeindruckte anscheinend auch den Gegner. Verlassen und allein stand ich mit meinem Koffer da. Meine beiden Herren hatten ihre Aufgaben und konnten sich nicht um mich kümmern. Die anderen zur Entlassung anstehenden Soldaten kannten sich wohl aus. Langsam ordnete sich alles zu einer Reihe, um sich in Richtung Baracke vorzuarbeiten. Hier sollten die entsprechenden Entlassungspapiere in Empfang genommen werden. Danach Kontrolle der Koffer und ab zu bereitstehenden englischen Militärlastwagen, welche danach den Weitertransport vornahmen. An die zwanzig Fahrzeuge standen wohl da. Wie ich noch erfahren sollte, waren pro Wagen 20 bis 24 Leute vorgesehen.

Als ich mich hätte einreihen müssen, standen Feldwebel und Oberfeldwebel der Marine in der Reihe. Diese Fahrensleute wollten sofort meinen Koffer tragen, was ich für mich buchte, doch ich trug meinen Koffer selbst. Noch hatte ich meine komplette Uniform an, im Gegensatz zu allen anderen.

Noch keine fünf Meter hatte sich die Reihe in Richtung Baracke bewegt, da kam ein kanadischer Hauptmann auf mich zu und begrüßte mich sehr zuvorkommend. Ich erwiderte den Gruß. Er bat mich herauszutreten und winkte einen Gefreiten heran, um diesen meinen Koffer tragen zu lassen. Persönlich begleitete er mich dann zur und durch die Baracke. Hier keine Kontrolle meiner Person. Bevorzugt bekam ich alle Entlassungsunterlagen. Meine eigenen Unterlagen durfte ich somit behalten.

Weiter ging es zu den Lastkraftwagen. Der Gefreite trug noch meinen Koffer, und ich unterhielt mich mit dem Hauptmann. Dieser Hauptmann sprach mir seine Anerkennung für die deutschen Piloten aus. Mittlerweile hatten wir die Lkw erreicht. Hier bat mich der kanadische Hauptmann, meine Orden, meine Schulterstücke und die Kordel meiner Mütze abzunehmen und wegzustecken. Seiner Bitte folgte ich natürlich. Der Gefreite gab mir meinen Koffer und meine Aktentasche, die ich schon von Kurland mitgebracht hatte, sie war eigentlich mein einziges Gepäckstück. Jetzt wurde ich gebeten, den Koffer zu öffnen. Obenauf, für jeden sichtbar, hatte ich direkt 1200 englische Zigaretten gelegt. Der Käpt'n fragte mich nur: „Getauscht?" „Jawohl, gegen eine Uhr", lautete meine Antwort. „Ok." Nun bat er mich, auf den Lkw zu steigen und entschuldigte sich dabei, dass es kein Wagen nur für Offiziere sei. Mit den Unteroffiziersdienstgraden der Marine war mir viel mehr gedient. Das hatte ich ihm nur nicht gesagt. Noch ein kurzer Gruß von ihm und ein Gegengruß von mir, und der Lkw setzte sich in Richtung Hamburg, Bremen, Oldenburg und Wilhelmshaven in Bewegung.

An alle Einzelheiten dieser Fahrt zum Heimatdorf kann ich mich nicht mehr erinnern. Aber einige Stationen dieser letzten Reise sind mir noch gegenwärtig geblieben, als wäre es erst gestern gewesen. Es muss so um den 20. Juli 1945 gewesen sein: Hamburg war erreicht. Trümmer, nur Trümmer, so weit das Auge blicken konnte. Kein ziviler Verkehr, nur alliierte Fahrzeuge. Die wenige Bevölkerung, die wir zu sehen bekamen, schaute grimmig. Nur wenige erhoben ihren Blick zu uns. Aber am schlimmsten waren die alten Frauen. Diese bespuckten uns und warfen sogar mit

Steinen nach uns. Wahrlich kein schöner Empfang durch das eigene Volk. Wie ich aber später noch feststellen sollte, blieben die hysterischen, geifernden Weiber von Hamburg eine Ausnahme. Kein feiner Ausdruck für diese Frauen, aber ein zutreffender.

Etwa auf halber Strecke zwischen Hamburg und Bremen wurde die Fahrt wegen der einsetzenden Dunkelheit unterbrochen. Auch war hier ein Zwischenlager eingerichtet, um die neugebackenen Zivilisten mit Verpflegung zu versorgen. Was es gab, ist in meiner Erinnerung nicht haften geblieben. Aber die verschiedensten Charaktere offenbarten sich hier. Dämmerlicht herrschte. Alle Männer meines Wagens begaben sich zur Verpflegungsausgabe. Alles Marinesoldaten, ich der Einzige von der Luftwaffe. So ging ich an den Soldaten vorbei zu dieser Baracke. Da ging es schon los: „Was bildest du dir ein? Jetzt bist du nichts mehr! Stell dich mal ganz hinten an, sonst machen wir dir Beine!" Noch andere Worte fielen hier, müßig wäre es aber, sie hier noch zu nennen. Da traute ich doch meinen Augen und Ohren nicht: Meine Mariner traten in Aktion, und das waren alles halbe Kleiderschränke. „Der Hauptmann geht vor, und wer noch etwas zu sagen hat, bekommt es sofort mit uns zu tun!" Ruhe in der weiten Runde. Hinter mir trat gleich die gesamte Besatzung meines Lkw an die Essensausgabe.

In Gottes freier Natur schlugen wir uns die Nacht um die Ohren. Trotz eines einsetzenden Nieselregens überstanden wir die Nacht einigermaßen gut. Mit dem Morgengrauen hörte es auf zu regnen. Die Wolkendecke riss auf, und die Sonne schickte ihre wärmenden Strahlen zur Erde. Wenig später ging die Fahrt dann auch weiter.

Die Kolonne hatte sich formiert, um Bremen zuzustreben. Mit hochgeschlagenem Mantelkragen standen wir auf dem Lkw, voll dem herrschenden Wind ausgesetzt. Da wir als Soldaten sowieso einiges gewöhnt waren, dachten wir, die letzten Stunden bis zum Erreichen unseres Zielortes würden wir auch noch überstehen. Da kam auch schon Bremen in Sicht. Nicht durch die Innenstadt ging die Fahrt, nein, wir durchfuhren die Randbezirke. Auch hier an den Straßen stand die Bevölkerung, nur in größerer Anzahl als in Hamburg.

Aber welch ein Unterschied: In Hamburg die geifernden und spuckenden Weiber, hier in Bremen freudige, uns Kusshände zuwerfende Frauen und Mädchen. Anstatt mit Steinen bewarf man uns hier mit Blumen.

Die Männer auf den Fahrzeugen atmeten auf, werden zusehends größer, blickten wieder voller Stolz der Bevölkerung entgegen. Der eine oder andere winkte auch zaghaft zurück. Manche Träne stahl sich da in die Augen der Heimkehrer. Auch meine Augen füllten sich mit Tränen, und auch heute schäme ich mich derer nicht.

Weiter ohne Halt ging die Fahrt. Oldenburg war der erste vorgesehene Halteort. Viele der Männer verließen hier die Wagen, um zu Fuß ihrem Heimatörtchen zuzustreben.

Varel war die nächste Haltestation. Die Fahrzeuge leerten sich mehr und mehr. Wieder standen Kameraden auf der Straße. Zuerst wohl etwas hilflos, aber dann fingen die Beine automatisch an zu gehen, denn noch vor Einbruch der Dunkelheit sollte ja der heimatliche Herd erreicht werden.

Bei jedem taucht da wohl die bange Frage auf: Wie mochte es zu Hause aussehen? Ob noch alles stand? Würden noch Bekannte und Freunde anzutreffen sein? Fragen über Fragen, die mehr und mehr die Herzen der Einzelnen zu beschäftigen begannen.

Auch mich beschäftigten diese Fragen. Würde meine Frau zu Hause in Jever sein? Oder war sie noch bei meinen Eltern in Sachsen? Dort waren ja nun die Russen einmarschiert. Die Amerikaner hatten das ganze Gebiet zwischen Elbe und Fulda sowie Werra und Leine dem Russen überlassen. Während mich diese Gedanken beschäftigten, waren die Fahrzeuge am Bestimmungsort Sande, am Ems-Jade-Kanal, angekommen. Der Ems-Jade-Kanal war zu dieser Zeit eine Grenze für die deutschen Kriegsgefangenen, wie der Nord-Ostsee-Kanal in Schleswig-Holstein.

Es musste so gegen 18.00 Uhr gewesen sein, als ich zu Fuß diese Grenze passierte. Mit der Vorzeigung meiner Entlassungspapiere hatte ich diese Grenzlinie überschritten und war nun nur noch auf mich selbst gestellt. Jetzt kam ich mir vor wie bestellt und nicht abgeholt. Jever, ja, dahin musste ich noch. Na, im Notfall würde ein Fliegersoldat diese letzten elf Kilometer Landstraße auch noch zu Fuß schaffen. Noch hatte mein Glück mich aber nicht verlassen, in Form eines Lastkraftwagens machte es sich wieder bemerkbar, denn dieser nahm mich bis Jever mit.

Mit Tränen in den Augen, den Koffer und die Aktentasche in den Händen, so stand ich dann vor meinen Schwiegereltern in der Seetzenstraße in Jever. Noch hatte ich meine Frage nicht formuliert, da kam auch schon die Antwort: „Hanna ist noch in Sachsen!“ „Ja, dann muss ich sie aber sofort holen“, war meine Antwort.

In der Heimat war ich nun, und wie würde es weitergehen? Es ging weiter!

Nachwort zu meinen Erinnerungen an die Jahre 1935 bis 1945

65 Jahre sind ins Land gegangen, seit der Zweite Weltkrieg sein Ende gefunden hat, und noch ist der deutsche Soldat dieser Zeit nicht anerkannt und seine Ehre nicht wieder hergestellt. Im Gegenteil, er wird in den Medien, voran von den deutschen Medien, nur diffamiert und miesgemacht. Die vorangegangenen Zeilen meiner Erinnerungen sollen mit dazu beitragen und beweisen, wie anständig, ritterlich und fair gerade der deutsche Soldat diesen Kampf geführt hat.

Viel habe ich in den vergangenen Jahren, von damals bis heute, gehört, gesehen und zum Teil miterlebt. Die Zeit ist da, wo ich mich ernsthaft fragen muss: Waren die Deutschen wirklich so schlecht? Sind sie die Alleinschuldigen des letzten großen Krieges? Sind sie die Barbaren gewesen, als die man sie heute noch versucht hinzustellen und anzuklagen?

Ein Urteil zu fällen, fühle ich mich nicht befugt, das soll einmal nach mir kommenden Generationen vorbehalten bleiben. Bestehende Tatsachen sind aber einmal da und nicht wegzuleugnen, werden nur geflissentlich verschwiegen! Ob bewusst absichtlich oder unbewusst? Von meinen jetzigen Erkenntnissen ausgehend würde ich auf „bewusst absichtlich“ plädieren. Was nun die Schuld am Ausbruch des großen Ringens betrifft und wen sie trifft, so sehe ich das Pendel, soweit es die Deutschen angeht, in Richtung „nicht allein schuldig“ ausschlagen. Wie aber schon gesagt, das endgültige Urteil müssen die nach mir Kommenden sprechen. Wie komme ich aber zu diesem Teilurteil?

Die Ereignisse der Achtziger- und Neunzigerjahre, besonders hier in Europa, sind ein gutes Beispiel dafür. Da erhoben sich die Menschen in Osteuropa, in Ostdeutschland, in Ungarn, Rumänien, Bulgarien, der Tschechoslowakei, Jugoslawien und Albanien gegen eine nicht zu vertretende Knebelung und Willkürherrschaft. Ein uraltes Sprichwort bewahrheitet sich wieder: Ein Krug geht so lange zu Wasser, bis er bricht!

In der deutschen und ausländischen Presse der Jahre vor Ausbruch des Krieges, welcher sich zu einem Zweiten Weltkrieg ausweitete, sind diese Jahre noch genauestens zu verfolgen. Die Verfolgung, Unterdrückung, Peinigung und Ermordung Deutscher im damaligen Korridor, dem Land zwischen dem damaligen Deutschen Reich und Ostpreußen; die Vertreibung von mehr als einer Million Deutscher aus diesem angestammten Land, die Hetze, der Terror, die Boykottierung und Ermordung von Deutschen in Bromberg – das alles führte meines Erachtens mit zum Ausbruch des Krieges am 1. September 1939. Mehr und mehr wurden Forderungen laut, Ostpreußen und Danzig zu „entdeutschen“. Hier ist doch auch ein großer Teil der Ursachen zu suchen, die mit zum Ausbruch des Krieges führten. Schon im November des Jahres 1939 sagten namhafte englische Politiker: „Dieser Krieg ist ein englischer Krieg, und sein Ziel die Vernichtung der Deutschen.“ Selbst der Hauptankläger der Prozesse von Nürnberg wollte sich nicht über die Ursachen des Beginns des Zweiten Weltkrieges äußern.

Es gehört zu meiner festen Überzeugung, dass der deutsche Soldat dieses gewaltigen Ringens voll rehabilitiert und seine Ehre wieder hergestellt werden sollte. Mir persönlich sind Gegebenheiten, welche das Ehrenkleid des deutschen Soldaten einschließlich der Waffen-SS in seiner Gesamtheit beflecken könnten, nicht bekannt.

Und eine Frage bleibt offen und unbeantwortet: Die Frage nach den hunderttausenden nicht heimgekehrten Kriegsgefangenen. Wo sind sie geblieben, was hat man mit ihnen gemacht?

Die letzten Worte meiner Erinnerungen an diese Zeit sollen aber ein Appell an alle Völker dieser Erde sein: Die Zeit ist gekommen, mit den gegenseitigen Schuldzuweisungen endlich Schluss zu machen.

Anmerkungen

1 Der später berühmte und berüchtigt werdende „Kursker Bogen" war eine Hinterlassenschaft des Winterfeldzuges 1942/1943. Nach dem Ende der Schlacht um Charkow im März 1943 blieb diese rund 200 Kilometer breite und 100 Kilometer tiefe Frontausbuchtung in sowjetischer Hand. Da dieser Raum die deutsche Seite zu einer von beiden Flanken geführten Offensive geradezu einlud, wurde er in den folgenden Monaten in einem bis dato unbekannten Umfang – bis zu einer Tiefe von 30 Kilometern – befestigt. Nach langem Zögern beschloss Hitler, unter dem Decknamen „Zitadelle" den Kursker Bogen ab dem 5. Juli 1943 von Norden und Süden her anzugreifen – mit dem größten Teil der nach den großen Verlusten des Winters mühsam wieder aufgefrischten Panzer- und motorisierten Divisionen. Zeitgleich wurde der Hauptteil der verfügbaren Luftwaffenverbände in diesem Raum zusammengezogen, um zumindest zeitweise die für die Erdoperationen notwendige Luftüberlegenheit herbeizuführen. Es war das letzte Mal, dass der deutschen Luftwaffe ein solches Vorhaben an der Ostfront gelang. Nach mühsamen, unter erheblichen Verlusten erkämpften Bodengewinnen – der nördliche Zangenarm blieb bereits nach etwa zehn Kilometern im sowjetischen Hauptkampffeld liegen und musste am 10. Juli den Angriff einstellen – wurde die Offensive am 16. Juli 1943 auch an der wesentlich erfolgreicher agierenden Südfront abgebrochen. Der Grund war die Landung angloamerikanischer Verbände auf Sizilien am 10. Juli und der Beginn der am 12. Juli gestarteten sowjetischen Offensive im Raum Orel, zu deren Abwehr keine nennenswerten Reserven zur Verfügung standen.

2 In der Nacht vom 5. auf den 6. Oktober 1943 hatten drei sowjetische Zerstörer die Schwarzmeer-Häfen Feodosia, Jalta und andere Orte beschossen, wurden von der deutschen Küstenartillerie aber abgewiesen. Am Morgen des 6. Oktober zwischen 03.00 Uhr und 04.30 Uhr gab es Feindberührung mit drei deutschen Schnellbooten, die zu keinen Ergebnissen führten. Dadurch standen die sowjetischen Zerstörer bei Tagesanbruch noch relativ nahe an der Küste und in Reichweite der Luftwaffe. Der erste Stukaangriff erfolgte bereits um 07.00 Uhr, wobei der Flottillenführer *Charkow* (2582 t, 36 Knoten, fünf 1- bis 13-cm-Geschütze) schwer beschädigt wurde. Beim zweiten Angriff um 09.30 Uhr wurde der Zerstörer *Bezposhchadny* (2039 t, 38 Knoten, vier 1- bis 13-cm-Geschütze) beschädigt. Der Zerstörer *Sposobny* (2246 t, 36 Knoten, vier 1- bis 13-cm-Geschütze) hatte mittlerweile die *Charkow* in Schlepp genommen. Beim dritten Angriff um 12.00 Uhr wurde die *Charkow* versenkt und nach dem vierten Angriff um 15.30 Uhr ereilte auch den Zerstörer *Bezposhchadny* dieses Schicksal. Die durch die zahlreichen Angriffe beschädigte *Sposobny* sank in

der Nacht vom 6. auf den 7. Oktober 1943 ebenfalls. Die Personalverluste waren erheblich. Nach diesem Desaster wurden den verbliebenen Überwasserstreitkräften der sowjetischen Schwarzmeerflotte weitere Einsatzbeschränkungen auferlegt, sodass diese im weiteren Verlauf des Krieges kaum noch in Erscheinung traten. So blieb die ohnehin äußerst verlustreiche Evakuierung der Halbinsel Krim im April/Mai 1944 von der sowjetischen Flotte unbehelligt.

[3] Bei diesem Flugunfall handelte es sich um den Absturz einer Heinkel He 70 Blitz mit Generalleutnant Wever, Chef des Generalstabs der Luftwaffe, und einem mitfliegenden Bordmechaniker am 3. Juni 1936. Wever als Flugzeugführer der Maschine hatte in Unkenntnis des Typs die Blockierung des Querruders vor dem Start nicht gelöst.

[4] Hierbei handelt es sich um die drallstabilisierte Panzerabwehrrakete „Panzerblitz“, die an Rosten unter den Flächen der Focke-Wulf Fw 190 F 8 arretiert wurden. Die Ausbringungsmenge dieser anfangs in Gleiwitz produzierten Raketen litt unter dem hereinbrechenden Chaos der letzten Kriegsmonate und konnte sich – trotz beachtlicher Einzelerfolge bei Tiefangriffen auf sowjetische Panzer – auf die Kriegslage nicht mehr auswirken.

[5] Das an diesem Einsatz teilnehmende Schlachtflugzeug Focke-Wulf Fw 190 F 8 (seit Anfang 1944 bei der Truppe), besaß einen 1800 PS starken BMW 801 D-2-Sternmotor, der mit zusätzlicher Wasser-Methanol-Einspritzung für kurze Zeit maximal 2100 PS leisten konnte.

Erhard Jähnert

Geboren/Verstorben:
Geboren am 17. August 1917 in Panitzsch/Kreis Leipzig
Verstorben am 23. Juli 2006 in Jever

Militärischer Werdegang in Kurzform:

Oktober 1935	Eintritt in die Wehrmacht – Waffengattung Luftwaffe
28.10.1935 – Februar 1936	In der Fahrabteilung Quedlinburg, Standort Lübeck mit militärischer Grundausbildung
Februar 1936 – März 1936	Militärkraftfahrzeugschule Neustrelitz, Kraftfahrzeugschein für Krad, Pkw, Lkw und Omnibus
April 1936 – März 1937	Jagdgeschwader Immelmann, Flugplatz Lübeck-Blankensee mit Tätigkeit als Kraftfahrer Im Dezember 1936: Fliegerärztliche Untersuchung, Eppendorfer Krankenhaus, Hamburg
April 1937 – Januar 1938	Flugzeugführerschule Neubiberg und Kaufbeuren 13. Juli 1937: Erster Schulflug in Kaufbeuren 26. Juli 1937: Erster Alleinflug auf He 72 Ausbildung: A2 Kunstflugschein ca. 4.000 Kilometer Kleinorientierung ca. 6.500 Überlandkilometer
18.01.1938 – 30.06.1938	Flugzeugführerschule Oldenburg in Oldenburg Ausbildung: A2 und Blindflug
29.07.1938	Ausstellung des Militärflugzeugführerscheins Gesamtflugzeit: 203 Std. 8 Min., 17.118 Überlandkilometer
01.07.1938 – 31.10.1938	Fliegergruppe 30, Faßberg Ausbildung: Tiefflug, Verbandsflug 8. September 1938: Verlegung der Gruppe nach Straubing – Umrüstung auf Hs 123 13. Oktober 1938: Einflug in das Sudetenland mit Landung in Marienbad
01.11.1938 – 08.05.1939	Verlegung nach Jever. Umbenennung in I Stuka 167 – Umschulung auf Sturzkampfflugzeug Ju 87 Ausbildung: Angriffe im bzw. aus dem Sturzflug

09.05.1939 – 01.09.1939	Verlegung nach Stolp-Reitz (Pommern), jetzt II Stuka 2
01.09.1939	Beginn des 2. Weltkriegs, Angriff auf die Halbinsel „Hela“
01.09.1939 – 30.09.1939	Einsatz im Operationsgebiet Osten 27.09.1939: Letzter Einsatz auf „Nowy Dwor“ 30.09.1939: Verlegung der Gruppe nach Elbing
01.10.1939 – 09.11.1939	Flüge im Heimatkriegsgebiet (Stolp-Reitz, Göttingen, Bonn-Hangelar) Ausbildung: Höhenflüge, Luftschießen, Bombenwerfen, Luftsackschießen der Bordfunker
10.11.1939 – 09.05.1940	Sicherung der Westgrenze
10.05.1940 – 11.12.1940	Einsatz im Operationsgebiet Westen und England
12.12.1940 – 20.12.1940	Einsatz im Heimatkriegsgebiet
21.12.1940 – 13.02.1941	Einsatz im Operationsgebiet Mittelmeer (Sizilien) Standorte: Forli (bei Bologna), Trapani (Sizilien)
14.02.1941 – 18.02.1941	4 Feindflüge in den afrikanischen Raum
18.02.1941	Verlegung nach Nordafrika Einsatzhäfen: Bir Dufan, Tamed Hassan, El Machina, Tripolis, En Nofilia
02.04.1941	Verlegung in den Raum Bir el Merduma, später Agedabia und weiter nach
05.04.1941	Benina (Flugplatz von Bengasi)
bis 21.04.1941	Oberfeldwebel und Staffelführer in der Luft (Staffelführer am Boden: Oberleutnant Hertrich)
bis 23.11.1941	Einsätze in der Cyrenaika bis in den Raum Sollum. Einsatzziele: Schiffsverbände, Hafen Tobruk und Erdziele wie Fort Capuzzo, Fort Pilluczino, Panzer und andere Fahrzeuge Versenkungserfolg: Ein Wassertanker, ein Kreuzer
Ende 1941 – 03.03.1942	Verlegung mit der Gruppe nach S. Pancrazio (Stiefel von Italien) zur Vorbereitung der Einnahme von Malta
04.03.1942 – 17.05.1942	Verlegung nach S. Pietro (Sizilien) 61 Angriffe der Gruppe auf die Felsenfestung Malta. Die Felsenfestung wurde sturmreif gebombt.
18.05.1942	Verlegung nach Derna-Süd mit Zwischenlandung in Castell-Benito und Bengasi – Erprobungsflug eines verstärkten Motors in thermischer Hinsicht

23.05.1942 – 20.06.1942	Die Gruppe folgt nach. Es folgten die Einsätze mit dem Fernziel der Einnahme von Tobruk am 20.06.1942. Angriffsziele: Artilleriestellungen, Panzer, Schiffe, Kraftwagen, Feldstellungen Einsatzorte: Fort Acroma, El Adem, Daharese-Screheibal, Rotanda-Quuteifel, Fort Bir Hacheim, Schiffe auf dem Weg nach Tobruk und Tobruk
21.06.1942 – 25.10.1942	Kampf bis zur Wende. Einsatzort: El Alamein Einsatzhafen: Gambut 4, Sidi Barani, Abu Haggag, El Abd, Bir El Abd, El Quasaba Heinan
26.10.1942 – 12.04.1943	Rückzugskämpfe von der El-Alamein-Stellung bis nach Tunis. Nachteinsätze bis kurz vor Alexandrien und Tripolis. Einsatzflughäfen auf dem Rückmarsch: Henacia (Flugplatz der Oase Martuba), Bengasi, El Agheila, Sidi-Magrum, En Nofilia, Bir Dufan, Tamed-Hassan, Tripolis, Gabes, Merzouna, Sfax, El Djem, Souassi und Oudna (letzter Einsatzhafen auf afrikanischem Boden. Danach Technischer Offizier der Gruppe
12.04.1943 – 04.05.1943	Flucht aus Afrika am 12.04.1943 nach Catania, weiter über Sardinien nach Herzogenaurach
05.05.1943 – 03.07.1943	Verlegung zur Ostfront. Flughäfen Breslau, Warschau, Baranowicze, Konotop, Konewka – in diese Zeit fallen viele Versorgungsflüge
04.07.1943 – 07.11.1943	Am 04.07.1943 wieder zur Staffel versetzt, am 05.07.1943 mit der Führung der Staffel betraut und am 22.07.1943 zum Staffelkapitän ernannt-Einsatzgebiet gesamte Ostfront (von Orel bis zur Krim) von verschiedenen Einsatzhäfen aus Einsatzerfolge: Abschuss meherer Panzer, Schiffswrack versenkt, Zerstörer am 06.10.1943 im Schwarzen Meer versenkt, ein Lkw in Brand geschossen, einen russischen Jäger abgeschossen.
10.11.1943 – 11.01.1944	6 Wochen Urlaub und danach zur Stuka-Schule nach Deutsch-Brod versetzt
12.01.1944 – 31.08.1944	Als Staffelkapitän und stellvertretender Gruppenkommandeur an der Stuka-Schule Deutsch-Brod, ausgestattet mit Sondervollmachten für die Ausbildung. 30.06.1944 Absprung mit dem Fall-

	schirm aus 300 Meter Höhe, anschließend am 25. August 1944 deswegen Verhandlung vor dem Kriegsgericht.
01.09.1944 – 20.10.1944	Flüge mit der Fw 190 und Siebel 204 zu Verlegungsvorbereitung der Geschwader-Stukaschule nach Hohensalza im Warthegau
21.10.1944 – 15.11.1944	Versetzung nach Kurland zur alten Gruppe mit einer Staffel neuer Fw 190 und neuartigen Abschussvorrichtungen für Panzerabwehrraketen
16.11.1944 – 07.05.1945	Einsätze im Raum Kurland mit Einsatzzielen Panzer- und Truppenansammlungen, Schnellboote – Erfolge in dieser Zeit: Ein Schnellboot im Hafen von Swentoje, 25 bestätigte Panzerabschüsse, ein Flugabwehrpanzer und viele Kfz's in Brand geschossen.
08.05.1945	Mit der Gruppe von Niklas in Kurland nach Flensburg in kanad. Gefangenschaft begeben.
Juli 1945	Entlassung aus der Kriegsgefangenschaft in Schleswig-Holstein

Beförderungen:

1. Oktober 1936	Gefreiter
1. Januar 1939	Unteroffizier
1. August 1940	Feldwebel
1. Dezember 1940	Oberfeldwebel
1. Dezember 1942	Leutnant
1. Juni 1943	Oberleutnant
1. Februar 1944	Hauptmann
Mai 1945	Major

Auszeichnungen:

1. Oktober 1938	Sudeten-Erinnerungsmedaille
20. Oktober 1939	Eisernes Kreuz II. Klasse
2. Juli 1940	Eisernes Kreuz I. Klasse
4. August 1941	Frontflugspange für Kampfflieger in Silber
25. August 1941	Frontflugspange für Kampfflieger in Gold
6. Dezember 1941	Medaglia d'Argento (italienischer Tapferkeitsorden in Silber)
18. März 1942	Ehrenpokal der Luftwaffe

11. Juni 1942	Erinnerungsmedaille des „Italienisch-Deutschen Feldzuges in Afrika“
17. Juni 1942	Deutsches Kreuz in Gold
18. Mai 1943	Ritterkreuz zum Eisernen Kreuz
30. April 1945	Eichenlaub zum Ritterkreuz (nach eigenen Angaben)

Wahlspruch von Major Jähnert: Wo wir waren, war noch immer oben.

Das geschah bei uns (aus der Feldzeitung vom Dienstag, den 20. Februar 1945)
Fliegerglück

Ritterkreuzträger Hauptmann Jähnert aus Jever (Oldenburg), Führer einer an der Kurlandfront eingesetzten Schlachtfliegerstaffel, schoss mit seiner Maschine im Raum Dzukste bei ungünstiger Wetterlage an einem Spätnachmittag in drei Minuten sechs Panzer ab. Als er gerade im Tiefflug einen T 34 vernichtete, erhielt seine Maschine Flaktreffer. Öl spritzte auf die Kabinenscheiben und nahm dort dem Flieger jede Sicht. Der Versuch, mit abgeworfenem Kabinendach den Flugplatz zu erreichen, misslang, da die Verriegelung klemmte. Zu allem Überfluss war auch der Kompass ausgefallen und stand unverrückbar auf Ostkurs fest. Mit einer Hand immer wieder das Öl von den Scheiben wischend, kurvte Hauptmann Jähnert ohne Orientierung über dem Frontgebiet. Endlich musste er sich zur Notlandung entschließen, ohne zu wissen, wo Freund oder Feind war. Mit großem fliegerischen Können und viel Glück gelang ihm die Bauchlandung. Nach 599 erfolgreichen Feindflügen war er zum ersten Mal „abgeschmiert“! Befand er sich in Feindesland? Es ließ sich in der Dämmerung nicht feststellen, und auch von einigen Zivilisten, die seine Maschine bald umringten, konnte der Hauptmann keine Gewissheit erlangen. Erst als deutsche Grenadiere in ihrer weißen Tarnkleidung auftauchten, fühlte er sich geborgen. Unmittelbar hinter der Hauptkampflinie war die Notlandung geglückt! Die Grenadiere nahmen den Flieger im Bunker gastlich auf und bald konnte er zu seinem Flugplatz zurückfahren, wo er am anderen Morgen zum 600. Feindflug startete.

Der erste Band dieses Werkes, in dem Erhard Jähnert seine Kriegserlebnisse und die Vorgeschichte von 1935 bis April 1943 schildert, ist unter folgendem Titel bei demselben Verlag erschienen:

Erhard Jähnert
Als Sturzkampfpilot an allen Fronten
Mal oben – mal unten Teil I
1935–1943
ISBN 978-3-8035-0001-4